大师经典

组织变革

方法与行动

·珍藏版·

[希]克里斯·阿吉里斯（Chris Argyris） 著

慈玉鹏　丁　丹　译

Chris Argyris

Knowledge for Action

A Guide to Overcoming Barriers to Organizational Change

机械工业出版社
CHINA MACHINE PRESS

本书旨在将组织变革的理论付诸实践。在这本书中，学术泰斗阿吉里斯帮助我们了解为何个体和组织无法从自身行为中学习，以及采取怎样的步骤才能培养这项关键能力。本书分为三个部分和一个附录。第一部分聚焦于组织、群际、群体、个人层面的习惯性防卫。第二部分聚焦于对组织的诊断和干预，通过咨询公司的案例研究，阐述了如何诊断董事的习惯性防卫，并且描述了这些防卫对整个组织的学习造成的影响。第三部分讲述了其后五年发生的事情，其中挑选了在五年中发生变革的五个榜样。附录讨论了从创造"可行动的知识"的研究中得到的启示，这种知识能够被实务者使用，并且其使用会检验这种知识。无论是追求组织发展和持续增长的公司高管，还是不满足于无用的理论知识的学术界人士，都不应该错过此书。

Knowledge for Action: A Guide to Overcoming Barriers to Organizational Change by Chris Argyris, ISBN：978-1-555-42519-7

Copyright © 1993 by Jossey-Bass Inc.

北京市版权局著作权合同登记 图字：01-2018-7088 号。

图书在版编目（CIP）数据

组织变革：方法与行动／（希）克里斯·阿吉里斯（Chris Argyris）著；慈玉鹏，丁丹译. —北京：机械工业出版社，2023.9
（大师经典）
书名原文：Knowledge for Action: A Guide to Overcoming Barriers to Organizational Change 1st Edition
ISBN 978-7-111-73980-7

Ⅰ.①组… Ⅱ.①克… ②慈… ③丁… Ⅲ.①企业管理–组织管理学–研究 Ⅳ.①F272.9

中国国家版本馆 CIP 数据核字（2023）第 185730 号

机械工业出版社（北京市百万庄大街22号　邮政编码100037）
策划编辑：李新妞　　　　　责任编辑：李新妞
责任校对：闫玥红　李　杉　责任印制：李　昂
河北宝昌佳彩有限公司印刷
2023 年 11 月第 1 版第 1 次印刷
169mm×239mm · 20.25 印张 · 1 插页 · 231 千字
标准书号：ISBN 978-7-111-73980-7
定价：99.00 元

电话服务　　　　　　　　　网络服务
客服电话：010-88361066　　机　工　官　网：www.cmpbook.com
　　　　　010-88379833　　机　工　官　博：weibo.com/cmp1952
　　　　　010-68326294　　金　书　网：www.golden-book.com
封底无防伪标均为盗版　机工教育服务网：www.cmpedu.com

献给同学们和同事们

前　言

这本书涉及我的两个人生目标。第一个人生目标是创造可行动的知识，人们能够运用这种知识来构建任何类型的组织。在这种组织中，至关重要的是寻求有效的知识、寻求对个人责任和管理职务的承诺、寻求对有效行动与学习的奉献。我认为，这个目标会激发人的潜能、提高人的信心、增强人的效能，也会孕育创新的、灵活的、有效的组织。

第二个人生目标是设计研究方法，这种方法将会创造有效的、可行动的知识。在检验研究命题的效度方面，我寻求的研究方法需要满足很高的标准。我尤其关注的是，作为研究者—介入者，我们应尽最大努力确保自己和知识的使用者不会在知识的有效性与可行动性方面被欺骗。我尤其寻求那些赋权参与者并使其成为研究者真正合作伙伴的研究方法。真正的合作关系意味着，研究者对研究的技术特征负主要责任；参与者和研究者共同关注研究者的战略目标；参与者尤其负责以下述方式来落实研究成果：总是在现实中检验其效度。

本书的背景

有一家公司致力于提供最优质量的增值管理咨询服务，大约五年前，七位所有者兼董事请我帮助他们打造拥有类似于学习和责任品质的咨询公司。当时，我对他们的奉献精神、诚实正直、聪明活泼印象深刻，现在依然记忆犹新。我印象尤其深刻的是他们对学习的承诺。我答应同他们合作，本书通篇采用了该项目的技术与成果，通过实例说明了我的两个人生目标如何在这个项目中得以实现，并且在其他项目中可能会如何实现。

组织学习至少有两种方式。第一种聚焦于改变组织惯例，是渐进性和适应性学习；第二种聚焦于实践，这种实践会引出一种新学习框架和新惯例。《组织变革：方法与行动》的观点适用于这两种组织学习，但从与我的人生目标保持一致的角度看，其更适用于第二种组织学习。例如，我聚焦于改变那种会妨碍组织学习的组织政治（尤其是围绕着令人尴尬和感到有威胁性的问题），并且我要求最高管理层首先做出改变。

读者

《组织变革：方法与行动》的目标读者是那些诊断并帮助组织变革的组织研究者。第一类主要的研究者群体是教师和研究生，他们对以组织学习为主要目标的现场研究感兴趣；第二类主要的研究者群体是组织内的专职研究人员、组织发展专业人员、管理教育的规划人员和执行人员。

本书的目标读者还包括那些希望创建学习型组织的直线管理者。所有咨询公司的直线管理者都应该会发现，本书中的研究与他们密切相关。

本书分为三个部分和一个附录。第一部分聚焦于组织、群际、群体、个人层面的习惯性防卫⊖。第 1 章指出，社会科学家已进行了大量研究并得出结论：习惯性防卫是造成无效学习的重要和普遍原因。这一章还指出，现有的多数研究几乎没有给出克服习惯性防卫的可行动建议。实际上，这些研究认为可行动的建议，反而可能会加剧问题。第 2 章聚焦于行动理论及随之而来的假设，基于这些假设，我开展了书中提到的研究项目。

第二部分聚焦于咨询公司的案例研究。第 3 章和第 4 章阐述了如何诊断这七位董事的习惯性防卫，并且描述了这些防卫对整个组织的学习造成的影响。第 5 章介绍了董事们评论我的调查结果的反馈讨论会。第 6 章讨论了董事们参加的变革研讨会。

第三部分说明了调查后五年发生的事情。我挑选了在那五年中发生变革的五个典型例子。之所以挑选这些例子，是因为它们表明了董事们起初提到的问题非常重要，并且不太可能得到解决。他们做出悲观预测的原因是，尽管这些问题在组织中众所周知，但却是不可讨论的。一些董事表示，在讨论这些问题的极少数场合，产生的群体动力导致了人们的两极分化和相互疏远，这反过来使这些问题不被解决。正如我们将看到的，评估介入效果的一条标准是，迄今不可讨论或不被解决的问题在多大程度上变得可讨论且可纠正。

我使用记录的对话来介绍每个例子。每个例子都包含我作为介

⊖ 习惯性防卫（defensive routines），人们在社会化过程中形成的无意识防卫思考和行动。如为自身利益而屏蔽自己的真实想法，以自己的立场试图让对方接受自己的观点等，组织学习的目的之一即克服其负面影响。参见管理科学技术名词审定委员会：《管理科学技术名词》，北京：科学出版社，2016 年版，第 45 页。——译者注

入者如何做以及为什么这样做的讨论。第 7 章介绍了首席执行官和某位董事围绕如何激怒对方而非解决问题进行的探讨。第 8 章阐述了两位董事如何以建立信任的方式来探讨相互不信任的程度。第 9 章讨论了这家运用严谨分析程序和理论的咨询公司中一个存在已久的问题：如何识别、评估与指导严谨的分析？第 10 章介绍了一件我认为非常罕见的事件。首席执行官要求直接下属以及其他董事对他进行绩效考核。他要求考核要在群体环境中开展，以便他可以把董事们作为倚靠，并且董事们也可以相互倚靠。第 11 章介绍了一种情境，两位董事表达了对对方“发飙”的愤怒，然而他们能够加以管控，从而使关系变得更密切、更有效。第 12 章总结了这项案例研究，并阐述了我从中获得的启示。

附录讨论了从创造“可行动的知识”的研究中得到的启示，这种知识能够被实务者使用，并在使用中检验这种知识。我聚焦于该理论的性质和创造可行动知识所需的实证研究。我认为，当前在设计和实施研究时使用的因果概念必须用另一个概念来补充。最后，我表明了基础研究和应用研究、学术和咨询的传统区分为什么不合适，而且最终会过时。当前的区分方式可能更多地表明了研究者的习惯性防卫，而不是开展研究的合理规则。

《组织变革：方法与行动》是《行动科学》（Argyris，Putnam，& Smith，1985）的续篇。在《行动科学》中，我与两位合著者试图确立行动科学的学术地位，表明行动科学如何不同于传统的描述性研究，以及研究者—介入者所受的教育如何要求他们创造某些经验，这些经验类似于当人们试图通过介入来改变现状时他们将不得不为组织中的个人创造经验。研究者—介入者将不得不表明，他们有能力掌握那些教导他人的概念和技能。否则，他们不太可能有助于创建学习型组织，或者，不太可能有助于创建学习型社会。

《组织变革：方法与行动》以三种方式立足于《行动科学》。《可行动的知识》详细阐述了在现实生活中如何使用行动科学方法来创造那些使现状持续变化的"可行动知识"，还提出了一个更明确的"设计因果"概念。如果知识要可行动，那么我认为，相比于研究者现在合意的概念，设计因果是一个更相关的因果概念。

最后，《组织变革：方法与行动》阐明了可行动的理论如何能够受到实务者的检验（随着他们在日常实践中贯彻这种理论）。实务者的检验意味着理论不再仅受到学者的检验。

戴安娜·阿吉里斯（Dianne Argyris）、理查德·哈克曼（Richard Hackman）、威廉·伊萨克斯（William Issacs）、唐纳德·舍恩（Donald Schön）、理查德·沃尔顿（Richard Walton）对书稿做出了精彩的评论，我向他们表示感谢。

波士顿，马萨诸塞州

克里斯·阿吉里斯

1993 年 2 月

关于作者

　　克里斯·阿吉里斯是哈佛大学教育与组织行为系詹姆斯·布莱恩特·科特南（James Bryant Conant）讲席教授。他在 1947 年获得克拉克大学心理学学士学位，1949 年获得堪萨斯大学经济学与心理学硕士学位，1951 年获得康奈尔大学组织行为学博士学位。阿吉里斯还获得了麦吉尔大学（1977）、比利时鲁汶大学（1978）、斯德哥尔摩经济学院（1979）、德保罗大学（1987）、英国白金汉大学国际管理中心（1987）的名誉博士学位。1951—1971 年，阿吉里斯在耶鲁大学任教，担任行政科学系比奇（Beach）讲席教授，并在这一时期的后半段时间内担任行政科学系主任。

　　阿吉里斯早期的研究聚焦于正式组织结构、管理者的领导力、控制系统、管理信息系统等对个人造成的意外结果，以及个人如何适应并改变这些结果，相关的著作是 1957 年出版的《个性与组织》、1964 年出版的《个人与组织的整合》。后来，阿吉里斯把注意力转移到变革组织的方式，尤其是高层管理者的行为，相关的著作是1962 年出版的《人际能力与组织有效性》、1965 年出版的《组织与创新》。

　　作为一名社会科学家，阿吉里斯沿着这个探究脉络逐渐找到定位——成为一名研究者和介入者，相关的著作是 1970 年出版的《介入理论与方法》、1980 年出版的《严谨研究的内在矛盾》。在过去的10 年中，阿吉里斯还与唐纳德·舍恩共同开发了一套个人学习和组织学习理论，其中"人的推理"（不仅仅是行为）成为诊断和行动的基础，相关的著作是 1974 年出版的《实践理论》、1978 年出版的《组织学习》（*Organizational Learning*）。阿吉里斯的其他著作有 1985 年出版的《战略、变革与习惯性防卫》、1990 年出版的《克服组织防卫》、1992 年出版的《组织学习》（*On Organizational Learning*）。

　　当前，阿吉里斯正在从事一个把《可行动的知识》中提出的观点同其他研究者与实务者的思想联系起来的项目。

目 录

第一部分 揭示改进的障碍

第二部分　对组织进行诊断和介入

第三部分 运用关键学习来应对有问题的情境

Knowledge for Action

引　言
行动与学习

　　对"服务于行动的学习"的研究触及了人类社会生活的核心。行动是我们给生活赋予意义的方式，也是我们向他人展示自我的方式。正是通过行动，我们创造了旨在缔造并维护社会秩序的社会结构，这种社会秩序对管控我们的生活、组织与社会是必要的（Arendt，1958，1963）。

　　长期以来，研究者一直对创造可应用于我们日常工作的知识很感兴趣。坎贝尔和斯坦利（Campbell and Stanley，1963）把创造这种"可应用的知识"的兴趣定义为对"外部效度"的关注。我认为，关注外部效度是必要的，但对于创造那种能被实务者运用于日常工作的知识而言，这不是一个充分条件。

可行动的知识

　　可行动的知识不仅与实践领域相关，它还是人们用来创造这个世界的知识。"行动"这个词会让人联想到去做、执行、贯彻等。在本书中，我将尤其关注那种旨在产生预期结果的行动。因此，我聚焦于实践领域的个人同他人互动时有意义的行为。如此看来，行动不仅是提出新思想或制定新政策，还是实施这些思想或政策，以及评估实施的有效性。

　　我聚焦于两个行动领域。第一个行动领域是围绕可能令人尴尬或感到有威胁性的问题而做出的行动。我主张，多数个人、群体、群际与组织用来解决这种问题的技能，都是人们在生命早期学会的。这些技能受到文化观念的保护和奖励。然而它们会适得其反，因为它们不能产生有效的行动，也就是可获得预期结果（即减少问题）的行动。因此，如果本书的思想是要产生有效的行动，它就必须向我们表明如何改变现状、如何改变那些被视为理所当然的事情。除非首先改变有效行动的意义，否则任何变革都不能持久，因为人们会持续面临潜在的尴尬或威胁性。这导致人们重拾原先的行为，因为其胜任感和自尊在很大程度上基于同原来的状况匹配的个人价值观和技能。这种个人性尴尬导致了组织性尴尬，从而限制了真正的组织学习。

　　第二个行动领域涉及研究者创造可行动知识的方式，进而涉及实务者运用知识的方式。可行动的知识必须以这样一种方式创造，即其使用是对行动理论（会影响这种知识的创造）的有效检验。在原则上，这种检验可以衡量"技术"行动理论和"人类"行动理论的效度。竞争分析或作业成本会计等是"技术"行动理论，那些支配有效领导力、人际关系、群体动力或群际动力、组织文化等领域的理论是"人类"行动理论。事实上，本书主要阐述后者。一种关于管理和组织行为的综合性可行动理论要求整合"技术"行动理论与"人类"行动理论。我将在附录中提出可能采取的若干整合步骤。

无论内容是什么，可行动的知识都包含因果主张。它会指出，如果你以这样或那样的方式采取行动，可能就会发生某种情况。这意味着，可行动的知识是以假言命题[○]的形式创造的，这些命题可以存储在日常工作的行动者的头脑中，也可以从中提取。

行动与学习

学习发生于我们察觉并纠正偏差时。偏差是我们想要做出的行动与贯彻该行动时实际发生的情况之间的不匹配。这是意图与结果之间的不匹配。学习也发生于我们第一次实现意图与结果的匹配时。

学习是一个行动的概念。学习不只是形成一种新见解或新思想。学习发生于我们做出有效行动时，我们察觉并纠正偏差时。当你知道了某事时，你是怎么知道的？学习也发生于创造出你声称自己知道的东西时。

刚刚定义的学习与行动紧密相连，原因有三个：

第一，我们头脑中存储的任何假言命题都不太可能完全涵盖丰富的、独特的具体情况。我们头脑中存储的知识与在既定情况下有效地行动所需的知识之间，总是存在缺口。为了填补缺口，我们需要在新背景中学习新知识。

第二，在这种知识缺口已经相对缩小之后，我们设计并贯彻的

○ 假言命题（propositions of the if-then），陈述某种情况是另一种情况的条件的命题，又称为条件命题。——译者注

行动也不太可能是充分的。多数背景和情况都在不断变化。对于其他人或群体的反应，不能假设会像我们在设计自己的行动时想象得那样。我们始终需要谨慎地检查我们或他人的行动。这些过程也要学习，通常我们需要反复这么做。

第三，学习不仅是有效地行动所要求的，为了整理有效的行动，以便在适当的时候能够重复，学习也是必要的。这意味着，有效行动不仅以规则的形式存储在行动者的头脑中，而且意味着其要求通常是以正式、非正式政策和惯例的形式公开的，这些政策和惯例受到组织文化的奖励。确立政策、惯例与文化都要求我们进行学习。

因此，本书聚焦于对产生即时的有效行动来说必要的行动与学习，这种有效行动会解决可能令人尴尬或感到有威胁性（因为需要改变现状才能解决）的问题。我论证了，命题要有可行动性，就必须明确指出能达到预期结果的行动策略，并且还必须明确指出支配这些行动的底层价值观。这些行动策略必须被确定为规则，这些规则既可以用于设计对话，又可以用于确立评估行动有效性的标准。

在前言中，我介绍了那家作为案例研究对象的咨询公司，这项案例研究构成了本书的实证部分。我与同事们帮助这家公司的七位所有者兼董事看到自己持有的关于有效行动的个人理论。这些理论具有几种相似的主导价值观，包括："始终处于单方控制中"和"努力使失败最小化且胜利最大化"。我们也帮助董事们看到自己采取的行动策略，如"为获胜而倡导某种立场"或"以不鼓励对评价的效度进行检验的方式评价他人。"进而，我们能够帮助他们看到这些行动理论如何抑制组织学习并过度保护他们。此外，我们也揭示了他们如何产生会强化反学习和过度保护后果的组织习惯性防卫（采取政策、实践与准则的形式），这些后果是受到他们的主导价值观谴责的。

我们还帮助他们学习另一种行动理论来改变这种防卫的、反学习的行为，并实现其创建学习型组织的总体目标，这会使他们在咨询实践领域处于领先地位。这种新行动理论会促进各个层次的学习，特别是对于解决非常规问题的学习，这些问题令人尴尬或感到有威胁性（这正是需要学习的情况）。我们的理论必须明确提出一套新的主导价值观和一套新的行动策略。它还必须告知董事们（以及组织的其他成员）如何将原有的主导价值观和行动策略转变为新的主导价值观和行动策略。最后，我们的理论必须告知他们如何大幅减少组织习惯性防卫，以及如何建立有效的组织学习惯例。

这项研究主要聚焦于一个组织内部的可行动知识，具体原因如下：第一，检查和管控所处环境的最佳方式是创建擅长学习并迅速变革的组织。通过在始终密切关注环境的参与式组织内培养一种学习能力，我承认了环境的重要性。第二，环境本身通常由其他组织和网络构成。我们帮助人们在某个组织内运用的有效行动技能、能力与理论，也能用于管理其他组织和网络。在本书介绍的项目中，这一点尤其重要，因为参与者都是同一家咨询公司的成员，该公司的发展依赖于有效地与外部客户打交道。此外，这家咨询公司运用许多概念和分析程序来教客户评估并有效应对所处的环境。

明确的重要性

为提出关于人类行动（这些行动一旦得到贯彻落实，就能够被用作一种对命题的可接受的现场检验）的可行动命题，有必要明确说明这种将造成预期结果的行动。此外，在缺乏适当的行为规范、必备技能的情况下，实务者不能获得他们想要的东西。不同于可行动的知识，可应用的知识不需要满足这些要求。

最近的一项严肃研究说明了可行动的知识与可应用的知识之间的区别。内格尔（Nagel，1991）分析了 1985 年费城发生的 MOVE 灾难，事情的经过是，警察向 MOVE 组织的总部投放燃烧弹，由此引发的火灾蔓延至其他房屋，造成了 11 人死亡。他能够利用贾妮斯等人（Janis，1989；Janis and Mann，1977）提出的概念来解释古德[○]市长的行动。例如，对于古德市长迟迟不采取行动然后又匆忙行动，内格尔将其解释为一个防卫性回避的教科书式例子，针对古德市长的过度警觉和防卫性视而不见，内格尔将其解释为市长保护自己免于承担违反重要价值观的责任。

对于可解释古德的行动的关键概念，古德对后果的防卫性回避、过度警觉与防卫性视而不见似乎既显而易见又貌似合理。但正如内格尔所说，运用这些概念来解释是一回事，运用它们来"开处方"完全是另一回事。希望通过识别这些概念来获得可行动知识的人，

　○　古德（W. Wilson Goode，1938—），1984—1992 年担任费城市长。
　　　——译者注

必须向那些希望避免防卫性回避与过度警觉的人描述这种行为。他们必须教这些人保护自己免受日常工作中的合理化、否认、选择性感知与一厢情愿的影响。

内格尔赞同贾妮斯给人们提出的建议，即把一套反防卫性回避的程序制度化，并且他做出了补充：古德（以及其他决策者）应该学会识别有缺陷的决策对行为产生的影响。决策者也应该鼓励值得信赖的顾问在看到防卫行为时提出质疑。此外，他们应该识别必败困境，并牢牢把握核心问题。

如前所述，这些建议是可应用的知识，而非可行动的知识。为使知识可行动以便实务者能够在日常工作中运用，作者必须明确指出创造这种知识所需的技能，以及应用这种知识所需的情境条件。在本书介绍的研究内容中，我将尝试满足这些要求。

我的方法的基本原则之一是行动受理论的影响。从相反的角度来看，该原则的重要性可以显示出来。最近，林登（Lindon，1991）在回顾自己 30 年的实践时质疑行动是否需要理论的支撑。他的质疑基于下述事实：他曾运用四种不同的理论观点来帮助患有相同疾病的患者。由此得出结论，心理治疗师取得有效性进展的关键不是遵循某种理论采取行动，而是用让患者感到被真正理解的方式采取行动。

然而对于该经验，有一种解释是这四种理论可能不像他想象得差别那么大。之所以能够对每位患者的主要情感做到真正理解，可能是因为他能把四种理论中的任何一种与其人际治疗技能结合起来。

林登建议心理治疗师们要尽可能使理论变得不重要。这种建议是可应用的，但不可行动。为使建议变得可行动，林登必须具体指出心理治疗师如何能够拥有他定义的那种理解，并指出他们如何能使各自关于怎样安排现实的理论变得不重要。为形成这样的规范，林登必须持有一种关于抑制理论的理论，从而理解人类。此外，他需要落实这些理念，以便心理治疗师在治疗期间能够以这种方式（即这些理念带来的结果会检验该理论）形成这些理念。

加伯德（Gabbard，1991）在对林登论文的评论中指出，很难找到这样一位心理分析师：他的思想充分开放，并且对待不同患者有足够的灵活性。此外，加伯德进一步指出，林登有"勇气和技能把精神分析技术用于比典型精神疾病门诊患者更易受干扰的患者"（p. 23）。如果加伯德是正确的，那么让林登的建议变得更加可行动的一种方法就是，研究心理治疗师如何专注于理论并保持思想开放。

在反驳加伯德时，林登再次承认理论的相关性，但他建议站在"无知的"立场。他赞同拜昂（Bion）的建议，即"每个疗程都应被视为一次初始咨询，也就是说，心理分析师没有先入之见，每种感官都敏锐地寻找线索（p. 31）。同样，这些知识是可应用的，但如前所述不是可行动的，因为它不包括如何产生这种行为的知识。

最后，林登引用了弗洛伊德的建议，即在治疗正推进的同时，科学地研究某个病例并不是一件好事。弗洛伊德发现，科学思维可能会干扰治疗思维。本书的论点是，情况未必如此。合适的理论与正确的技能将使两者以科学与实践都受益的方式相互交织。怀特（Whyte，1991）在关于理论和参与式行动研究的新作中雄辩地论述了这一点。

库尔特·卢因的例子

在创造可行动知识方面，卢因是一位开创性研究者，他的著作（Lewin，1948，1951）是研究活动的典范，这些研究活动既是基本的又是可行动的，而且有一种咨询关系。由于卢因既致力于解决问题，又致力于对基本理论做出贡献，所以成为"作品改变了社会科学进程的少数几个人"（Cartwright，1951，p. viii）之一。不幸的是，在我看来，卢因及其某些同事关于开展行动研究的思想被后来的研究者阉割了，导致基础研究和行动研究再次分离。

我认为，卢因的作品包含四个核心主题。第一，对卢因来说，可靠的理论是实用的，并且他以几种方式将理论与实践整合起来。起初，他把社会科学界定为问题研究。他还选择研究对社会至关重要的问题。例如，他关心加强领导和促进民主、培养明智且负责任的公民、减少各种歧视等问题。在解决第二次世界大战期间出售战争债券，帮助父母劝诱儿童喝橙汁、食用动物肝脏或菠菜等实际问题时，他对基础理论做出了贡献。此外，卢因通过观察现实生活来开启自己的研究。他早年开展了许多经典的群体实验，关于这些实验的原创性专著都包含大量民族志描述。最后，卢因把所有问题（无论是微小的还是庞大的、暂时的还是长期的）与理论联系起来。关于任何问题的研究都是对理论的检验。若不能通过研究来检验，就不会形成理论。眼前的问题被用来检验不受时间影响的理论。

简言之，卢因在每项研究中都把理论与实践整合起来。他非常重视可行动性，在每个研究项目开始时就会提出这方面的要求，这表明了他对可行动性的关注，而在当时的社会科学界这并不是一项准则。

卢因把自己的研究策略描述为：通过"连续渐进"来追求真理，这揭示了卢因作品的第二个核心主题。他先界定整体，然后再将其区分为各个部分，以此对研究进行设计。使用这种策略，研究者就不太可能只见树木不见森林。

研究整体情况的人员应该更多地利用隐喻和表征，而不是努力形成 $X = f(Y)$ 这种概括。卢因提出的隐喻有"自由活动的空间""群体气氛""把关人"等。他赋予这些隐喻严谨的内涵，以便读者能够清楚地看出隐喻包含什么、不包含什么。

例如，把关人控制着允许或阻止当事人实现目标的大门。卢因揭示了这种情况如何导致当事人对把关人产生依赖和顺从、当事人如何变得关心把关人的需求并讨好他、当事人之间的竞争关系。这些预测适用于任何把关人——企业的领导者、夏令营的顾问、家长、教师等。

卢因擅长描绘表征（包含他假设的相关变量），无论它们代表什么学科或分析层次，并且他阐明了这些因素在逻辑上和经验上的相互依赖。他的表征展示了这些因素是如何形成自我维持模式的，并且关于改变这些模式所必需的一系列行动，这些表征提供了相应的见解。

卢因曾经希望，数学中的拓扑学能用来生成这些表征。我认为拓扑学在这方面的应用不成功，但它以一种不同的方式取得了成功。卢因的拓扑学模型是富有洞察力的示意图，具有认知科学家现在告诉我们的一种属性，如果知识要在日常工作中可用，这种属性对知识而言就是必要的。这种表征把相关变量"分为"可以高效率存储和检索的表格。这些分出的组块包含微观因果理论，该理论解释了事件是如何发生的，并且可以用来设计模式中的变化。

卢因作品的第三个核心主题是，他提出了若干能用来概括并理解个案的构想。其作品表明，统计与临床、通则方法（及观察）与具体方法（及观察）之间的两难选择可以通过运用我在此描述的隐喻和示意图来解决。

在许多实验中，卢因通过尝试在个体、群体、组织的行为中引入变革来检验这些主张。他是研究者—介入者的先驱。他表明，这种实验模式可以为变革服务，并且系统地改变现象是对理解现象最严格的检验之一。他把实验视为一种社会管理方式。

与杜威一样，卢因关心的是让社会科学服务于民主。这是我在他的作品中看到的第四个核心主题。那么多美国人认为民主理所当然，卢因对此感到困惑。对于建设一个更美好的世界，他并未隐藏或淡化自己的担忧。他似乎觉得，社会科学家有责任关注那些与生活质量有关的议题。承担理解并主动采取行动的责任，是他的核心工作。在这方面，他早于弗莱雷○和其他试图唤醒被剥夺者的活动家。例如，卢因建议，少数族群除了要对抗压迫者的偏执，还必须审视自身的偏执及作为被剥夺者的意愿。

遵循这四个核心主题，卢因改变了被研究者的角色，把他们从研究对象转变为客户。他明确表示自己是来提供帮助的，这种帮助

───────────────

○ 弗莱雷（Freire，1921—1997），巴西教育家、哲学家，批判教育学的主要倡导者。——译者注

如果有效，那么既会改善客户的生活质量，又会创造更有效的可行动知识。而且他没有屈从于客户的压力而做出改变，这些客户认为，他们的某种行动是为了解决实际问题，鼓励他无须满足为基础知识做出贡献的标准。

我力图集研究者与实务者于一身，既服务于理论，又服务于行动。我赞同卢因的观点，即社会科学研究者应该通过自身的研究创造有效的可行动知识，同时不降低对研究严格检验的要求。

Knowledge for Action

A Guide to Overcoming Barriers to
Organizational Change

第一部分
揭示改进的障碍

　　第一部分界定并提出了习惯性防卫的若干成因，这些习惯性防卫存在于组织、群际、群体与个人层面。

　　在第1章，我回顾了现有的文献，说明大量社会科学研究不仅揭示出这些习惯性防卫普遍存在于人们的生活中，而且它们还是无效学习的一个重要原因。我还指出，尽管这些研究中的多数可能提供了相应的建议，但并未创造克服并改变习惯性防卫所需的可行动知识。而且，"那是可行动的"，这条信息实际上可能加剧了它要解决的问题的严重性。

　　在第2章，我讨论了第一部分和第二部分用于开展研究的行动理论，并且提出了设计因果的概念。

第1章
组织中的无效学习[⊖]

在这一章，我回顾了社会科学领域的许多文献，以评估企业、政府、教育组织中存在组织习惯性防卫的程度。组织习惯性防卫是指防止个人、群体、群际、组织遭遇尴尬或威胁性的任何政策或行动，也指妨碍行动者识别并减少造成尴尬或威胁性的原因的任何政策或行动。组织习惯性防卫是反学习的和过度保护的（Argyris，1990c）。

这些文献向实务者提供了许多帮助其克服习惯性防卫的建议，我研究了这些建议实际上是否可行动。结果发现，对于这些习惯性防卫的性质及其对组织（尤其是对组织的学习能力）造成的不良后果，我们知之甚少。我还认为，多数用来克服组织习惯性防卫的建议都没用，并且如果这些建议得到贯彻落实的话，在许多情况下甚至会强化习惯性防卫。

企业、政府、教育组织（以及在这些组织中工作的人）都表现出类似的习惯性防卫。我选择分别观察不同类型的组织，以便聚焦于每个案例中习惯性防卫的不同方面。

⊖ 本章的部分内容改编自克里斯·阿吉里斯的 Reasoning, Learning, and Action：Individual and Organizational，Jossey-Bass，1982 年。

政府机关中的习惯性防卫

公共组织或政府组织内部的"非正式"或"政治"行为如何对绩效和组织学习造成妨碍，已经有大量文献试图对此做出解释（Allison，1971；Bardach & Kagan，1982；Brown，1978；Brunsson，1989；Halperin，1974；Hawley & Nichols，1982；Kaufman，1977，1981；Keggunder，Jorgensen，& Hafsi，1983；Levine，Ruben，& Wolohagran，1981；NAPA，1983；Neustadt & Fineberg，1978；Pressman & Wildavsky，1973；Stockman，1986）。例如，霍尔珀林（Halperin，1974）写道，在政府组织中，"受宠的项目"和"防卫性博弈"几乎从不摆到桌面上，但参与者能够很好地理解；个人的质疑往往有重重伪装；如果人们喜欢的立场被视为"离经叛道"，那么他们可能转而站在相反立场；为了生存，人们认为有必要遵守这些规则。

埃瑟里奇（Etheredge，1985）详细论述了在政府的关键决策会议期间出现的学习障碍。这些障碍包括：行政部门的说谎或欺骗；政治上的钩心斗角，这些行为营造了一个越来越远离现实的环境；无视命令并投机取巧，从而使负责人对真实情况一无所知；既不承担官僚责任，又不承担个人责任；举行阻碍复盘和反思的仪式性会议。埃瑟里奇认为，争强好胜、争权夺势、喜欢玩弄政治手段的人往往喜爱这些博弈。

布伦松（Brunsson，1989）研究了瑞典的地方当局。他描述道，行动者会承认自己失败了，并且不会为自己的行为辩解，"尽管他们知道自己正在做错事，但还是会继续做"（p. 58）。他描述了地方当局

"管理"问题的行为模式,其方式妨碍了很重要的改革(p. 68),然而
它们找不到出路。它们认为,这些模式是政治的本质。

考夫曼(Kaufman,1981)描述了白宫工作人员如何通过加强核
查来避免各政府机构变得过于独立,从而减少自己的忧虑。这些机
构的回应是抱怨,并尝试回避核查。随后,白宫再次加强核查。这
创造了自我强化、自我封闭的过程,该过程犹如有自己的生命。

负责调查"挑战者号"航天飞机灾难的罗杰斯委员会[○]在报告
中也揭示了类似的过程。该委员会表示,"鉴于参与者对安全问题的
关注,机构配备了相关人员并做出了承诺,安全问题却处理得如此
糟糕,这令人费解。灾难性局面是逐步形成的。尽管美国航空航天
管理局和其他机构能够识别问题并做出汇报,但相关当事人没有这
么做。在该任务的所有层次上,'勇于任事'的态度导致每个人都聚
焦于操作性目标。一旦聚焦于航天飞机的发射,参与者的注意力就
会被转移"(Presidential Commission,1986,p. 56)。该委员会建议,
增设有权处理安全问题的新岗位,增加确保安全问题不被忽视的新
规则,从而加强对安全问题的重视。这意味着,一位主管安全的独
裁者和新的控制程序会解决该问题。在一个认为安全很重要的组织
中,为什么该问题被处理得如此糟糕?这个问题没有受到关注。

作为管理和预算办公室主任,戴维·斯托克曼[○]的教训和幻灭始

○ 罗杰斯委员会(Rogers's Commission),为调查"挑战者号"航天飞机
失事而成立的总统委员会,1986 年 6 月 9 日公布调查报告。——译
者注

○ 戴维·斯托克曼(David Stockman,1946—),1981—1985 年担任美国
行政管理和预算局局长。——译者注

于总统同内阁官员的初期会议（1986）。总统往往不理解争论的本质。更常见的是，埃德温·米斯（总统顾问）⊖主持内阁会议，因此参会者不可能无所顾忌地发表意见，并且这样的行动是不可讨论的。

斯托克曼及其同事决定采取几项迂回策略。例如，斯托克曼表示，他们学会了在内阁会议上对没有争议的观点进行讨论："为填满米斯主持的内阁会议议程，我们不得不用整整一周时间寻找足够多的'安全'事项，而'大额'开支削减和经济预测项目越来越少"（p. 102）。斯托克曼认为，内阁会议不会做出艰难的抉择，"因为米斯在保护总统，使其免于在内阁官员中站队。"（p. 109）斯托克曼不得不设计一种长期有效的回避策略，并且这种策略不会被视为一种回避米斯和其他人对总统及内阁官员的智力和人际范围限制的保护的手段。斯托克曼偶然发现了一种处于相似窘况的人经常采用的结构性解决方案。

斯托克曼向米斯提议，另外成立一个名为"预算工作组"的委员会。该委员会将与相关的内阁官员一起审查所有预算削减项目，然后再提交给总统和内阁全体会议。尽管米斯和幕僚长詹姆斯·贝克⊜将作为委员会成员，但斯托克曼知道，除非总统出席，否则他们两人都不会出席委员会的会议。米斯对斯托克曼的提议表示同意，于是后者组建了该委员会。正是这个委员会做出了大多数艰难的抉择。

⊖ 埃德温·米斯（Edwin Meese，1931—），1985—1988 年担任美国司法部部长。——译者注

⊜ 詹姆斯·贝克（James Baker，1930—），在里根政府时期先后任白宫幕僚长（1981—1985）和财政部长（1985—1988）。——译者注

　　预算工作组会议也成为斯托克曼和同事马丁·安德森（政策分析师）[○]围绕严格的预算削减问题对内阁新成员及其工作人员开展培训的场合。斯托克曼认为，安德森知道如何在不羞辱抵制者的情况下缓解抵制情况。遗憾的是，斯托克曼并未准确描述安德森是如何在不羞辱抵制者的情况下缓解抵制情况的。人们能感到自己的抵制被缓解了，也能感到这种缓解行为被掩盖了。人们接受了暗示，掩盖了自己的屈辱感和愤怒。然而，这些负面感受会不断积累，很快，这些人就会找到适当的报复方式。

　　斯托克曼的描述表明，屈辱感和愤怒可能已存在，并且报复确实发生了。他注意到，内阁官员及其工作人员开始抵制。斯托克曼也曾在无意中听到几位内阁官员谈论他的粗暴。而且，内阁官员及其工作人员采取了自己的防卫性行动。国防部长温伯格[○]和财政部长里甘[○]尤其娴熟。

　　斯托克曼承认，他经过反思可以看到内阁官员如何不负责任地行事，如何掩盖问题，如何基于不可靠的事实制定短视的政策并获取政治利益（Frontline，1986，p.14）。但斯托克曼坚称，行动者并未清楚地意识到自身的行动。"我不认为人们撒谎……没有故意欺骗……我们感到困惑……但没人说'我们知道我们在撒谎，但无论如何我们都要做下去'……我们都陷入了那些常见的策

<hr>

　○　马丁·安德森（Martin Anderson，1936—2015），美国经济学家，1982—1989 年任总统经济顾问委员会成员。——译者注

　○　温伯格（Casper Weinberger，1917—2006），1981—1987 年任国防部长，1987 年因"伊朗门事件"而辞职。——译者注

　○　里甘（Donald Regan，1918—2003），在里根政府时期先后任财政部长（1981—1985）和白宫办公厅主任（1985—1987）。——译者注

略斗争中……我们从来都没有时间增强……对整体情况的担忧。"
（pp. 15 – 16）

妨碍组织学习的行动

关于管理政府机关的方式，我们从这些例子中可以推断出什么？文献中描述的政策、实践、行为造成的直接后果是妨碍了偏差的发现和纠正。二级后果是妨碍了问题的解决与决策的制定。这进一步导致了三级后果：组织绩效不佳。

此外，所有行动都发生于处理各种议题时。这些议题既复杂又重要，并且它们包含潜在的或实际的尴尬或威胁性，感到尴尬或有威胁性的可能是个人、群体、群际或整个组织。

这些行动违背了正式的管理原则和管理职责。无论是正式政策还是行政人员信奉的价值观都没有鼓励欺骗、操纵或歪曲信息。然而，这些行动是强有力的；尽管它们偏离了关于如何管理政府机关的流行理念，但还是出现了。

现在，让我们更深入地挖掘一下。由于这些防卫性行动妨碍了问题的解决和决策的制定，违背了政策和管理职责，还涉及令人尴尬或感到有威胁性，因此在做出这些行动时是不可讨论的。例如，某人不太可能会说自己将进行欺骗、操纵或歪曲，因为这将使此人容易被指责做出了不道德行为。此外，先承认在欺骗，就不是欺骗了；先承认在操纵，就是减小操纵可能产生的后果；先承认在歪曲，就是说出真相。

所有这些行动都要求，人们传达前后矛盾的信息，但表现得好像没有这么做。为使这些行动有效，人们在做出这些行动时必须将其掩盖。在许多情况下，这种掩盖行为也必须被掩盖。为做到这一点，人们学会了传达前后矛盾的信息，表现得好像这些信息不存在矛盾，使先前的行动变得不可讨论，并且使这种不可讨论状态也变得不可讨论。作为这些行动接收方的人必须参与共谋。如果他们认出了这种掩盖行为，那么就要学会表现得好像没有认出来。他们也希望欺骗者、操纵者或歪曲者认出这种共谋行为。

这些行动是组织习惯性防卫。它们过度保护个人或群体，妨碍个人或群体学习新的行动。它们是习惯性的，因为它们不断地发生，且与各行动者的个性无关。

防卫性行动是高度熟练的。熟练行动会被立刻、自动地执行，而且熟练行动"行得通"。大多数时候，它们是在行动者并未刻意关注的情况下做出的。实际上，予以关注可能降低熟练度。因此，熟练行动被视为理所当然（Argyris，1985b）。

这些熟练的防卫性行动的另一个特征是，它们是人们在早年时学会的。据我所知，没有正式的组织理论需要组织习惯性防卫。它们之所以存在，首先是因为人们在早年时就学会了应对尴尬或威胁。每个人都持有一种我所称的"使用理论"，它规定了熟练地回避尴尬或威胁并掩盖这种回避做法的行动。人们的信奉理论（例如，价值观和态度是其形式）往往与此截然不同（Argyris & Schön，1974）。我将在第 2 章深入讨论"使用理论"。

人们在早年学会了运用习惯性防卫，这被组织文化所强化，而组织文化是由贯彻回避与掩盖策略的人们创造的。这些策略之所以持续发挥其作用，是因为得到了组织准则的支持与保护。一旦出现这种情况，人们就会发现让组织为习惯性防卫负责是理性的。因此，这是一个循环的自我强化过程，从个人到更大的单元，再回到个人。

熟练行动受人们头脑中的主程序指导，这些程序会自动触发日常工作中的行为。这些主程序的成功运用，也增加了人们在管理自我和他人时的信心和自尊。因此，要改变人们的下述倾向，即形成组织习惯性防卫和保护这些防卫的组织准则，就需要既改变人们的主程序，又改变组织的保护性准则。如果这些改变被回避，那么应对组织防卫的建议就不太可能长期奏效。

我与劳伦斯·林恩（Lawrence Lynn）在肯尼迪学院共同开设了一门课程，该课程持续了几年时间，相关研究揭示出，人们会熟练地、自动地运用习惯性防卫（Argyris，1982）。约 100 名拥有不同背景、在政府中担任不同职务的学生，被要求评价吉米·卡特政府时期试图界定福利政策的两个相互竞争群体的行为。在第一个研讨班上，关于这两个群体遇到的问题，学生们发现了以下原因（所有课堂都进行了录音，多数学生的发言都被一字不差地转换为文字）：

- 工作群体。

  已经确立了坚定的立场。

  愿意做出改变。

  存在大量分歧。

  难以相互沟通。

  不习惯共同开展工作。

  没人直面真正的问题。

  有来自莫斯科的代表。

在任何可能的时候都推动自己的议程。

- 卫生、教育及福利部的部长约瑟夫・卡利法诺[⊖]是"华盛顿
  达人"。

  他让事态引发关注。

  他保留了多种选择。

  他很聪明，知道如果自己承担责任，那么所有的麻烦也会接
  踵而至。

  他似乎有一项秘密的议程。

  卡利法诺的典型行为是：从林登・贝恩斯约翰逊那里学会了
  羞辱自己的职员，表现得像一名出庭辩护律师，显出很无聊
  的样子，以便整理自己的想法。

- 截止日期给人们造成了压力。

- 没人愿意做出强硬的决策。每位当事人都想："这不是我能
  做的决策。"

- 这是任何一届政府头六个月的动态。当事人正在寻找解决问
  题的方式，不择手段攫取优势。地盘正在被划定。

- 卡利法诺不了解他的职员。

  职员不敢对卡利法诺说实话。

  职员告诉卡利法诺的，都是他们认为卡利法诺想听的。

- 这些群体具有典型的华盛顿思维模式：花钱解决问题并且照
  顾选民。

⊖ 约瑟夫・卡利法诺（Joseph Califano，1931—），1977—1979 年担任卡
  特政府的卫生、教育及福利部的部长。——译者注

- 每个群体都在理性地行动，都觉得自己知道答案，并且表现得好像确实如此。谨慎而巧妙地拒绝放弃自己的立场，这种做法是理性的。因此，卡特总统也许能够按下按钮，发射导弹，但他按下卡利法诺，什么都做不了。
- 佐治亚州的乡巴佬和华盛顿的老谋深算者之间有潜在的紧张关系。

在第二个研讨班上，学生们重复了第一个研讨班上学生们提出的原因，并且作了若干补充：

- 这项任务本身就存在矛盾：一方面，要重新设计福利方案；另一方面，要不增加成本以保持低通胀率。
- 这种情况引发了一场典型的权力斗争。为什么我们预计到了一切，就是没预计到发生的事情？为什么我们感到惊讶？当事人都是各机构的负责人，他们是天生的赢家，也是渴望成功的有抱负之人。如果他们遭遇失败，就会失去职员们的尊重。
- 他们都自私自利，以自我为中心，都想方设法独占鳌头，执着于维护"我的真理"。在博弈中，人们的自尊被重重伪装起来，他们害怕说出自己不知道要做什么。
- 当事人没有一个宏伟的愿景，也就是没有一个重要的、组织有序的福利理念。

  似乎没人真正关心福利改革。

  我们缺少成熟的领导人；没有有智慧的人。

  我们已经从"哲人王"中去掉了"哲人"。
- 每个机构都以自我为中心，拥有自己的学习经验和视角；不愿合作。

- 这项任务太大，不能一下子全部完成。如果循序渐进去做，那么可能会成功。

两个研讨班的学生都断定，行动者在福利改革上基本是无效的。学生们做出评价时采用了什么样的推理过程？在学生们的回应中，有两个特征与我们的探究相关：第一，这些回应是未经说明、未经检验的归因或评价；这些回应是在倡导参与者的观点，但很少鼓励他人进行探究；这些回应把责任"归于"个人或文化影响。这些都是习惯性防卫。第二，学生们做出的诊断包含一种关于有效性的隐性因果理论，可以表述为：如果个人或群体运用未经检验的归因、限制对探究的倡导以及把责任归于个人或文化力量的归因，那么个人或群体将强化自身的立场、加剧对抗、变得多疑且推卸处理程序议题的责任。反过来，这些结果将导致偏差加剧，这种适得其反的特征在产生这些偏差的环境中变得不可讨论（但在朋友间或小团体内可以讨论），并且当事人表现得好像没什么事情是不可讨论的（人们不能讨论这种不可讨论之事的不可讨论性）。

此外，如果卡利法诺例子中的行动者要求班上的学生评价其有效性，并且如果学生们直接陈述这些因果关系的观点，那么学生们会做出相同的行为，运用同样的归因和倡导，而这恰恰是他们所谴责的。换言之，如果卡利法诺例子中的当事人听了班上学生们的对话，那么他们可能会变得具有防卫性。

在课堂讨论期间，学生们有大量机会来说明这个假设。某位教员时常询问学生们，他们会如何与案例中的行动者交流在课堂上对其做出的评价。几乎在所有情况下，学生们都会尝试采取旁敲侧击的方式提出批评意见。在少数情况下，有学生会直言不讳地提出批评意见，而课堂上的许多学生都笑了。当被问及原因时，他们回答说，认为某个人可以对总统、卡利法诺以及其他主要行动者直言不讳是不现实的。

总而言之，学生们做出的诊断是，例子中当事人的行动是防卫性的，但如果当事人听到了这些，那么学生们界定上述诊断的方式也会造成防卫。在课堂上，当学生们出现分歧时，他们会对彼此产生防卫。关键在于，这种防卫行为是如此熟练和自动，以至于学生们的行为就像受其谴责的当事人的行为一样。此外，学生们并未意识到自身的防卫，并且多数人从未预料到自己会这么做。

过去的 20 年来，在商学院、教育学院、法学院，以及在私营企业和政府机关的管理者项目中，我和同事们把与此相似的案例和不同的案例作为供学生们讨论的主题，上述结果在 150 多个班级中都重复出现了。

行动的建议

尽管大量的政府观察员和参与者已经提出了缓解这种组织习惯性防卫症状（如对抗、偏差加剧、不信任、无效）的方法，但多数建议都不能治本。例如，霍尔珀林（Halperin, 1974）建议美国总统，运用有利的谈判技巧来处理人们的博弈和防卫。根据霍尔珀林的说法，总统最强有力的一项优势是，他有能力说服自己的主要助手，使其相信他想要做的事符合国家利益。当总统亲自表达自己的想法并唤起人们对国家利益的感情时，就会受到认真对待。当这不起作用时，他就会进行谈判。如果这还不行，他可能会威逼利诱。最后，他可能会尽可能多地接管执行工作。总统也可能会解雇某些人，并招徕新人。

然而，尚不清楚这些策略会如何导致、克服和减少组织习惯性防卫。实际上，我在阅读霍尔珀林的上述建议时，感到他描述的情境中几乎不存在防卫——或者说，即使存在，也是无关紧要的。显然，霍尔珀林的著作中记载着防卫确实存在，并且非常重要。

考夫曼（Kaufman，1977）提出了三种加强控制的方案：精简政府规模、加强核查、提供诱因激励私营机构去做政府正在做的事务。在评估了这些方案的优缺点后，考夫曼建议政府应对症下药，因为这将缓解痛苦；确立奏效的申诉程序；为公民提供帮助以便那些规则不被视为障碍；安排一位申诉专员。但他没有说需要采取哪些具体行动来有效地对症下药，确立奏效的申诉程序或提供能克服障碍的帮助。同样，该建议是抽象的；它回避了考夫曼描述的功能失调过程，并且他自己最终得出结论：我们可能不得不在一定程度的繁文缛节中生存，因为那是无法改变的本性。

威尔逊（Wilson，1989）建议，为使官僚机构变得更有效，应该进一步放松管制，配备更多理解其组织文化的管理者，为识别必需的和非必需的约束条件进行更多磋商，尽可能把权力下放到最低层级，基于成果做出评判，并设立明确的标准操作程序（pp. 369 - 372）。然而，这些建议也不能应对组织习惯性防卫。

贾妮斯关于克服"群体思维"的建议也存在同样的问题（1972）。就像副国务卿乔治·鲍尔○指出的那样，让某人故意唱反

○ 乔治·鲍尔（George Ball，1909—1994），1961—1966 年担任美国的副国务卿。——译者注

调不太可能减少组织习惯性防卫。巴达克和卡根（Bardach and Kagan，1982）建议对不合理的管制施加预算约束，这不太可能带来理性。

论述政府中领导力的文献也没有提供什么帮助（参见 Burns，1978；Barber，1977；Gardner，1990；Paige，1977；McFarland，1969；and the scholars included in Kellerman，1984）。伯恩斯（Burns）在非常抽象的层面谈论变革型领导，以至于我们难以从其讨论（忽视了重要的行为谜题和困境）中看出某人如何具备这种品质。例如，贝利（Bailey，1988）把罗斯福描述为，故意让下属们相互掣肘的人。埃德尔曼（Edelman，1988）也把罗斯福描述为，善于欺骗并操纵他人的人。然而，伯恩斯把罗斯福描述为一名变革型领导人。根据埃德尔曼的说法，约翰·肯尼迪、林登·贝恩斯·约翰逊、理查德·米尔豪斯·尼克松的行为也前后不一，具有欺骗性。这些行为都与前面描述的组织防卫一致，并且这些变革型领导人部分是通过欺骗而取得成功的，但人们不会从关于领导力的文献中知道这一点。

下述两个策略似乎有潜力降低让人们感到尴尬或有威胁性的可能性。然而据我所知，这两个策略都没有接受过实证研究以评估其实际优劣。

第一个策略是群体审议并做出决策，该策略由乔治（George，1972）提出，可以为总统提供外交政策方面更有效的信息和对话。然而，当议题令当事人感到尴尬或有威胁性时，乔治没有围绕该策略的运作进行任何讨论或研究。或许一旦习惯性防卫被激活，这些提议的结构性安排的有效性会受到重大限制。

第二个策略由诺伊施塔特和梅（Neustadt and May，1986）提出，主张参与者在就重要议题做出决策时要严格检查自己的假设。两人的研究表明，如果政府官员检查了自己的假设，那么政策中的某些重要偏差就可以避免。同样，需要进行研究以看看个人、群体与组织的防卫被激活时，这种方法的合理性可能受到何种破坏。

教育机构中的习惯性防卫

如同公共行政领域的文献，在教育领域的文献中关于偏差（大学和中小学教育管理方面存在的偏差）的例子也比比皆是。

例如，霍伊尔（Hoyle，1988）描述了教育环境中的微观政治。他列举的例子如下：对一项威胁到教师专属利益的拟议创新提出"专业的"反对意见；通过把工作小组提交的建议转交给其他群体以希望其消失或改变，从而"驳回"这些建议；"操纵议程"；篡改会议记录；在共识尚未经受检验之时"发明"共识（p. 259）。布隆伯格（Blumberg，1989）援引了下述例子：教师和校长如何不得不进行欺骗，绕过规则，让一个群体对抗另一个群体，并且表现得好像他们并未做过这些事，从而完成所有人都认为会加强课堂教学的事务。

赛泽（Sizer，1984）描述了教师中间信任的缺乏——来自"市中心"的持续控制如何削弱了最能干的教师和行政人员，以及这如何导致了教师的罢工和抗争，反过来又导致"市中心"强化了单方控制。布劳迪（Broudy，1972）表示，学校反应迟钝的常见原因包括官僚的刻板僵化和公务员的麻木不仁，他们主要关心维持现状。

博耶（Boyer，1985）也认为，优秀的教师和校长都身陷复杂的官僚网络，"太多学校的行政管理头重脚轻"（p. 224），这导致教师们忙于无意义的、消磨时间的工作。然而，尽管存在这些行政等级制度和控制措施，公众仍认为纪律是中小学的主要问题（Bunzel，1985）。最后，希思（Heath，1971）指出，多疑的行政人员让教师在日常教学事务中几乎没有选择。在行政人员的头脑中，课程表为王。尽管壁垒会妨碍人们合作，但部门壁垒是必要的。

伍兹（Woods，1979）聚焦于课堂，指出可以观察到教师偏袒男生，在某些事情出问题时责怪学生（而不反思自身的问题），实施单方控制，并且表现得好像学生不值得信任。反过来，学生形成了自己的习惯性防卫，这看起来像是漫无目的、毫无意义且杂乱无章的行为——纯粹为了好玩而捣乱、注意力不集中或闲逛。他们也用笑声来应对自己的无用感和无助感。当事人熟练且习惯性付诸行动的，是一种隐藏的生存结果教学法（pedagogy of survival results）。这种付诸行动是不可讨论的，并且这种不可讨论状态和不可影响性被看作是"自然的"；事情就是如此。教师的生存策略包括支配、亲善与疏远。所有这些因素都导致教师不太可能真正发生改变。此外，它们给教师提供了一个通过指责学生来解释并消除众多困难的"正当"理由。换言之，当学生的同伴压力、不成熟、懒惰、能力缺乏、某种恶劣品性以及类似行动被看作造成困难的原因时，这些"原因"就会引发并强化教师的失调行为，包括指责学生。

格兰特（Grant，1988）描述了在企图尝试新做法的学校中产生的适得其反后果。例如，在某所学校中，让学生决定某些议题导致了纪律涣散。这激怒了老教师们。教师们不再相互信任，行政人员给出了混乱的信号，但表现得好像他们并未这么做。例如，教师们被"告知"，在制定严格的教育标准时要谨慎，但这些信息是不可讨论的。试图坚持严格标准的教师可能会被学生指责滥用职权。实际上，学生可以起诉他们。由此导致的局面是"无政府状态"。在另一所学校中，教师们彼此疏远了。根据格兰特的描述，他们的态度是：你别管我，我也不管你，如果我发现你得癌症快要死了，那时我会跟你谈谈。结果，许多教师感到无法掌控自己的命运。他们丧失了效能感，然而行政的上层建筑仍然存在。

杰克逊（Jackson，1968）认为，此处描述的失调行为可能会对典型的学校文化以及教师思考教学的方式产生深远影响。在这种学校文化中，保密是生存的主要方式，并且被某些人用来玩弄制度特权。教师们遵循自己对教学的看法，避免用复杂的想法来处理复杂情况。他们持有一种简单的因果观，好像因与果是一一对应的。他们运用直觉而非理性方法来解释课堂上出现的情况。这种对直觉的依赖强化了他们对现实的简单看法，使其在面对替代的教学实践时变得不那么开放。古德拉德（Goodlad，1984）认为，教学实践正日益变得惯例化。他预测，这将导致知识的教化作用（也就是使知识与更多人的生活变得相关的驱动力）受到限制。因此，学校正在造成自身所谴责的后果，即无效教育。

多数被引用的研究中还有一项内容。研究者都表示，他们观察到的不是新现象。正如阿德尔森（Adelson，1985）所言："多年来，美国中小学的糟糕状况一直显而易见。"（p. 18）或者如布隆伯格（Blumberg，1989，p. 20）所言："那么还有什么是新的？"若说有什么令人费解之处，那就是这些问题为什么过了这么久才被公之于众。

妨碍组织学习的行动

相比于政府机关，学校中妨碍组织学习的习惯性防卫也具有类似的基本特征。当处理各种难题时，这种习惯性防卫就会出现；它涉及许多不同的个人和群体，并且违背了正式政策和实践；尽管为了提高学校教学的有效性，人们已经开展了无数研究、花费了数百万美元，然而习惯性防卫似乎仍在延续，甚至变得更加强有力了。

为克服学校公认的问题，人们提出了各种建议。让我们来检查一个典型的样本，从而得出这些习惯性防卫为什么得以存在的假设。

行动的建议

关于如何纠正无效教育，相关文献给出的建议是抽象的、模糊的。关于如何应对前面提及的防卫活动及其造成的后果，文献几乎没有给出任何建议。这一点被忽视了，并且这个被忽视的事实也被忽视了（Scribner & Stevens，1975；Hong，1986；Fantini，1986；National Board for Professional Teaching Standards，1989）。例如，相关的文献建议，教师应该受信任并获得更大的自主权（Grant，1988），决策权应该下放（Sizer，1984；Boyer，1985），应该提供更充分的财政支持并制定更加支持卓越教育的法律条款（Chance，1986）。如果学校要在教育领域发挥主要作用，那么就应该给教师更多空闲时间和私人空间（Woods，1979）。学校应树立明确的总体目标，引导教师相互合作，要求集体参与，并让每个人都走上正轨（Frase &

Hetzel，1990）。责任应该明确，但首要的总体目标必须清晰，结果
必须在学校的控制之下，质量标准必须明确，并且教师必须被视为
专家（Broudy，1972）。

莱特富特（Lightfoot，1983）建议学校树立愿景和开放边界，应
让教师享有自主权，为教师创造可以犯无心之过并予以纠正的条件。
然而，莱特富特并未明确指出有效愿景、开放边界、充分自主的特
性。此外，他也没有提供如何实现这些总体目标的信息。希思
（Heath，1971）建议，聚焦于把智力方面的意识同情感与行动结合
起来的学习经历，创设更小的教育单元，并且推动让学生直面自身
信仰与价值观的体验式教育。同样，希思没有明确指出如何识别这
些行动的可行形式以及如何实施。

为什么习惯性防卫在很大程度上被忽视了？该领域的学者认为
至少有三个原因：第一，以往常用来理解学校教育的行政理念不关
注这些议题（Reynolds，1985；Westoby，1988；Hoyle，1988）；第二，
以往常用来诊断学校教育的测量工具不涵盖作为研究变量的组织防
卫活动（Abt，Magidson & Magidson，1980）；第三，如同我们所有
人，教师也运用一种行动理论指导自己的行为，尤其当他们处理令
人尴尬或感到有威胁性的议题时，这些行为会导致回避与掩盖。正
如布罗德斯基（Brodsky，1989）所言，教师往往意识不到自己如何
熟练地制造了习惯性防卫、如何在试图减少习惯性防卫时反而加剧
其程度、如何熟练地指责他人以及如何熟练地否认上述所有行为。
布罗德斯基的研究质量非常高，因为他提供了相对直接的可观察资
料，比如对话，而其结论正是基于这些资料。

企业组织中的习惯性防卫

对相关文献的回顾表明，企业同政府机关、教育机构类似，也存在组织习惯性防卫。并且，关于如何克服这个常见问题，学者或实务者提出的建议同样回避了原因。在企业中，这些建议实际上强化了造成组织习惯性防卫的原因（Argyris，1990c）。

我将以一种稍微不同的方式回顾关于企业组织的文献，而不是重复前面提出的概念，从而更深入地挖掘这些文献揭示的知识与行动之间的鸿沟。为此，我挑选了若干著名的研究，其结果的适用性或可行动的知识是研究者在设计和开展研究时所关注的。在阐述了这些研究提出的建议与其适用性之间的鸿沟后，我转向二级后果，如果研究结果要被实务者运用，那么这些后果就非常重要。

知识与行动之间的鸿沟

劳伦斯和洛尔施（Lawrence and Lorsch，1967）的研究指出，有效的组织在差异化和整合之间表现出一种适当的平衡，确切的平衡点在很大程度上受环境需求的影响。实现正确的平衡的关键在于管理者的行为。他们的行为受到认知—情感取向的强烈影响，这种取向由每位管理者的职能取向、时间取向、人际取向、组织结构的正式程度和质量构成。

劳伦斯和洛尔施聚焦于管理者可能如何设计自己的行动、组织特征以及其他结构性特征，从而形成更有效的整合。例如，当聚焦于处理冲突的设计性行动时，他们表示，相较于对抗策略，旁敲侧击策略与组织有效性的关联并不高。从他们的研究发现中可能"得出"下述行动建议：在冲突中，要建设性地对抗他人并确保你在任务中是（以及被视为是）有能力的和有知识的，确保你有组织权力，并且确保你的可用知识与做出决策所需的知识相一致。

为说明这一点，我们假设想要应用该建议的管理者具备必要的能力、技术知识和组织权力。这使我们可以聚焦于两位作者建议的行动步骤，以减少旁敲侧击、增加建设性对抗行为。他们建议，管理者聘请组织发展顾问，并采用 T 小组等再教育形式。

这些建议存在下述几个问题。第一，作者的差异化和整合理论并未明确指出，为减少旁敲侧击、增加建设性对抗行为，管理者必须学会哪些行为技能。第二，如果管理者有参加 T 小组的经历，然后失败或成功地减少了旁敲侧击、增加了建设性对抗行为，那么这些结果难以作为对该理论的检验。第三，根据组织发展理论及其实践选择行动步骤，在我看来，这并没有解决下述挑战：帮助管理者以与其他管理者（并因此与组织）相整合的方式行事。实际上，旨在减少人们旁敲侧击（尤其是在初期），从而帮助他们对抗组织的 T 小组的经历通常服务于差异化而非整合。

在文献中，知识与行动之间存在鸿沟的另一个例子出现在卡茨和卡恩（Katz and Kahn，1966）的著作中，他们把角色这个概念视作"联系研究（和理论）的个人与组织层面的主要手段；'角色'既是社会系统的基石，又是该系统对其成员的总要求"（p. 197）。卡恩和他的同事们（1964）广泛研究了角色的模糊性和组织压力，系统地探索了角色的功能。

他们的研究发现，在一份全国性样本中，近一半人认为自己在工作时存在角色冲突，这对个人和组织造成了压力，进而带来了严重后果。为理解该问题，他们开发了一个模型，并在该模型中仔细指出了多个变量及其相互关系。例如，组织规模同组织中角色冲突和角色紧张的数量之间存在明显的线性关系。

这项研究显然可用于制定组织政策，以及设计角色和角色关系的规范。这些知识如何既能用于管理者的日常工作，又能用于检验该模型的特征？

潜在运用者会找到一份相对完整的"处方"清单，该清单与组织角色的设计相关——例如，尽量减少角色定义的模糊性，也尽量减少角色期望与角色设定之间的模糊性。我们假设，管理者能够把这些"处方"转化为设计，并掌握了相应的技能来做出这些设计，还有权力将其转化为关于工作汇报关系的岗位定义和政策。

下一步将是管理者贯彻该设计并检查其有效性。此时，个人和人际因素就会被激活。如果管理者发现在多个设计角色间仍存在重要的模糊不清，并且发现不同角色间存在冲突，那么该怎么办？为纠正这些偏差，管理者需要哪些行为技能？研究者没有处理这些问题，但如果其研究正确无误，那么管理者很可能会发现这些问题的存在。

在我审视过的所有实证研究中，哈克曼（Hackman，1987）的研究在明确指出创造可行动知识时所面临的挑战方面进行了最彻底的尝试。他评估了关于群体行为的描述性研究，并说明了为什么不可能从这种研究中得出关于群体设计和群体管理的"处方"。对可能关注从描述性研究得出相应建议的研究者来说，这是一份示范性介绍。

针对"若群体要有效，那么可能需要什么"，哈克曼开发了一个这方面的规范模型，并且明确定义了有效性。管理者（或介入者）从这个规范模型出发有可能会获得建议。例如，可以建立团队，以便他们在模型中的每个变量上排名靠前。

然后，哈克曼转向了一个行动模型，该模型关注的是如何创造规范理论认为的一个群体表现良好所必要的条件。哈克曼的行动模型包含四个阶段，如果有效行动可能发生，那么就需要经历这四个阶段，并且他指出了每个阶段有待处理的关键问题。例如，在前期工作阶段（第一阶段）和创造取得绩效的条件阶段（第二阶段），必须回答下列关键问题：任务是什么？这项任务的关键要求是什么？如何把任务设计得尽量清晰并尽可能调动人们的积极性？人们需要什么物质资源（如工具、设备或资金）？

我们再次假设这种知识是可用的，因为人们能够阅读关于这些主题的丰富文献，并从中学习。然而，组建并打造团队阶段（第三阶段）和持续提供协助阶段（第四阶段）更加难以实施。例如，哈克曼的论述提醒我们，由于那些会导致"过程损失"的内部群体过程，以及由于界定群体边界可能会激活组织地盘纠纷等问题，群体边界往往难以确定。界定和重新界定任务也是一项充满误解、张力与矛盾的行动。群体准则的确定和群体成员角色的形成往往是一个自然而然的过程，但是，所形成的准则和角色可能受到成员没有意识到的力量的严重影响。此外，这些准则可能与核心的管理价值观发生冲突。

哈克曼认为，一旦某个群体开始解决这类问题，那么它很可能将变成一个能够掌控自己命运的、正常运作的系统。然而，他指出群体仍必须注意下述关键议题：重新协商群体设计和背景、促进积极的协同、从群体经验中学习。

没有提供从理论推导出的行动模型，这个是知识与行动之间存在鸿沟的最明显体现。例如，描述性研究记录了"过程损失"。规范性模型建议通过协同收益来减少这种过程损失。行动模型建议创造积极的群体协同，实际上并没有创造这种协同的模型，有的只是提及运用"过程咨询"。然而这种建议可能存在问题，因为在哈克曼认为很重要的许多领域，过程咨询的做法可能会有巨大差异。例如，为了避免群体的"过程损失"，并提升协同的过程收益，哈克曼建议，要确定群体是否存在协调不良、对成员的才能衡量不当或实施存在不当之处等问题。我相信，关于如何找到群体是否存在这些特质，多数过程咨询专业人员意见一致。但是，关于如何培养团队精神，如何鼓励群体开展会改变上述特质的学习，不同的过程咨询人员存在很大差异。例如，在囊括各种介入的列表中，阿吉里斯（1990b）把建设性对抗列在首位，而沙因（1987b）将其置于末位。每位过程咨询人员为提高"协同过程"的收益而采取的介入措施可能会有很大差异。

二级后果

通过更完整地理解现实和实践，以及比我刚介绍的方法更有效的方法，对可用知识的认真研究将有利于科学的发展。然而，一旦变革被激活，这些研究可能会产生适得其反的二级后果。为了创造可用知识而进行的研究应该明确关注这种意外后果。我发现，当前的文献对这些二级后果的处理方法大致可分为三类：偏差被识别出来，但其持久性未被识别；正确应用研究结果导致不良的、易变的、不道德的后果，这些后果遭到忽视；内在矛盾未被识别出来，因此组织的矛盾性质未被理解。

未能识别偏差的持久性。当意外偏差的原因被识别出来但其持久性的原因未被识别时，就会造成几种二级后果。例如，在讨论意外偏差时，佩罗（Perrow，1984）确定了三种理性：绝对理性、有限理性、社会理性。他相信，在理解意外偏差时，人们过分强调前两种理性，很大程度上忽视了第三种理性（即社会理性）。佩罗认为，社会理性认识到，不同个人有不同的优势，这些优势应该得到尊重，而且整合这些差异的过程可以创造社会联系。他说："相比改进同种技能，通过多种技能来建立的联系更稳定且更令人满意。"（p. 322）因此，他建议把社会理性作为有效处理或预防重大偏差的关键办法。

然而，哈克曼（Hackman，1987）、贾妮斯（Janis，1989）、阿吉里斯和舍恩（Argyris and Schön，1974，1978）提出，联系不是群体过程自然产生的结果。因此，如果某人想要推荐社会理性，那么研究过程的下一步就是学会如何创造条件，形成尽可能优质的社会理性。缺少了这些知识，佩罗就会处在这样的境地：推荐了一个因素，但该因素不太可能满足他对其提出的要求（若其他研究正确的话）。

哈克曼（Hackman，1989）描述了人们在使群体聚在一起并予以领导时出现的五个设计偏差。人们把执行单元称为团队，但把成员视作个人加以管理；权威失去平衡；召集一大群人，笼统地告诉他们需要完成的任务，并且让他们拟定细节；明确指出一个具有挑

战性的团队目标，但吝于提供组织支持；假定成员已经具备了为一个团队良好工作所需的全部能力。（pp. 493 – 501）

在某种程度上这些偏差的存在是由于无知，哈克曼的研究应该减少这种无知，从而减少设计偏差。然而，如果这些偏差确实会持续一段时间，那么研究的问题就变成了：什么原因妨碍了人们发现并纠正这些偏差？据推测，当人们得到的资源有限时，他们会感觉到这不符合既定目标。如果是这样的话，为什么他们不讨论自己从这种感觉中得知的事情呢？如果他们确实讨论了他们得知的事情，那么是什么原因妨碍了他们纠正这种偏差呢？

我在最近有关类似偏差的研究中发现，偏差得以持续的主要原因是它们被掩盖了，并且这种掩盖行为也被掩盖了。当事人表示，之所以这么做，是因为组织习惯性防卫要求他们这么做。他们表示，若不这么做，那么很可能会打开潘多拉盒子（Argyris, 1990c）。

当可应用的研究维持了现状（采取的方式与能够从研究中得出的建议适得其反）时，就会出现另一种未能处理的偏差持久性。在回顾著名管理者给出的建议时，我发现了两个潜在问题（Argyris, 1990c）。第一，他们的建议或许是可应用的，但如前所述不是可行动的；第二，他们的建议往往忽视了组织防卫，而起初正是组织防卫造成了偏差，这种偏差意味着前述建议不能改变现状。此外，提建议者似乎没有意识到这种疏忽。我们发现，这些问题也涉及社会科学中的大量研究（Argyris, 1980）。

通过描述事物（在这个例子中是指组织）进而直接或间接得出其不能改变这一结论，研究人员可能不知不觉强化了维持现状及其偏差的二级后果。例如，从事那些记录（在我看来是准确的）了许多组织中习惯性防卫的实证研究是一回事，若不首先开展实证研究来证实这种结论，那么声称或暗示习惯性防卫不能改变就是另一回事。

例如，戈尔丁（Golding，1991）描述了一个组织把相关财务信息限制在最高层的"仪式"（惯例）。试图获得所需信息的其他经理认为，这种尝试是在浪费时间。他们还认为，自己参加会议是在浪费时间，但他们仍继续参会，并且掩盖了真实感受。戈尔丁还描述了用来掩盖秘密的仪式。他总结道，该组织的许多仪式造成了情况的恶化和胁迫，甚至到了难以忍受的程度；但据我所知，他也认为这些仪式将得以延续。他认为，试图阻止这些仪式将是徒劳的，如他所言，这就像阻止时间流逝。具有讽刺意味的是，这种研究使得社会科学研究不太可能通过改变现状来阻止时间流逝。在我看来，戈尔丁准确描述了组织防卫的现状。但他止步于此，没有开展关于改变这些仪式的研究，他为那些做记录的研究者和造成难以忍受的惯例的管理者提供了一种解释，该解释导致他们认为，自身的习惯性防卫无法改变。

布伦松（Brunsson，1989）对决策进行了深入分析，表明当组织努力争取支持、承担责任、使行动及自身正当化时，有限理性存在局限性。例如，他表明了在考虑到每个组织内部、每个组织与其环境之间习惯性防卫的情况下，所谓组织"政治"现象如何导致了看似非理性实则非常理性的对话和决策。"不一致"确实可能有用。然而，如果我对布伦松的著作理解无误的话，这些不一致是不可讨论的。因此，组织难以从自身的经验中学习。这种不一致的用处在于维持现状。

当研究人员把行动者认为理所当然的事情也视作理所当然时，就会出现允许偏差持续存在的另一种情况。结果可能是一种意外共谋，即研究人员与现状（包括习惯性防卫）的共谋。例如，我关注的几位学者（都是对合作进行研究的学者）对群体有效性进行的深思熟虑的、系统的研究（Hackman，1989）。他们主要研究日常背景中的群体，采用了几种不同的研究方法，非常依赖访谈和观察。然而，他们完全不想受流行的科学方法论限制，但他们确实认为现状的某些关键特征是理所当然的，尤其是当涉及理解组织学习的时候。我指的是他们所谓的"自我推动过程"，该过程在很大程度上是适得其反的。例如，在各项关于高层管理群体的研究中，高层无效运作的第一个显著原因是团队的内部运作过程，通常该过程是，当开始出现问题时，就会发生分裂，也就是说，这个团队往往会分崩离析。正因为如此，高层管理者会避免使用团队，这正是导致无效运作的第二个显著原因。一旦分裂与回避的自我推动循环得以确立，就很难停下来。

关于表明出现了无效运作的研究发现，几个示例如下。

"然而，FCG 的成员往往不承认或设法处理群体内部的冲突。据某位成员说：'有几次我们已接近处理内部冲突了。但我们还是没有越过那道门槛'。"（p. 230）

随着时间的推移，这种行为和准则形成了"一段独特的历史，这导致 FCG 的成员会在公开讨论产生的分歧时变得特别谨慎"。（p. 230）

刚描述的这些行为使成员们难以处理彼此漫无目的讨论的质量问题。其中一位成员说："这有点像，我们开了一场 FCG 会议，是

因为我们要开一场 FCG 会议。我们没有议程之类的东西。"（p. 32）

从这些例子可能推断出，某些适得其反的群体过程（比如避免冲突、不参与漫无目的的会议）在会议中被回避了，并且这种回避也被掩盖了。因此，对分裂与回避的一个解释是，当事情出错时，群体成员面临的问题可能是令人尴尬的或有威胁性的。这激活了回避与掩盖活动。反过来，这些回避与掩盖活动又激活了使得回避与掩盖变得不可讨论的准则。如果它们是不可讨论的，那么回避与掩盖就不可能得到纠正。因此，分裂与回避得以一直存在。

此外，如果参与者像我指出的那样行事，那么他们会表现得或有意或无意地那么做。回避与掩盖是故意的、蓄意的行动。因此，参与者不仅知道存在适得其反的群体准则，且这些准则及其影响是不可讨论的；还知道他们私下的共谋强化了这种准则，但在公开场合却表现得似乎并未这么做。这种行为会增加下面这种情况出现的可能性：该过程一旦被激活，就会自我推动。

如果分裂与回避的过程不可讨论；如果群体准则认可这种不可讨论状态；如果参与者心里知道自己的行动是在鼓励被批评的群体特征持续存在，那么就很难予以打断和纠正。

我认为，作为研究者的我们有责任尝试改变习惯性防卫，从而创造关于其可改变性的经验知识。目前，由于缺少这种研究，再加上有大量描述组织习惯性防卫的研究，我们可能会鼓励学者和实务者相信，现状及其偏差和习惯性防卫是不可改变的。

未能揭示不良的、易变的、不道德的后果。 然而，当建议的一系列行动导致了推翻预期成果这一后果时，或者当建议的一系列行动通过造成一组新偏差的行为来实现预期成果时，就会出现其他二级后果。运用者起码应得到警告，有可能出现他们不想要的二级后果。例如，塞尔斯（Sayles，1989）撰写了一本充满有趣想法和建议的著作，并且精心编写了关于这些建议的适用程度的说明。例如，他建议，若针对某个议题需要达成一致，并且不适用简单的指示，那么每当上下级需要在该议题上达成一致时，上级应寻求相互让步，并围绕存在的难题达成共识；通过让下级以一种上级能理解的方式谈话和解释，从而让上级理解下级的性格、兴趣、焦虑与心愿；寻求与员工或多或少地互动。

然而，那些观察领导者应用这些建议的人，或那些设计工作坊来帮助领导者学会应用这些建议的人表示，不同领导者的行为存在巨大差异。某位领导者做出相互让步的行为，可能被其他领导者视为单方的、强制的或卸责的行动。当领导者采用"让下级说话"和"鼓励主动性"等建议时，也会出现相似的差异。此外，在大多数情况下，领导者没有意识到其设计的互动与实际效果之间的差距。他们也没有意识到，头脑中存在某些使其意识不到这种差距的程序（Argyris，1978b，1982，1985b）。

塞尔斯还建议采用一种"看似简单直接"的技巧来防止对方故态复萌。例如，项目经理应该正视并质询，提出下列问题："是什么让你认为这个听证会与我们上周进行的听证会具有可比性？"或者"你有什么证据表明重新设计可能会解决问题？请证明给我看。"（p. 243）

美国航空航天管理局高级官员采用的策略（用来使工程师们打消不让挑战者号航天飞机发射的念头）与塞尔斯的建议非常相似。我对罗杰斯委员会调查结果的解释是，下级理解并接受上级采用的策略。关于上级对待下级的方式，下级没有看到任何不正当之处；尽管下级确实感受到挫折和困惑，但并未表达这种感受。因此，我们可以假设，这些策略在防止故态复萌上是奏效的，但它们可能也鼓励了躲避这种感受和负责任的行动，这会带来潜在的灾难性后果。下级人员最终放弃了，并采取了这样的态度："好吧，聪明的伙计们——发射吧！"（Argyris，1990c）

塞尔斯表示，成功的采购代理学会了使用下述策略来处理棘手的申请或涉及冲突的申请：运用现有规则向上级申诉；敷衍了事但不指望能按时交货，以此来逃避规则；超越职权并完全无视这种申请。塞尔斯还为那些必须同专制老板打交道的代理提供了以下策略：仔细做好铺垫，而不是突然向老板提出某个想法；不要同时提出问题和其解决方案；分阶段，并且以不让老板（应该让老板不知情）立刻看到解决方案的方式提出问题。（pp. 142 – 144）

问题在于，无论是塞尔斯的研究还是其建议，都没有阐述采购代理在采取这些行动时的实际做法。例如，塞尔斯建议采购代理，即使心里明白自己不会遵守某个最后期限，但仍敷衍地表示同意。这要求代理故意掩盖自己无意遵守交付期限或者故意掩盖自己将超越正式职权。由此产生的行为无论多么不道德，这个建议都可能"奏效"，因为它"告诉"行动者，要使回避与掩盖策略正当化，并通过激活组织习惯性防卫的两种行为来避免尴尬或威胁。这两种行为是：过度保护自己和他人；以妨碍学习（学习可以减少对过度保护的要求）的方式行事。

这个建议的另一个问题在于，它与塞尔斯给出的其他建议矛盾。例如，塞尔斯表示，采购代理运用的策略是为了减少上述冲突和不信任。实际上，这些策略是反过度保护和促进学习的。当经理们正在处理棘手议题时，建议他们以截然不同的方式行事会带来什么后果呢？如果同一个人做出了回避与掩盖的行动，那么以学习为导向的行动有多可信呢？

习惯性防卫的其他起因

哈克曼（Hackman，1989，pp. 47 – 52）提供了一个例子，说明了更多关于习惯性防卫的因素以及研究者应调查的因素。当某个公司重组团队从概念性和综合性任务转变为评估个性并做出高度政治化的决策时，适得其反的过程就会出现。当团队成员开始讨论潜在令人尴尬或感到有威胁性的问题（例如，分配职能责任，决定谁将与某人共同工作，询问是否应该填补总裁岗位）时，该群体的表现就会恶化。那位起初赋予团队高度自主权的高管，改变了自己的做法，更频繁地介入，并且有时会事与愿违。因为成员们会拉帮结派，并且会发生幕后不择手段攫取优势的事情。成员们感知到并且怨恨其他人似乎准备成为下任总裁。

此外，成员们形成了某些秘密，它们会影响其在团队会议中的行为，破坏群体过程。会议的质量下降了。成员经常缺席或迟到，即使人人都参会，也没什么成果。这个群体拟定了一份很受欢迎的报告（通过个人或双方的努力），但一旦报告得以提交，群体成员就不在一起工作了。正如那位高管所言，报告的实施情况不尽如人意。

从这些事件可能推断出，第一，绩效条件的变化所产生的任务不仅困难，而且可能导致成员之间以及成员与外部人员之间的互动令人尴尬或感到有威胁性。第二，成员们选择通过回避并且掩盖这种回避来处理这些情况。例如，成员们向研究人员表示，他们有怨恨感，并且他们知道围绕这个议题存在某些"秘密"。但他们不在会场相互讨论这种怨恨感或"秘密"。

第三，成员们知道，他们以及其他人在回避并掩盖这种回避行为，并且他们知道自己正使得这些问题在会议上变得不可讨论。他们也知道，自己表现得似乎什么都没有发生，并且他们向研究人员描述了这些情况。第四，研究人员表示，那些适得其反的过程（例如：分裂与回避）、那些不可讨论或不可纠正的过程开始自然推进。

第五，如果群体或组织中的参与者心里知道，他们已经以强化分裂与回避的方式采取了行动，但他们表现得好像不知情，并且如果他们相信别人也在这么做，那么似乎可以预测，他们将对这个群体的绩效缺乏信心。就像该团队成员的所作所为，在开会时迟到或缺席会是一个寻常的现象。这些行动是团队成员相互疏远的实证例子。

这种相互疏远的另一个原因可能在于团队成员的忧虑：如果他们参加会议，那么他们可能会感到非常沮丧，既而袒露自己一直憋在心里的感受和想法。在出现上述情况的群体中，透露这些感受会出现适得其反的结果。因此，出于关怀、务实等原因，他们通过沉默寡言来适应现实。

一个自我推动过程的模型

建立一个群体和组织层面的习惯性防卫模型，以解释哈克曼及同事们为前面所论公司重组团队描述的适得其反的过程和绩效结果（见图 1-1）。

　　该模型始于组织"生活空间"中存在的某些特征，群体成员认为这些特征潜在地或实际地令人尴尬或感到有威胁性。这些特征包括对群体绩效不满、归因于"政治"、对不讨论造成绩效不佳的原因进行归因、承认那些反对公开处理冲突的准则。

　　每当成员们感知到或经历上述情况，以及其他令人尴尬或感到有威胁性的情况时，他们倾向于回避同这些感受有关的问题。进而，这种回避被掩盖了；与此相反的情况是，这些问题可能会被公开，并且可以讨论其原因。这些后果会违背起初支持这种回避行为的群体准则。

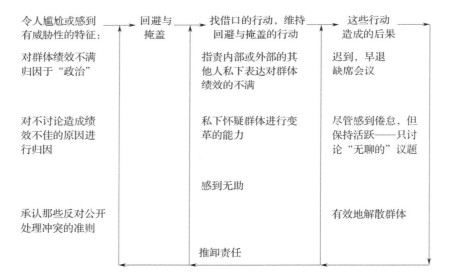

图 1-1　自我推动，未纠正的群体过程

　　回避与掩盖会产生两个后果：第一，对初始特征的反馈会维持、保护、强化那些特征；第二，采取的行动使得参与者有可能搪塞自己的回避与掩盖。这些行动保护了群体成员，并且妨碍可能带来自我纠正行动的学习。这些行动包括指责内部或外部的其他人，同时避免对这种指责的效度加以检验；私下对群体通过回避来处理棘手议题的方式表达不满；私下怀疑群体进行变革的能力；对于主动改变群体感到无能为力；推卸责任。

这些妨碍学习的保护行动也会反过来强化回避、掩盖以及起初的尴尬或威胁性。此外，它们会导致公然但"可接受的"沉默寡言现象，比如开会时迟到或早退；由于冲突而缺席会议；保持活跃但对群体成员身份感到倦怠，并因此聚焦于"无聊的"议题；在组织允许的情况下立刻解散群体，同时假装认为群体仍然有意义（群体不死，只是逐渐凋零⊖）。

我认为，所有群体中都存在这种自我推动的、适得其反的过程。我将在第 2 章说明原因。在尴尬或威胁性将其激活前，它们处于潜伏状态。因此，只有在风险或机会不涉及尴尬或威胁性时，风险才能够转化为机会。如果涉及尴尬或威胁性，那么这些功能失调的后果就会出现。用开展此处所述研究的人员的话来说，似乎许多被研究的这种群体都有相同的风险（激活防卫过程），并且所有的这种群体都有相同的机会（学习如何将这种风险的存在最小化）。

该模型表明，哈克曼著作中阐述的一些因果解释需要加以修改。例如，他认为，绩效条件的变化是造成群体无效的主要原因，并且适得其反的过程就是二级后果（p.52）。该模型表明，原因不可能是绩效条件的变化本身，而是群体对嵌入在变化条件（观察到的现象

⊖ 引申自道格拉斯·麦克阿瑟将军 1951 年 4 月 19 日在美国国会的演讲："老兵不死，只是逐渐凋零。"——译者注

背后的驱动力）中的尴尬和威胁加以处理的方式。

这种解释强调群体成员对处理意外影响群体活动的任何外部因素所承担的因果责任。例如，如果绩效条件发生变化，那么成员有责任把这种变化作为自己的重要日程。结果可能就是，他们断定自己没能力应对这种变化。进而，他们会认识到自己的能力欠缺。如果某些其他变化在外部和内部发生，那么他们就可以断定自己完全或部分有能力应对这些变化。如果我对这些例子的解读正确无误，那么当绩效条件发生变化时，伴随而来的机会并未被探索。

忽视内在矛盾

在研究者看来，某些因素会造成适得其反的后果，但也会产生富有成效的结果，此刻就会出现内在矛盾。在我早期的著作中，有一个对内在矛盾视而不见的典型例子。我在那项探究中认为，设计并实施组织核查与奖励的方式会将成年雇员置于更适合儿童的环境中。不喜欢这种环境的成年雇员通过缺席、跳槽、支持工会、变得以市场为导向、心理上退出等行动来让自己适应。喜欢这种环境的人有较高的工作满足感，然而你可以观察到，他们对组织的承诺感较低（Argyris，1957，1964）。

我花了很长时间才认识到，组织的"不人道"特性可能是由下述因素造成的：人们密切关注有限的信息处理技能的特性，为使技能内化而产生的特定认知要求，通过文化适应学会的防卫性行动。因此，组织可能具有不人道特性，因为人们关注的是"作为人意味着什么"。

一旦我摆脱了这个假设，即明显有益的行动不会产生不良结果，

那么就可能发现更多内在矛盾。例如，当组织的流程合理化时，用
于提高绩效的理性知识可能也会区分本地知识与远程知识，并且必
须运用这两种知识的经理会感到紧张与沮丧。此外，由于多数人已
经学会了如何处理潜在尴尬和威胁，并且由于保护适得其反后果的
组织防卫，当组织存在这些内在矛盾时，就会形成不断升级的自我
封闭过程（Argyris & Schön，1978）。

之所以必须处理内在矛盾，不是因为我正在进行描述性研究，
也不是因为我关注规范模型，而是因为尝试在组织中采取介入措施
以使组织更人道、更有效，并提高其学习能力的过程中，我遇到了
许多棘手问题（关于整合个人与组织的问题），这些问题每天都在困
扰着经理们。我需要缩小知识与行动之间的鸿沟，识别并避免适得
其反的二级后果。

创造可行动知识的研究者

某些研究组织的学者正在创建理论并进行实证研究，这些理论
和研究旨在在组织场合可行动（参见 Alderfer，1977；Alderfer et al.，
1988；Alderfer & Brown，1975；Bandura，1989；Wood & Bandura，
1989；Blake & Mouton，1961；de Charms，1973；Golembiewski &
Corrigan，1970；Golembiewski，Hilles，& Daly，1987；Hirschhorn &
Young，1991；Hirschhorn，1991；Jaques，1951，1976；Likert，1961；
Luthans & Krectner，1975；Luthans，Paul，& Baker，1981；Luthans &
Martinko，1987；Manz & Sims，1986，1989；Torbert，1976，1983；
Vroom & Yetton，1973；Vroom & Jago，1988）。曼厄姆（Mangham，

1987）和琼斯（Jones，1987）论述了与可行动性相关的研究和实践议题，尽管他们采取的方式与本书中介绍的截然不同，但观点相容。［另一个研究领域的例子是，通过介入手段来创造可行动的知识并检验基础理论以改变现状，请参阅克尔曼和汉密尔顿的著作（Kelman & Hamilton，1989）。］

　　这些研究者的著作存在几个有趣的模式。这些研究者明确的目标是帮助运用者变得更高效，并且所有研究者都在个人、群际、组织层面从事以介入为导向的工作。每项研究聚焦的主要层次取决于影响该研究的理论。

　　这些学者聚焦于帮助人们（通常充当组织的动因）更多地意识到某种行动或安排的替代方式，以及每种替代方式可能产生的结果。支配性主题是帮助人们更多地意识到自己的习惯行为从而将其改变。

　　这些研究假设，如果新行为是可学会的、人们想做出新行为并且环境允许，那么他们就会这么做。有时这种假设是务实的。例如，提早或准时完成销售、先列举积极的情况、举行群体会议解决问题或单独做决策，这些建议包含多数人知道的如何贯彻同时又不需大幅改变或学习新技能的行为。然而，多数人基于自己的普通知识和技能水平难以执行下述建议：在分享想法、参与对话或达成共识时表现出支持、关心、信任。我将在下一章更详细地探讨这部分内容。

　　上述对组织行为研究的回顾表明，人们普遍认识到了组织习惯性防卫及其后果。在这些文献中，知识与行动也存在一个鸿沟。此外，善意的建议能造成意外的负面后果。在很大程度上，多数学者似乎没有意识到这些意外后果。

第2章

限制学习的习惯性防卫

减少组织习惯性防卫的第一步是解释当初它是如何形成的。毕竟，组织习惯性防卫不是正式管理理论或实践的组成部分，也未被纳入大学课程或管理项目。然而，组织习惯性防卫无处不在。为什么？

本书研究的组织显示了一个更令人困惑的问题。我们研究了一个由七位所有者兼董事组成的群体，他们都离开了各自原来所在的组织，因为那些组织存在习惯性防卫。他们想要创建一个习惯性防卫最小化的咨询公司，结果却发现自己创建了一个具备被他们谴责的特征的组织。在这个新组织中，正是那些谴责习惯性防卫的人创造了习惯性防卫，这该如何解释？

一个学习的框架

我将用来回答这些问题的Ⅰ型框架包括个人、群体、群际、组织层面的学习。每当察觉并纠正偏差时，学习就会出现。偏差是意图与实际结果之间的不匹配。例如，董事们察觉到的意图（一个几乎没有防卫的组织）与现实（一个存在许多自我强化且扩散的防卫的组织）之间的不匹配。

　　我认为，发现不匹配仅仅是学习过程的第一步。当纠正偏差（以一种能维持纠正后的状况的方式）时，就会需要额外的步骤。另外，至少有两种方式可以纠正偏差（见图 2 - 1）。一是改变行为。例如，减少人们对彼此的诽谤和苛刻批评。这种方式只要求进行单环学习。二是改变那些导致人们苛刻批评他人（即使他们说自己不想这么做，却依然会这么做）的底层程序或主程序。这要求进行双环学习（Argyris & Schön, 1974）。如果行动被改变，而人们用来做出某种行动的主程序未改变，那么纠正措施要么立刻失败，要么不能持久。

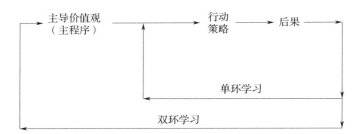

图 2 -1　单环学习与双环学习

行动理论

　　主程序也可以视为行动理论，它会影响行动者为实现预期结果应采用的策略。行动理论由一套价值观主导，这套价值观为人们选择的行动策略提供了框架。人类是有计划的生物。如果人类要实现自己的意图并采取符合自身主导价值观的行动，那么就会检索、创造并存储那些建议他们如何行动的设计。这些设计或行动理论，是理解人类行动的关键。

我与同事们在早期的研究中认识到，有两种行动理论：一种是人们信奉的理论，是由其信念、态度与价值观构成的理论；另一种是人们的使用理论——实际使用的理论。我们不预计人们会习惯性创造并使用一种不同于信奉理论的使用理论，也不预计当信奉理论与使用理论不同时人们不会意识到这种不一致。我们认为人类是有计划的生物，因此，发现人们信奉的设计与使用的设计之间往往存在根本的、系统的不匹配，这是一项重大意外发现。发现人们会形成某些设计从而使自己意识不到这种不匹配，这也有点令人困惑。当议题令人尴尬或感到有威胁性时（这正是开展有效学习的关键时间），人们会做这些事情（Argyris & Schön，1974；Argyris，1982）。

第二项重大意外发现是，尽管人们的信奉理论差异很大，但使用理论几乎没差异。例如，我们发现，北美、欧洲、南美、非洲、远东的人们遵循相同的使用理论。我们还发现，无论人们年轻（12岁）还是年老，贫穷还是富裕，受教育程度高还是低，是男性还是女性，肤色如何，他们的使用理论都相同。

我想要澄清一下上述主张。人们的行为差异很大，但他们在设计并采取行动时遵循的理论没有差异。例如，人们"保全颜面"的实际行为因个体不同而产生的差异很大，但"保全颜面"行为所遵循的观点或规则相同：当人们遭遇尴尬或被威胁时，回避并掩盖这种回避行为。

　　这些发现给我们的第一个重要启示是，如果在整个工业世界使用理论的数量很少，那么理解并促进学习应该比许多人想象得更可行。

　　第二个重要启示与创造可行动的知识有关。在本书的引言中，可行动的知识被定义为这样一种信息，例如，行动者能够精心设计可以传递他们想要表达的意思的对话。可行动的知识必须明确指出如何表达这个意思，但让行动者自由选择具体的词汇。因此，为"保全颜面"而定义的使用理论是可行动知识的一个例子。这个使用理论界定了行动策略（回避与掩盖），并让行动者去精心选择实际使用的词汇。

Ⅰ型使用理论

　　我们发现，世界各国都有Ⅰ型使用理论这种设计。Ⅰ型使用理论具有四项主导价值观：

　　1. 实现你的预期目的。

　　2. 胜利最大化并且失败最小化。

　　3. 抑制负面感受。

　　4. 根据你认为理性的方式行事。

　　根据Ⅰ型使用理论，最普遍的行动策略是：

　　1. 倡导自己的立场。

　　2. 评价他人的想法与行动（以及自己的想法与行动）。

　　3. 对你试图理解的任何事物进行归因。

　　这些行动必定以符合你的主导价值观的方式做出，也就是说，你起码实现了自己可接受的控制、胜利或任何其他结果。换言之，

Ⅰ型告诉人们要精心设计自己的立场、评价、归因，并采取下面这种方式：防止对其加以探究，也避免遵循他人的逻辑加以检验。采用这些Ⅰ型策略的后果可能是防卫、误解、自我实现和自我封闭（Argyris，1982，1985b）。

限制学习的组织系统

组织经由人们的想法与行动而运作，人是组织的动因，并且创造了完成工作所需的组织行为领域。如果多数人确实使用Ⅰ型理论，那么结果将是创造符合Ⅰ型且保护使用Ⅰ型的组织行为领域。我把这个领域，即限制学习的组织系统称作 O－Ⅰ型。这种主张假设，人们不太可能以没有使用理论的方式行事。如果可以表明人们能够设计并实施超出和不同于各自使用理论的行动，那么上述主张就会被证伪。

在作为本书研究案例的组织中，董事们推崇一个鼓励双环学习和改变主导价值观的组织，因为他们相信，为了保持自身在新知识和实践方面的领先地位，这种学习是必要的。然而，正如我们将看到的，他们的使用理论与Ⅰ型是一致的。因此，他们不能创造出鼓励双环学习的组织行为领域，这并不令人惊讶。相反，在其Ⅰ型理论的引导下，他们创造出对限制学习给予鼓励的 O－Ⅰ型行为领域。这些限制学习的系统是典型的组织习惯性防卫。

正如我们已经看到的，组织习惯性防卫是指任何防止组织参与者体验尴尬或威胁性（同时也防止他们揭示尴尬或威胁性的原因）的行动、政策或实践。如同Ⅰ型使用理论，组织习惯性防卫妨碍了双环学习，并且过度保护个人和组织。

　　现在我们准备回答本章开头提出的问题。组织习惯性防卫是由一个循环的、自我强化的过程造成的，在该过程中，个人的 I 型使用理论会衍生回避与掩盖策略，这导致了组织的回避与掩盖，它反过来又强化了个人的使用理论。因此，对组织习惯性防卫的解释既是个人层面的，又是组织层面的。这意味着，在不改变个人习惯性防卫的情况下，不可能改变组织习惯性防卫，反之亦然。任何尝试都会遭遇失败，或者最多暂时取得成功。

　　如果这种自我强化过程是有效的，那么在试图帮助个人及其组织成为双环学习者时，研究者—介入者至少面临两个挑战。第一个挑战是个人的胜任感、自信、自尊高度依赖他们的 I 型使用理论和组织习惯性防卫。这种依赖实际上确保了，当个人做出了形成双环学习的行动时，结果将是适得其反的，因为 I 型使用理论不允许 I 型主导价值观被改变。简言之，人类是习惯性无能（Argyris，1986）。这条消息不太可能令人高兴。事实上，这可能造成更多令人尴尬和感到有威胁性的情况。因此，再教育所要求的首要信息之一将可能触发组织习惯性防卫，这种防卫是介入者要求参与者做出改变时产生的。研究者—介入者决不能忽视这个困境，且必须将其视为一个基于此资料的学习机会。迄今为止，与我们合作的多数人听到这个消息后确实变得具有防卫性，但他们中的多数人已经从自己的防卫中吸取了教训（Argyris，1982）。

　　第二个挑战是，人们的使用理论已高度内化，以至于被认为是理所当然的。由于人们的使用理论得到熟练运用，它们会默会地存在。在没有太多刻意关注的情况下，当某个行为奏效，看起来好像毫不费力，并且自动触发时，我们称该行为是熟练的。

此外，人们习惯性地认为关心、支持、信任等社会美德符合 I 型。这意味着他们不太可能认识到 I 型使用理论的适得其反的后果。为了帮助人们认识到 I 型盲点，介入者必须引入 II 型使用理论。II 型理论从一开始就是信奉理论。通过学习一套"新"技能和"新"主导价值观，帮助人们将信奉理论转变为使用理论，这是一项挑战。因为很多人信奉 II 型价值观和理念，所以他们对这些特质并不陌生。然而，迄今为止我们获得的经验是，几乎没人能够根据自己信奉的价值观和理念行事；然而，他们往往意识不到这种限制。

II 型使用理论

II 型主导价值观包含有效的信息、知情选择、谨慎地检查选择的实施情况，以便察觉并纠正偏差。如同 I 型，三个最突出的 II 型行为是倡导、评价与归因。然而，不同于 I 型行为的是，II 型行为被精心设计为下述行动策略：行动者公开说明如何做出评价或归因，以及如何精心设计这些评价或归因，以鼓励他人加以探究和检验。因此，反学习的习惯性防卫得以最小化，并且双环学习得到促进。尴尬和威胁性不会被回避，也不会被掩盖；而是被尽力理解（Argyris & Schön，1974；Argyris，1982，1985b）。

如果人们使用 II 型理论而非仅限于信奉它，那么人们将开始打断组织习惯性防卫，创造那种鼓励（以持久的方式）双环学习的组织学习过程和系统。这些被称为 O – II 型学习系统（Argyris & Schön，1978）。

防卫性推理[○]与生产性推理

为了更深入地理解习惯性防卫得以维持的方式，我们必须检查人们的推理方式。在现实中，推理的功能是为观点、信念、态度、感受与行动提供基础。推理会解释或说明事情发生的原因。正是通过推理行为，人们才能够从已知的信念与行动产生新的信念与行动。

我在研究中发现，人们往往会使用两种推理：防卫性推理与生产性推理。

当人们通过防卫性推理来设计并贯彻其行动时，他们为了支持其因果解释而形成的前提是默会的。他们从前提到结论的推论过程也是默会的，而用来形成前提和结论的资料是"软"资料。这是相对直接的可观察资料，例如，含义难以理解的对话，尤其是个人与持相反观点之人开展的对话。"硬"资料也是相对直接的可观察资料，其含义能够被理解，但持有相反观点的人不一定接受这种含义。例如，"硬"资料可能是记录人们说话内容的磁带；"软"资料可能是人们对所说内容的回忆。

防卫性推理的另一个特性是，个人会提出某些结论并声称有效，但试图确保检验这些结论的唯一方式是运用结论得出者的逻辑。例如："相信我，我知道自己在说什么。当某人说'我同意'时，他

○ 防卫性推理（Defensive Reasoning），通过不恰当地指责他人，有选择地收集和使用有利于自己的数据，以求能获得控制权和避免失败感的沟通行为。——译者注

真正的意思是不同意。"

防卫性推理是自利的、反学习的、过度保护的——也就是说，它具有许多 I 型使用理论的特征和受到组织习惯性防卫鼓励的特征。防卫性推理是人们确保 I 型使用理论和组织习惯性防卫得到维持和鼓励的方式。

在本书描述介入时，我聚焦于检查防卫性推理。为了让董事们检查他们自己的推理过程，我可能会让他们用相对直接的可观察资料来举例说明其推论基础。我也可能要求他们公开自己的前提，或者描述如何运用独立于他们自己的逻辑以及持相反观点之人认为有效的资料来检验其结论。[要找一个诊断组织实务者防卫性推理的详尽例子，请参阅阿吉里斯 1987 年出版的著作（Argyris，1987）]。

我试图使用生产性推理来制定介入措施，并建议董事们也这么做。当人们使用生产性推理时，他们会提供相对直接的可观察资料来说明他们推断某观点的基础，公开所有推论，并以允许他人尝试将其证伪的方式得出结论。

推论阶梯

防卫性推理和生产性推理过程表明，在设计和实施行动时，做出推论是一项关键活动。重要的是学会公开推论，并且从外部检验其效度。

推论阶梯是一个假设人们如何做出推论的模型。人们从某些相对直接的可观察资料（比如对话）开始，这是第一级阶梯。人们对嵌入词语中的意思做出推论，这是第二级阶梯。无论人们是否同意这个意思，通常都会在几毫秒内完成该过程。然后，人们将自己的意思赋予别人或许打算采取的行动，这是第三级阶梯。例如，人们可能对这些行动进行归因，也可能对这些行动做出评价，认为有效或无效。最后，人们做出的这些归因或评价与其关于有效行动的使用理论保持一致，这是第四级阶梯。

如果这个模型是人们如何理解现实世界的一种有效表征，那么它应该与设计并实施研究相关。

在设计并实施此处讨论的整个项目及其各部分（从为期两天的研讨会到仅持续几分钟的介入）时，我运用了这个模型和生产性推理。例如，我可能会从收集有关董事们行动的"相对直接的可观察资料"开始。我可能还会收集他们理解的资料的意思，以及他们在这个模型的第二级阶梯上推断的意思。由此，我推断出他们的使用理论。

在微介入期间，我经常要求某位董事说明他做出的归因，或者我问他是否已检验过归因，如果他检验过，我会要求他予以说明。如果他没有检验过，我会问他，其他人做了什么事导致他不去检验自己的归因。

作为一名研究者，我与他们一起检验我做出的推论。作为一名介入者，我试图帮助他们掌握我正使用的技能，以便其能够成为促进双环学习的领导者。

因果概念

因果概念是开展实证研究的核心，也是日常生活的核心。肖汉姆（Shoham，1990）指出："如果说在科学思考中因果推理很常见，那么在每天的常识思考中它完全占据主导地位。只需要浏览一份常见出版物，我们就可以发现其通篇充斥着因果术语——引起、妨碍、使能够、带来、唤起、导致、使发生、影响、结束等（p. 214）。

我的目标是创造在现实中既可行动又可检验的有效知识。如果研究者与实务者采用的因果概念一致（哪怕相似），那么实现该目标的可能性就会大大增加。研究者采用的因果概念与实务者使用的因果概念之间的差异越大，知识与有效行动之间的鸿沟就越大。

我建议用来使知识与行动之间鸿沟最小化的因果概念，源自前面介绍的前提：人类设计自己的行动，并且据此关注因果和因果推论。他们确定自己的意图，并努力获得想要的结果。因此，他们每天的实践依赖我所谓的设计因果，这是现实中意图与行动的因果联系中隐含的因果（Simon，1969）。奥拉夫森把这种因果称为"起因"（Olafson，1967），哈耶克（1967）将其称为"充分理由"。它是某个行动的真正理由——实际导致该行动的推理不同于可能证明它的推理（Schick，1991）。

哈耶克所谓的"动力因"也是设计因果的一个方面。某项行动与其（有意或无意的）后果之间的因果联系、某项行动的一级后果与任何进一步产生的后果之间的因果联系，都是动力因。

第二个因果概念产生于我提出的前提，即人们也设计了自己开展工作的社会系统。人们所有行动开始时的设计都是其使用理论。社会系统的设计源于参与者的使用理论产生的综合后果（例如，限制学习的系统）。

所有这些设计形成了一个更大的因果模式；因此，我把第二个因果概念称为"模式因果"。我认为，人们对造成这种妨碍双环学习和妨碍改变主导价值观的系统模式负有因果责任。一旦某种模式得以确立，就会反过来导致人们维持和强化它。这是一个从个人到系统再回到个人的因果循环过程。本书研究的组织中出现的就是这个过程。

利伯森（Lieberson，1991）指出，概括地讲，社会科学家运用两种因果：确定性因果（如果 A，那么 B）和概率性因果（如果 A，那么有某个概率出现 B）。正如我将通过自己的研究阐述的那样，模式因果可以是确定性的，也可以是概率性的。一方面，我们可以预测，遵循 I 型使用理论的行动者将妨碍双环学习。我们将在案例中看到，尽管董事们不希望妨碍双环学习，但这种确定性因果的预测是准确的；在他们了解了 I 型使用理论的运作方式后，这种预测也成立；并且在他们表示会改变自己的模型和行为后，这种预测仍然成立（毕竟，他们控制着自己的使用理论，并且是这家公司的所有者）。

另一方面，当我们预测人们将使用的具体行动策略时，或者当我们预测个人对初始行动者的策略做出回应后会发生什么时，概率性因果就会开始发挥作用。在这方面，我们只能在一定程度上进行预测。

我们需要进行大量研究才能提前明确指出所有条件，在这些条件下，每种因果都很重要。似乎可以确定的一点是，个人及其创造的行为领域都服从确定性因果和概率性因果。

我与同事们长期开展的研究旨在减少反学习的行动，增加促进学习的行动。因此，我们寻找用来打破确定性和概率性循环因果模式的方法。一种方法是改变这种系统模式。在落实新模式对他们提出的新要求时，若人们掌握了所需的技能，那么该方法将会奏效。

我们的理论主张（迄今为止收集的实证资料支持这种主张），人们可能赞成 II 型行动策略，但没有掌握提出这些策略的技能。他们没能力贯彻 II 型使用理论。本书介绍的组织需要开展随这些过程而来的再教育和实验，从而把 II 型从一种信奉理论变为使用理论。这种转变反过来又会改变组织习惯性防卫。

从我们的研究和关于因果的文献中得到的启示是，人类在个人和系统层面的设计导致了作为研究者和介入者的我们所关注的行为。对于开展研究从而创造可行动的知识来改变现状，这具有重要的影响。

该影响（本书附录中进行了详细讨论）引出了流行的科学因果概念的局限性问题，并认为模式因果可能比差异因果更适合某些研究。（莫尔⊖在 1982 年提出的过程分析概念可能类似于模式因果，尽管前者可能不像后者那样是根本性概念。）

这并不意味着要彻底抛弃目前流行的科学因果概念。例如，我的研究方法的核心在于通过证实和证伪来检验研究命题。这表明我支持实证主义的某些特征。然而我也认为，为了有效地行动，人们将运用一个"新"因果概念，只要它具备人文方法、诠释方法、民族志方法的某些特征。人们很可能通过运用一个因果概念（实证主义者会认为这个因果概念对研究而言是草率的、不够实证的），使在

⊖ 莫尔（Lawrence B.Mohr，1931—），美国政治科学家，密歇根大学政治科学与公共政策荣誉退休教授。——译者注

现实中的预测和行动方面变得严谨。

我认为不幸的是，文献中的实证观点和诠释观点以不必要且适得其反的方式两极对立。在本书的附录中，我试图表明，人们一旦认真地采取介入措施来创造可行动的知识，客观研究和主观研究的区别就会逐渐消失，人文研究者比客观研究者在某种程度上更接近且更理解研究对象的主张，这一点也会逐渐消失。

感受的作用

尽管实证主义者起初可能认为我们的方法"草率"，但其他人可能认为太理性。他们可能认为，对使用理论、行动策略、推理等概念的强调会导致一种低估感受在人类行为中的重要性的观点。这种观点太理性吗？并非如此，原因如下：

我的观点的前提是，设计并实施那些有效的且同时鼓励双环学习的行动要求采用生产性推理。这个前提对多数研究参与者会而言是有意义的。然而，参与者会在很大程度上采用防卫性推理过程；他们正在妨碍双环学习，然而他们并不相信；他们对这种矛盾视而不见。当我和同事们帮助其看到这些时，他们往往感到困惑、尴尬或受威胁。

由于我们的方法激活了感受，所以运用该方法的过程要求参与者表达这些感受，并且我们尊重这些感受。所谓尊重这些感受，是指同情这些感受，并真正理解其产生的原因。我们的尊重不意味着同意下面的观点：从某种意义上说，参与者的感受来自于对现实的准确看法，所以是有效的。然而我们认识到，真实感受往往产生于对事件高度主观的看法。如果我们要帮助这些参与者学习，就应尽力避免与这些感受牵连在一起，他们也应该如此。

因此，我们的下一步是帮助参与者探索产生这些感受的原因。在此过程中，他们经常看到这种感受是由自身以及对方的防卫性推理引起的。对于产生这些感受的原因或理由，他们开始通过对话来检验自己观点的效度。例如，如果他们认为某人故意歪曲、操纵或拒绝其观点，那么他们可以发现其他人是否能证实或证伪这种归因。如果他们感到自己在以关心、体谅、支持的方式做出某种行动，那么其他人同意这种做法吗？这种探究能推动关于新设计和新行动的实验，并进一步导致新设计和新行动。这种探究也能造成新偏差，这为参与者进一步学习奠定了新基础。

与我们合作的多数人都能够运用自己的感受来管窥开展双环学习的能力。有少数人感到困难。他们通过责备他人或环境从而使自己免于学习，以应对这种困难。我在本书的案例研究中没有遇到这种人。然而，我在其他研究中遇到过这种人，并且我提出了一个应对这种防卫的模型（Argyris，1982，p. 163）。

具有讽刺意味的是，我在组织发展专业人员身上最频繁地发现这种防卫姿态。他们甚至可能提出某些介入理论，这些理论会把专业人员指责他人这种防卫性推理和行动正当化。这种典型策略似乎是要给探究其推理过程贴上"太认知"或"太理性"的标签。例如，在最近的研究中，我审查了与不同高级专业人员的三次会面录音，发现了若干不同寻常的结果（Argyris，1990b）。第一，尽管他们期望别人接受其观点的效度，但他们不能界定什么是"太理性"。他们也精心设计了自己提出的过度理性的主张，以便任何对其效度的检验都需要遵循这些逻辑。

　　第二，他们断言，要求人们检查自己的推理可能太具有威胁性。他们建议提供安全措施。正如某位专业人员所言："你得给个人一些空间。"我同意，给予个人一些空间或提供安全措施很重要。但我也认为，重点在于个人利用这些安全措施来做什么。在我提到的案例中，专业人员利用这些空间来逃避检查自己的推理过程。

　　例如，我与一名世界级专业人员进行了角色扮演。我扮演首席执行官，他扮演顾问。我感受到了他对我表现出的关心，并且询问我的感受和意见。当我们停下来检查此次角色扮演时，他告诉我以及群体中的其他人，"首席执行官"显然是在防卫和操纵。我实际的回应是，他的评论令我感到惊讶，因为在角色扮演时，没有迹象表明他会那样评判我。接着我问他，我说了什么或做了什么导致他当时把对我的评判进行保密。他变得非常生气，因为他感到"保密"这个词具有评判和惩罚的意味。我回答说，我没有意识到这个词会对他产生这种影响。接着我问他，如何精心设计我的问题才能够既不让他生气，又能够从他那里得到上述问题的答案。他实际的回应是："又来了，这太理性了。当我生气时，我不能好好思考。"然后，他要求过一段时间再说，我同意了。但他没有回来帮助我学习应如何精心设计我们的对话。在几个月内，这种情况还发生过两次。

　　我认为，这种相互疏远阻断了学习。具体方式是：我不可能检验自身主张（他阻断了学习）的效度，他也不可能检验自身主张（他生气时不能学习）的效度。作为一名专业人员，我努力鼓励人们以促进群体中所有人学习的方式表达感受、对其负责或承认它们。

研究—介入活动的设计

基于本章阐述的理论框架，我们可以树立几个简单目标，并且据此设计案例中的研究活动和介入活动。

- 确定董事们的使用理论同 I 型的一致程度。
- 确定董事们每当遇到令人尴尬或感到有威胁性的议题时运用防卫性推理的程度。
- 确定董事们头脑中的设计（或规则），这种设计使他们意识不到信奉的价值观、行动同使用理论存在矛盾。
- 确定董事们在行动时阻碍对这些行动进行有效反思的程度。换句话说：确定董事们是如何创造下面这种行动设计的：他们没有遵循，但自认为遵循了，同时也意识不到这种矛盾，并且他们正在以妨碍自己识别这种矛盾以及"意识不到"其原因的方式做出行动。
- 确定组织中存在的习惯性防卫和妨碍双环学习的习惯性防卫。绘制这些组织习惯性防卫的示意图，明确指出导致限制学习并使限制学习的情况得以延续（即使董事们希望避免）的那些行动。

为了实现这些总体目标，我认为再教育项目和变革项目应该：

- 关于董事们的推理和行动提供相对直接的可观察资料。董事们必须负责提供这些资料，并且这些资料必须采取可以从中推断出使用理论的形式（例如，对话录音）。

- 鼓励董事们检查自身行动背后的推理中存在的不一致性和欠缺之处。
- 如果他们声称自己的行动设计与行动本身之间存在联系，那么就将其头脑中关于"必须如何"的规则公开并明确化。
- 把造成的任何抵制、困惑、挫折视为进一步的直接可观察资料，这些资料可用于检验所学内容的效度。
- 创造机会来练习 II 型行动（这种行动将减少适得其反的后果）的设计方法。

介入的起点

原则上，我所说的这种研究可以始于识别使用理论或组织习惯性防卫。具体是哪个并不重要，因为识别一个将必然引导你识别另一个。我通常会根据哪个最可能激发参与者对研究和最终介入的承诺做出选择。例如，在一项研究中，参与者想要聚焦于人际技能；因此，我就从可用来推断其使用理论的案例开始。

在本书讨论的研究中，董事们的注意力起初聚焦于组织学习。因此，该研究始于诊断并绘制组织的防卫模式，这些模式妨碍了学习，并且会反过来造成董事们不喜欢的组织政治。当防卫模式的示意图被反馈给董事们时，他们同意该示意图反映了其复杂性，从这个意义上讲，他们的反应很积极。但他们询问，当他们不希望这么做的时候，他们是如何创造出这种示意图的。由此导致他们使用案例方法来诊断其使用理论。

请注意。在读者看来，我们的研究主要始于一个诊断阶段，从而确定组织防卫模式和董事们的使用理论。事实上，这个诊断阶段包含介入活动。当我进行诊断时以及当我帮助董事们变革时，我遵循Ⅱ型价值观和行动策略。在开展变革活动期间，我不断运用诊断研究程序来检验其所学内容的效度和可行动性。

我的一位学生曾经说，为了在组织的各个层级开展那些旨在创造双环学习的研究和介入活动，研究者不仅应该具备传统的研究能力，也必须能够掌握Ⅱ型使用理论。我同意这种观点。我与同事们已经撰写了几本关于如何学习Ⅱ型使用理论的著作（Argyris，1982，1985b；Argyris，Putnam，& Smith，1985；Schön，1983，1987）。尽管这项研究将举例说明在开展研究和介入期间Ⅱ型使用理论的应用，但我必须指出，关于这些技能的学习在很大程度上引自前面提到的这些著作，以及我希望能在未来出版的著作。

总之，有两种行动理论：人们声称的信奉理论；人们实际上用来设计并实施行动的使用理论。多数人的使用理论是相同的。我们已经称其为Ⅰ型。在任何组织（或背景）中，Ⅰ型的使用会导致限制学习的系统（如组织习惯性防卫）得以构建。一旦组织习惯性防卫得以确立，就会强化Ⅰ型理论的使用。

与此不同的是，我们已经称为Ⅱ型的使用理论能够帮助组织克服限制学习的系统，尤其是习惯性防卫。这项研究和介入的总体目标在于揭示模式因果，并通过Ⅱ型的使用来改变这种模式及其原因。这种介入策略的基础是设计因果的概念。其前提是，该模式是由人类头脑中的设计和嵌入在模式中的设计（一旦它们得以确立）创造出来的。

第二部分
对组织进行诊断和介入

第二部分与第三部分的研究目的在于举例说明如何运用第 1 章和第 2 章提出的概念来设计并实施研究活动和介入活动。我们重点关注这家咨询公司在过去五年中实际开展的活动，从而帮助它成为更优秀的学习型组织。

我高度聚焦于描述性对话，这些对话都有录音。之所以进行录音，有下述几个原因：第一，对话是理解现实并在现实中有效运作的核心。我们根据语言所规定的方式来感知现实（Pfeffer，1992）。埃克尔斯和诺瑞亚（Eccles and Nohria，1992）写道，如果没有正确的术语，没用正确的方式使用术语，那就"不太可能做出正确的行动。术语确实很重要……非常重要"（pp. 300 – 301）。根据我的研究，某个人行动的有效性可以根据其使用理论来理解，并且取决于其使用理论。使用理论是从实际行为中推断出来的，并且对话是最常见的行为。对话是推论阶梯第一级的资料。

第二，尽管我声称只是要举例说明自己的观点，但这些相对直接的可观察资料确实为读者提供了信息，使其可以对我的推论和分析的效度做出自己的判断。读者也可以把这些对话作为基础，尝试提出自己的理论，并形成不同的解释。

第三，当我聚焦于自己的介入策略时，读者能够通过评论对话来管窥我的思想，录音能够提供那些表明我如何行动、他人如何回应的相对直接的可观察资料。

因此，第二部分和第三部分内容有一系列多层次的、相互嵌套的目的。它们表明了我如何解释现实；我作为一名研究者—介入者如何做出行动；客户如何做出行动和回应。第四，这些对话提供了明确的实际话语和行动，从而告诉读者，若要遵循这种方法，那么他们可能会如何行动。

我有时也会停顿一下，指出我的推论和结论如何能实证检验。我没有介绍如何实施这些检验，因为检验所需的是一些初级的、简单的研究方法，很容易在关于研究方法的教科书中找到。

界定问题

本案例中该公司七位董事以不同方式界定问题。他们声称希望创建一个能够在组织内部以及组织与客户之间持续进行双环学习的组织。他们还想知道如何减少当前的"组织政治"现象，并认为该现象妨碍了构建真正的"学习型组织"这一目标。他们想要了解如何构建一个组织，在该组织中双环学习不仅能够持续地出现，而且能够在感到压力、尴尬或具有威胁性的情境中出现。

在首次访谈中，我试图确定董事们在多大程度上相信适得其反的活动正在出现，以及他们对这些活动造成的后果的看法。我也试图了解董事们对此做出的因果解释。正如我们将要看到的，董事们的多数解释都是具有高度推论性的（即位于推论阶梯的第三级），并且是不可检验的，因为它们没有严格地与相对直接的可观察资料联系起来。例如，董事们的解释包括下列归因："人们不坦诚""最高管理层的群体决策非常糟糕""派系的存在造成了对抗"。

作为一名研究者—介入者，我有两项主要任务。第一项主要任务是提供一个因果解释，使他们提出的大量多层次、不连贯解释变为一个连贯的、全面的、可检验的解释。这种全面的解释也应可用于设计和实施介入项目。反过来，这个介入项目及其结果能够为参与者进一步检验该理论提供机会。

第二项主要任务是概括如何打断和减少组织习惯性防卫以及熟练性无能[⊖]，进而帮助董事们（以及组织中所有层级的顾问们）掌握必要的技能以便在整个组织中以一种不仅能够持续，而且可以加深与扩展的方式传播学习。

根据本书第一部分提出的理论框架，我得通过刚才提到的访谈来获得董事们各自对问题的因果解释。这些解释主要体现了董事们的信奉理论（详见第 3 章）。

接下来，我得把董事们的信奉理论和观察结果转变为个人和组织的使用理论。在第 4 章中，我举例说明了组织的使用理论以处理组织政治议题，并且我提供了一份关于该议题的组织防卫模式（我假设这种模式是对那些与学习适得其反的活动的部分解释）示意图。

然后，我必须把这份示意图反馈给董事们（详见第 5 章）。这样做的一个目的是评估董事们证实或证伪该示意图某些特征（实际上是整个示意图）的程度。我尽可能着重强调，欢迎董事们尝试证伪该示意图，具体有两个原因：作为一名研究者，我希望对自己的观

⊖ 熟练性无能（skilled incompetence），高管人员和专业人员由于熟练的技能和丰富的经验而造成的职业性防卫反应，良好的教育背景、专业训练和管理经验使他们坚守自己的行动信念，难以提出对目标的质疑，妨碍向双环学习的转变。参见管理科学技术名词审定委员会：《管理科学技术名词》，北京：科学出版社，2016 年版，第 45 页。——译者注

点进行最严格的检验；作为一名介入者，我知道变革项目的设计和实施严重依赖这份解释性示意图。如果示意图有问题，那么我希望早点发现，以便及时纠正。我也不希望董事们隐瞒内心的疑虑而等到变革活动开始后再提出。这种对示意图效度的严格审视，既满足了研究的要求，又满足了介入的要求。

对董事们而言，介绍和讨论该示意图也产生了其他结果。第一，关于组织政治的原因及持续，这为董事们提供了一种系统性解释。据此董事们能够看到，自己的个人行动、人际关系、群体动力如何共同创造了一种反学习和过度保护的组织防卫模式。这份示意图也帮助他们看到，自己的行动使得这种防卫模式得以持续。第二，系统的、全面的解释可以减少简单化的诊断和建议。例如，通过聚焦于董事们对造成组织防卫模式的个人和集体责任，这份示意图提出了下述问题：指责首席执行官的效度、首席执行官指责董事们、双方都指责外部因素。

第三，这份关于不可讨论与掩盖行为的示意图，揭露了这种掩盖行为，并且违背了不可讨论这一准则。反馈过程成为一次重要的解冻经历。由于是研究者违背了准则，所以董事们更容易同意开展讨论，因为他们能够让研究者为任何负面后果负责。这也使介入者变得更脆弱，但我把这种脆弱视为一个让我和董事们进一步学习的机会。

在反馈讨论会上，董事们开始认识到，他们对彼此做出的极其糟糕的预测并未得到证实。人们没有"暴跳如雷"（这是某些董事喜欢用的说法），也没有像高炉一样做出反应（董事们常用的另一个比喻）。董事们还了解到，他们的掩盖行为并不像当初想象得那么成功。每个人基本上都知道他人在掩盖什么，但是，每个人都掩盖了自己知情。讨论会使董事们懂得，他们都负有责任。他们所谴责的组织政治正是他们自己造成的。

下一步，我必须把组织习惯性防卫与熟练性无能联系起来（详见第6章）。这意味着要评估董事们的使用理论，看看与Ⅰ型和Ⅱ型的一致程度。我围绕着董事们准备的案例设计了一场研讨会。他们根据第2章介绍的格式撰写了案例。作为一名研究者，我预测所有案例都会与Ⅰ型保持一致。使用Ⅱ型的人不会形成我最初诊断的组织习惯性防卫。这项预测可以检验我遵循的行动理论。

这场研讨会帮助董事们看到，他们各自的使用理论是如何制造麻烦的。他们可以看到，他们是如何造成被自己谴责的个人、人际、群体后果的，并且这使得每个人的个人因果责任变得更明确了。

这场研讨会也会帮助各位董事检查自己的防卫性推理，看到这种推理如何导致他们采取适得其反的行动，并且如何导致他们更加意识不到自己造成的适得其反的后果的影响。

最后，这场研讨会开启了学习过程，通过该过程，每位董事都可以检查自己用来影响行动的规则。换言之，董事们开始发现自己的信奉规则，这些规则在为了行动的信奉设计中是固有的。他们还发现了自己用来"不遵守信奉规则"的规则；自己对于意识不到这种"不遵守信奉规则"的设计；自己创造出来以支持这种因果模式，因此确保其持久性的组织习惯性防卫。

第 3 章

第一步：访谈并观察当事人

　　我与这家咨询公司的合作关系，始于同首席执行官以及另一位所有者兼董事共进午餐，以便双方相互了解。他们向我讲述了自己看到的问题以及自认为重要的解决方法。我询问了其诊断和预后◯背后的因果推理，然后介绍了那些可能正确的选项。

　　在午餐结束时，两人表示愿意继续推进，于是我建议他们与所有董事们开一次会，以便其获得与我们三人一样的探讨机会。我也想要评估所有董事们的承诺，并且告诉他们对我而言很重要的某些条件。例如，该研究某一天应该会公开发表（会适当掩盖这家公司的名称以及人员的姓名）；我不会对组织中的任何人私下评价其他人；双方都有给出临时通知后结束该关系的自由；双方都有解释这种终止背后的因果推理的义务。（关于我建议同潜在合作者进行探讨的想法，详见 1970 年的著作《介入理论与方法》。）

　　我告诉董事们，研究成果的发表非常重要，如果没有这项承诺，我们就无法保持任何长期的合作关系。作为一名学者和大学教师，

　　◯ 预后（prognosis），医学术语，是指根据病情的发展过程和后果，预计其变化和最终结果。——译者注

我有义务为基础知识的存量做出贡献，但在这么做的过程中，我不想伤害这个组织。因此，董事们会看到出版前的草稿，并且可以自由地提出修改意见。如果我和同事们不认同其修改意见（到目前为止，在任何客户那里都没有发生过这种情况），那么我们会很乐意为董事们提供表达观点的空间。然而，他们无权否决出版。无论董事们认为该研究报告多么积极或消极，我们都不建议读者识别这是哪家公司。

我还认为，发表这份研究报告也符合他们的个人利益。除了我们的合作关系，他们拥有的最佳质量控制措施就是，知道这份研究报告会面向学者和实务者所在的审查市场。根据我的经验，保密的研究报告在方法论和分析方面往往平淡无奇。

我与七位董事面谈了 4 个小时。他们提出了许多精彩的问题，在面谈结束时，我们做出了共同的承诺。几天后，我给他们写了一封信，列举了商定的主要条件。

开展该项目的第一步是单独访谈每位董事。我想要再次给董事们提供一个私下的机会来质疑我以及该项目，表达他们在前述会议上可能隐藏的疑虑。单独访谈也会对承诺（我的和他们的）的性质再次进行效度检查，并且会帮助每位董事对该项目做出更明智的决策。

我发现，这种介入的最佳策略是从组织的高层开始的。从 I 型使用理论转变为 II 型使用理论、减少组织防卫，两者都是潜在令人尴尬或感到威胁的事情，会导致人们对待彼此的方式发生重大变化。因此，重要的是高层人员做出内部承诺：支持这个变革项目、通过再教育活动（对变革项目的成功和持续而言是必要的）来推进这些项目、促使高层人员对处于学习过程中的组织保持耐心、允许高层人员分配必要的财务和时间资源。

读者可能会想知道，关于董事们的事情，为什么我没有访谈级别低于董事的人员呢？之所以没有采取这种策略，是因为：首先，我质疑这种访谈的效度，这种访谈要求下级人员在对变革和持续改进形成个人承诺之前评价上级的绩效。例如，我已经发现，当下级人员知道其评价将成为共同对话的一部分时，他们可能会更加妥当地评价上级。其次，下级人员在检查自己的绩效之前，通常不会认识到，他们抨击上级的方式的细微之处。

但如果介入的策略是从组织的高层开始的，那么共同探讨是不可能的。可能存在某些条件，在这些条件下，某人可能希望与（最多）两个层级的人共事。我更希望让组织的高层人员认识到：他们对学习的传播负有责任，他们所采用的设计与其行为相关。如果他们在学习Ⅱ型时遇到困难，那么应该有机会意识到该困难的程度以及可能对组织造成的影响。

由于高层管理者的使用理论实际上会发生变化，并且由于其技能在适度的压力下不会丧失，所以这种介入可能会进入下一个较低的管理层级。关于高层人员做出的郑重承诺，对下级人员而言最有力的诱因来自于观察到高层人员努力以不同的方式行事、反思自己的行动、付出能产生持久变化所需的时间和精力。正是通过观察上级人员为了创建一个学习型组织而承担个人风险和机构风险，下级人员才会开始没有后顾之忧地承担类似风险，并形成自己的内部承诺。

开展访谈

在开展个人访谈时，我努力根据Ⅱ型使用理论行事，因为这会有助于创造有效的知识。我知道，我询问的问题会揭示董事们（对自己、其他董事、组织）的看法、评价与归因。他们会以Ⅰ型方式做出回应，我已经对此做好准备。我希望他们诚实地回应，但如果其回应符合Ⅰ型使用理论，那么他们就不太可能用相对直接的可观察资料来举例说明自己的观点，或者就不太可能鼓励对其回应（尤其是那些表现出不一致的回应）进行探究和检验。

因此，我也准备要求他们举出实例、探究其回应、初步检验这些回应、探索任何不一致之处。当倾听董事们回答我提出的问题时，我会注意其回答这些问题的程度，以及对我的探究感到困惑、尴尬或沮丧的程度。我预计他们在某种程度上会产生这种感受，并且如果确实如此的话，我会尝试表示认可。

我不担忧这种防卫。实际上，如果董事们运用Ⅰ型并且生活在一个组织习惯性防卫系统中，那么可以预期董事们会产生防卫。然而，如果董事们以下面的形式表现出防卫：阻止我试图获得实例、检验归因、探讨不一致之处（无论是通过指责他人还是个人表现出愤怒），那么我会感到担忧。关于变革障碍，这些类型的回应会给我提供一些线索。

在访谈开始时，我提出了与董事们一开始提出的担忧直接相关的三个问题。

1. 你能谈谈你想要建立一个什么类型的组织吗？你对这个组织的愿景或希望是什么？

2. 你认为董事们开会的有效性如何？

3. 你认为在董事会议之外董事们的关系如何？

这些问题实际上是要求董事们阐述对主导价值观的看法、评价组织中正在开展的事项、阐述对正在开展的事项的归因或因果解释。

我倾听董事们的回答，从而了解其关于上述问题的看法，并且也了解了他们精心思考观点、评价与归因的方式。他们举例说明了自己的观点吗？他们鼓励别人检验自己的观点吗？

正如我们将看到的，这些回应的内容及其精心构思的方式提供了关于董事们在多大程度上做出 I 型行为的重要信息，并且提供了关于董事群体中和组织中习惯性防卫强度的重要信息。

同样的信息也可以用于检验理论。例如，如果这些回应的方式符合 I 型，那么其内容也应该符合 I 型。我应该不会观察到以 II 型方式构思的回应，其内容却符合 I 型；也不会观察到以 I 型方式构思的回应，其内容却符合 II 型。

我试图获得一些实例，探究其所言之外的事情，检验其回应的效度，揭示任何不一致之处，从而了解董事们可能认为理所当然的组织防卫和个人防卫。通过审视表 3-1 所示的例子，可以发现我做这些事情的方式。

表 3-1　访谈案例

某位董事的话	我会问
我想要建立一个机构，这个机构可以为客户提供尽可能多的增加值，并且可以为我们所有人创造一个真正的发展环境	你能回忆起一个由你指导并体现"给客户提供了增加值"的例子吗？ 在你看来，什么是增加值不足或低下？ 在你看来，真正的发展环境是什么？具有哪些特征？

（续）

某位董事的话	我会问
	你能举一个成功发展的例子和未成功发展的例子吗?
这个机构可以帮助我们了解自己,以便我们能够理性地做出决策。我的意思是,我们不会激活以前的防卫	你能举一个董事们的行动受以前存在的防卫影响的例子吗?
当我比较成功的组织与失败的组织时,发现关键不在实质(或技术)领域。成功的关键在于应对组织政治的变革	你能举一个例子来说明应对组织政治的变革是成功的关键吗? 你与项目小组的有效性如何?
由于肮脏的组织政治,我们中的许多人离开了规模更大的其他咨询公司来到这里。我也认识到,通过发布声明不能消除某些东西	如果你给我举一个所在组织中肮脏的组织政治实例,会对我有所帮助 你看到了所在组织中肮脏的组织政治的发展吗?如果看到了,请举一个实例。如果没有看到,那么是什么因素阻止了组织中肮脏的组织政治的发展?
我们都关心提高增加值。真正让我恼怒的是,从技术角度来看非常卓越的一套想法难以落实	请回忆一下,你是什么时候第一次认识到,从技术角度来看非常卓越的一套想法难以落实的? 客户说了什么?你是怎么回应的?
一家新成立的、快速成长的公司,随着自身的变大变老,如何保持早期的那种凝聚力和活力?	请举出你今天感受到的凝聚力和活力的一两个实例 当你审视现在的状况时,你看到什么因素(如果有的话)会削弱公司的凝聚力和活力?

（续）

某位董事的话	我会问
我们说，我们想要彼此坦诚相待。然而，有时候我们的所作所为并不诚实。为什么？因为，说实话，我担心如果坦率地说出来，它可能让人变得消极，在某些情况下会使人手足无措	请回忆一段这种担心在其中发挥作用的关系 你认为其他人做什么事会适得其反？ 如果你有坦率说出来的自由，那么你会说什么？ 你预计自己说的什么话会让他人变得消极或手足无措？
（董事们在访谈时的回应凑在一起，表现出他们中有人比较抑郁，也有人高度自满）	其他董事们说了或做了什么让你断定他们抑郁或自满？ 你认为他们对此有多清楚？董事们开会时，在多大程度上你的恐惧是可讨论的？
（董事们表现得非常虚伪——其态度是）"我想要获得诚实的反馈，只要这种反馈是积极的。"	当某位董事说出你认为虚伪的事情时，你怎么确定那很虚伪呢？ 他说了或做了什么呢？他给出了什么线索？
董事们通过指出我们无法控制的因素来搪塞失败	请举出实例 当他们把责任推给这些因素时，你认为他们对此有多清楚？ 在你看来，如果根据他们的计划来"称呼"他们，那么会发生什么？
对自己的朋友严格是很难的。我们都是朋友	请回想一下你从其他董事那里得到的使你认为不能这么严格地对待朋友的诱因
我们私下会苛刻批评彼此	请举一个例子来说明某位董事曾经这样对待你，或者你曾经这样对待另一位董事 当某人在你面前苛刻地批评其他人时，你会如何回应？

（续）

某位董事的话	我会问
当我们开会时，有太多次花几个小时处理琐碎议题，并且很少谈论关键议题	请举出一个讨论琐碎议题的例子 在你看来，董事们有多清楚这些议题很琐碎？ 在董事们开会时，这个问题在多大程度上是可讨论的？你能想到一项未经讨论的关键议题吗？关于什么是不可讨论的，你有预感吗？ 你为什么不指出这项议题未被讨论？
我们大谈学习。我怀疑人们对学习到底有多少兴趣	你看到或听到了什么让你怀疑人们到底有多少兴趣？

获取资料和见解

同我提出问题的策略相关的是：获取更直接的可观察资料、深入了解董事们的推理及其对个人因果责任的意识。例如，我想要像每位董事设想的那样理解"增加值"。当他们谈及"真正的发展环境"时，脑海中想的是什么？他们必须采取什么行动才能产生其信奉的理论？他们对彼此观点的差异有多了解？他们认为的具体答案实际上起码处于推论阶梯的第三级（给可观察的资料赋予他们自己的意思），对此他们有多清楚？

如果董事们了解组织政治的存在，那么他们对其成因有多了解？尽管董事们认为组织政治不可取，但他们对于组织政治持久性的推理是什么？

从技术角度来看，非常卓越的一套想法是不能自动落地的，使他们认识到这一点的过程是什么？他们是如何感受到这种可能性的？对于建议的提出与实施之间的差距，他们的推理是什么？

当董事们承认自己信奉的价值观与行动不一致时，他们如何解释这种矛盾？例如，他们认为这些矛盾是由个性等个人特性引起的吗？他们认为群体动力是一个原因吗？董事们能够在多大程度上阐明这些矛盾形成的过程？

上述问题的答案也帮助我（作为一名介入者）了解了董事们认为理所当然的观点。我向受访者索取相对直接的可观察资料，这要求他们尽可能复述这些事件。这经常导致他们想到某些没有说过的事情，这不单是因为他们忘记了，而是因为他们对这些事情习以为常。从这些回答中得出的见解会使他们更清楚地意识到自己对所描述的事件负有因果责任。

识别不一致

这些不一致提供了洞察受访者所说内容效度的机会，也提供了理解任何层级上可能被视为理所当然的防卫的机会。例如，在访谈中，董事们可能通过补充他们视为理所当然的信息来纠正不一致。或者，如果董事们没有意识到这些不一致，那么研究者和董事们可以探讨这种无意识的根源，再次了解什么信息被视为理所当然。

我提出的不一致的例子如下：

起初，你提到董事们彼此都是朋友。后来，你说在讨论_____时不能告诉吉姆［化名］真相，因为你们是好朋友。你能澄清一下，你自认为与吉姆之间的坦诚相待有什么限度吗？

你描述公司的成长时满怀热情与信心。在争取某位客户时，你提到贵公司面对某位竞争对手失败了，接着你用"竞争对手的苛刻"来解释这次失败。你或其他人是否做过可能导致贵公司未被客户接受的事情？

一方面，你介绍了为客户创造增加值时产生的良好感受；另一方面，你也提到了与该客户的关系多么枯燥乏味。什么因素导致你与该客户的关系变得枯燥乏味？什么因素导致你与该客户的关系变得令人兴奋？

起初你谈到了发展关系的重要性。后来，你提到对顾问们提出的要求越来越感到困惑和厌倦。你如何处理这种困境：你想要发展关系，但同时又怨恨他们对你提出要求？

一方面，你说贵公司正从最好的学校获得最优秀的 MBA 毕业生；另一方面，你又说他们似乎对客户的需求视而不见。对于是什么因素导致他们视而不见，你有什么想法吗？对于是什么因素导致贵公司在聘用他们时对这一点视而不见，你有什么想法吗？

检验推论

当研究者对受访者的意思做出推论时，他就不仅仅是一名倾听者了。这些推论是研究者创造的，它们通常以评价和归因的形式出现；因此，它们必然会得到精心设计，以便能够采取同评价受访者归因的效度相同的方式来评价其效度。此外，研究者能够把注意力转移到自己正在创造的推论中。例如，在访谈时我可能说：

当你说某些话时，我推断你想告诉我的是＿＿＿＿＿＿。对吗？

当你说＿＿＿＿＿＿时，我不清楚你想要向我传达什么信息。

倾听

我通常会建议研究人员尽可能仔细倾听受访者的话，以便准确描述受访者的观点。正在接受培训以成为更优秀的倾听者的研究人员经常问："倾听什么？"一个答案是："倾听你自己正在寻找的信息。"这个答案明确指出了倾听什么。然而，这可能导致研究人员忽略受访者正在传达的重要想法，而这些想法与研究人员默会的或显性的理论无关。这是研究领域存在已久的难题。

早些时候，我建议研究人员倾听受访者的任何倡导、评价与归因，注意受访者在多大程度上举例说明自己的观点，在多大程度上鼓励对其观点进行探究，其观点在多大程度上经得起检验。这三点是倾听的一个操作性定义，这种倾听在任何条件下都应该是有效的，并且多数研究人员都能够学会。

我认识到，这些方面并非倾听的全部。研究人员也可以对受访者有一个基于感受的心理定式，这也有助于倾听。如果研究人员有这种心理定式，那么就可能（在感受和语言层面上）会对受访者拿出时间和精力接受采访表示感谢；像受访者一样致力于（甚至比受访者更好地）理解其世界；致力于从可能有助于受访者实现目标（例如，减少具有破坏性的组织政治）的研究行动开始以表达感激之情。

主导价值观、彼此的关系与适得其反的行动

关于该公司的主导价值观、董事们彼此的关系、他们在开会时和会议外适得其反的行动，让我们来看看这些董事兼所有者在访谈中说的话。这些是直接的可观察资料，摘录自磁带录音。（我已经大幅缩短了曾在本章前文中做出的评论。）我将在本章的最后部分提出关于这些评论的分类。

进行分类是把研究发现整理为模式的第一步。

我想要建立一个机构，这个机构可以为客户提供增加值，并且可以创造一个真正的发展环境。

帮助我们了解自己，以便我们能够理性地做出决策。

这项任务是培养下一代董事。

当我比较成功的组织与失败的组织时，我发现成功的关键在于应对组织政治的变革。

由于肮脏的组织政治，许多人离开了规模更大的咨询公司来到这里。

我们中的许多人都擅长公司采用的技术。我需要（我认为其他人也需要）有人帮我解答，为什么真正令人信服的、有效的、技术领域的想法难以落实？

我认为，公平地讲，有些人对组织中持续流传的故事和难题感到担忧，这些故事和难题往往在首次出现之后以歪曲的形式延续下来。

一家公司如何保持早期的那种凝聚力和活力？

我担心如果我坦率地说出来，事实可能让人变得消极，在某些情况下会使人手足无措。

我们使用咨询公司的典型方式来处理实践时面临的难题，但我认为咨询公司不会鼓励我们与客户开展真正的学习。我指的是下述方式：旁敲侧击、用信息压制人们、告诉他们哪里错了、狡猾地应付人们。这些方式具有误导性，完全不应采用。

当我观察董事们开会时，我看到了某些我认为必须改变的特征。例如：有些董事比较抑郁，也有人高度自满；董事们表现得非常虚伪——其态度是"我想要获得诚实的反馈，只要这种反馈是赞许我的"；董事们通过指出我们无法控制的因素来搪塞失败。

对自己的朋友严格是很难的。

我们对棘手议题进行了双边讨论。这削弱了大家的讨论。

我的愿望是建立一个组织，该组织不存在那种导致我们离开_____的组织政治。

关于为建立一个组织做出了多少承诺，我们的看法不同。我关心的是，建立一个组织会对家庭关系造成多少伤害。

我们都说，想要创建一个诚实的组织。然而，当某人诚实的时候，他就会遭受挫折。

首席执行官用不同的方式与我们每个人打交道。我了解这些，因为我也这么做。而且，在他去找那位出现问题的人之前，他会先来找我，寻求得到我的反馈。

当我们在一起时，经常（有太多次）争论一些无关紧要的议题。为什么我们要花大量时间做一个如此简单的决策？

如果我们是诚实的，那么有几个人会不得不说自己是善于使用策略取胜的大师。我们宁愿歪曲已经发生的事实，也不愿承认错误。另外，我们中有些人是终极调解人。我们讨厌对朋友严格和被人们利用。

我们可以进行长时间的讨论，然后以再议作为结束。这意味着，首席执行官必须做出决策。

我敢打赌，关于首席执行官的影响力，人们肯定有不同看法。但我也敢打赌，所有人都同意，首席执行官会维护我们的利益。如果不是这样，那么这个地方会炸锅。

我们这些董事掌握着大量普通股。然而，我们也推出了新普通股。这让我愤怒（并且我认为其他人同样如此），但我会忍受。

在没有相关董事在场的情况下，董事们对彼此的评头论足太多了。

我们大谈学习。我怀疑人们对学习真正有多少兴趣。

基本上，我们相互关心。我们可以相互抨击，但不会抛弃彼此。

我认为董事们花了太多时间运用读茶术[⊖]来预测其影响力。人们并不像董事们想象得那么忧心。

对价值观、行动与后果分类

界定访谈的三种分类被我用来对董事们的回应进行分类：机构的主导价值观；在董事会议和其他场合董事们之间的关系；他们的行动和关系的可能后果（有效性）。反过来，这些分类来自于我在第 2 章描述的使用理论的结构，是由主导价值观、行动策略与后果构成的。理顺围绕着这些分类的回应，揭示了董事们进行因果推理（关于他们正在创造的世界）的基础。

机构的主导价值观

- 应该建立一个没有适得其反行动和准则的机构，董事们先前所在的公司存在这些行动和准则。
- 该机构应该以为客户创造高质量增加值的工作而闻名。
- 成功取决于在技术领域拥有卓越的想法，但更重要的是将想法贯彻落实。

⊖ 读茶术（reading tea leaves），西方的一种占卜或算命方法，占卜者先把茶汤倒掉或喝掉，然后把剩余的茶汤和茶叶一起倒入碟子里，通过观察茶叶的形状进行占卜。——译者注

董事们之间的关系

- 虚伪
- 搪塞失败
- 难以对朋友诚实相待
- 要求诚实，但诚实相待时就会遭受挫折
- 围绕一个议题讨论数小时却不做决策
- 没有真正倾听彼此的想法；不尊重彼此的想法
- 讨厌承认错误
- 在董事会议外而非在会议上，一对一讨论，处理重要议题

可能的后果

- 在董事之间形成派系
- 某些董事比其他人更坚定不移，因为他们掌握更多权力，具有更大影响力
- 私下苛刻地评价对方
- 相互隐瞒重要信息，以避免刺激或激怒对方
- 首席执行官用不同的方式与每位董事打交道

概要

最初的访谈让我们对董事们以及他们这个群体有了重要的了解。董事们一致认为，他们打算创建一家为客户创造高质量增加值的咨询公司，并且该公司也会创造一种内部文化，顾问们可以在这种文

化氛围中学习和成长，另外客户与顾问们的学习可以持续下去。董事们一致认为，他们在努力为客户提供高质量的服务，并且他们以及公司里的其他人都应该如此。简言之，关于主导该公司的价值观和条件，董事们的观点高度一致。

董事们也一致认为，尽管他们非常积极地追求卓越，但他们正开始以造成受其谴责的组织政治的方式行事。他们表示，当处理令人尴尬或感到有威胁性的议题时，他们会采取行动以保护自己的个人利益。具体的行动策略是防卫、反学习、过度保护。例如，他们提到了相互掩盖、不诚实、苛刻批评、过度保护等行动。毫不奇怪，对于自己的决策，他们评价为不是很有效。

在我看来，他们之所以诚实坦率，很大程度上是由于他们致力于建立一个良好的组织。正如他们的描述，可能我表现出的技能、表达的同情与怜悯是有帮助的。但在我看来，我正与一群诚实正直的人合作，他们非常诚实正直，甚至分享了违背诚实或正直的行动，以便学会如何停止这种虚伪的行动。

在他们描述自己适得其反的行动时，我认为他们也在传达这样的信息：他们想要改变自己的行动，并且正在依赖我提供的帮助。通过这么做，他们也提醒我，他们将会非常精明、实际地评估我的行动。

我相信自己已经加入了这个由致力于学习的人组成的群体，并且将与他们共同学习，我带着这个想法开始了下一个阶段的介入。

第 4 章

第二步：为学习和行动
而整理调查结果

在单独访谈各位董事后，我们召开了所有董事参加的反馈讨论会。

反馈讨论会的目的

首次反馈讨论会有六个目的：第一，我需要向董事们介绍从访谈中了解到的情况，以及从对其会议的初步观察中了解到的情况；第二，我想要鼓励证实与证伪调查；第三，我开始在董事们之间、董事们与介入者（我自己）之间建立一种逐步增强的信任关系；第四，为纠正董事们选择要纠正的任何适得其反的行动，对行动进行计划；第五，我想要计划所需的介入步骤，从而落实这些纠正行为；第六，我想要以能够促进董事们对这些介入步骤做出内部承诺的方式执行这些计划。这么做本质上是有回报的，所以内部承诺意味着董事们有动力落实变革。内部承诺很少会立刻形成，因此我将介绍随着时间的推移形成内部承诺所需的行动。

反馈过程

无论使用什么方法诊断组织的情况，无论收集什么资料，有效的反馈过程都具备下列四个重要特征：

1. 材料应被加以整理从而描述相关变量，这些变量导致被研究群体做出各种功能性活动与功能失调活动。每项活动促进或妨碍下列事项的程度：重要偏差的发现与矫正、群体内部创新的出现，是区分功能性活动与功能失调活动的基本标准。

2. 各个变量都应该被整理为一种模式，该模式可以表明这些变量如何演变、不同变量之间的相互依赖如何造成了模式的持续。这种模式应可以预测其自身的后果。

3. 应该明确每位董事在创建和维持该模式时可能承担的个人责任。

4. 该模式应呈现为行动示意图的形式，而示意图提供信息的方式是：有助于参与者得出可以综合理解的抽象概念和说明每种特殊情况的抽象概念。这些信息还必须有助于概括当前和未来的相关情况。除了为所有这些分析提供信息外，示意图还应该能够超越这个群体，可推广至该组织的其他部分和其他组织中的其他人。（更详细的讨论请参阅本书的附录。）

反馈过程应该有助于提供关于群体或组织现状的更全面、更系统图景。相比个人或子群体的现有观点，这种图景可以覆盖更大的范围，从这个意义上讲，它更全面；这种图景能够明确表明那些导致自我维持模式的相互依赖关系，从这个意义上讲，它更系统。

对效度的检验

为反馈讨论会构建的行动示意图主要是行动、策略、后果、主导条件、把它们以持续模式联系起来的反馈机制与直通机制的一种表征。实际上，行动示意图是对组织内部学习活动驱动因素的假设。因此，所有行动示意图必须尽可能频繁和彻底地接受检验。

可以采取下列策略检验示意图的效度：第一种策略是向参与者展示该示意图，邀请他们证实或证伪某些特征。然而，研究者应该意识到，某些情况下参与者往往会过于轻率地证实。我们已经发现，如果参与者相信最终结果仅仅是研究某些知识，那么就会轻率地证实示意图。他们不愿为了绘制供学者在专业期刊上发表的示意图而把自己、同事及所在的组织置于危险境地。这并不是说他们会证实非常明显的偏差；如果偏差非常明显，他们也不太可能冒巨大的风险予以证实。但根据我们的经验，在各种观点存在严重分歧、话题"存在激烈争论"、话题涉及长期存在的组织惯性防卫等情况时（这恰恰是研究者寻求开展一场合理辩论的情况），他们并不愿意进行证伪。

相反，如果参与者从开始就认识到，研究将包含介入、改变现状、打开令其恐惧的潘多拉盒子以及他们创造出来保护自己的防卫，那么他们就更有可能公开表示对该示意图的质疑。

第二种策略是根据示意图进行预测。当研究者的预测被参与者知晓后，参与者若不同意这些预测，而研究者最终被证明是正确的，那么这就是一次特别可靠的检验。例如，我提交给董事们的示意图（本章后文中有具体的示例）描述了组织政治是如何出现并得以维持的。董事们围绕该示意图专门召开了一次热烈的讨论会，有人认为讨论会富有成效，将立刻改变自己的行动。我们预测，这一点将无法实现。我们观察并记录了几次董事会议，这些会议召开的时间在反馈讨论会之后，为期两天的变革讨论会之前（首次），所以能够对该预测加以检验。结果，对会议录音的分析证实示意图中描述的习惯性防卫仍普遍存在。

我与同事们常有这样的经历，这让我们怀疑下述常见的断言：要求人们填写正式法律文件或作为被观察对象等任何介入都会带来变化。根据我们的经验，只有当这些变化涉及行为而非价值观时，也就是仅涉及单环学习时，上述断言才可能正确无误。例如，这可能有助于某位专断的、咄咄逼人的领导者稍微收敛，但当他感到尴尬或处于具有威胁性的情境中时，往往会故态复萌。某人一旦体验到中高强度的压力，往往就会重返自己从未真正抛弃过的Ⅰ型使用理论及与之匹配的防卫性推理。管理领域的各种噱头往往基于某些行为的变化，但这些变化并未伴之主导价值观的变化。

第三种策略是对尝试改变现状可能造成的后果进行预测。如果变革要求改变那些被视为理所当然的事情，那么对示意图效度的检验将会更可靠。越是提前明确指出变革需要的条件、带来变革或阻碍变革的一系列行动、学习得更快的个人或群体以及发生这种学习的条件，检验就将越可靠。

根据示意图中蕴含的知识来设计再教育过程，可以直接形成这些条件。例如，我与同事们可以预测，除非董事们的 I 型使用理论向 II 型靠拢，否则我们为其构建的示意图将不会发生变化。在向 II 型转变的过程中，个人必须解冻 I 型。我们可以评估每位董事（以及后来的其他董事）解冻 I 型并实践 II 型的程度。我们还能预测董事们在组织政治方面进行重大变革的可能性。请注意，这并不意味着该情境中的人们得抛弃 I 型技能。这些技能可能仍与那些只需单环学习的常规议题相关。这也不意味着出现的所有新行为都是纯粹的 II 型行为。将会出现许多兼具 I 型和 II 型特征的行为，同样也会有许多纯粹的 I 型行为。如果存在向 II 型行为的切实转变，研究者将观察到，人们会认识到并反思自己的 I 型行为，或者对不妨碍其学习的 II 型行为感到适应。

构建行动示意图

艾因霍恩和霍格思（Einhorn and Hogarth，1987）指出，行动示意图可以帮助行动者回顾过去（评价过去的行动）和展望未来（在未来采取行动）。它旨在帮助行动者找出相关变量，将其连接成一个因果链，并评估该因果链的可信性。

构建行动示意图的第一步是确定各个组件。第二步是根据示意图发挥的作用对各个组件进行排序。每个组件对该模式的总体目的

（在这个关于董事们的案例中，该目的是学习）、对其他组件的运作、对自身的运作有什么贡献？

这些标准源自对"组件间相互依赖"的操作性定义：每个组件从其他组件获得帮助以及帮助其他组件的程度、每个组件促进或妨碍该模式的目的的程度。

要确定示意图的各个组件及其可能的次序，我们遵循第 2 章提出的理论。Ⅰ型和Ⅱ型提醒我们检查行动策略、后果以及主导价值观。两者还明确指出了行动策略的特性。Ⅰ型行动策略是以不鼓励探究或检验的形式做出评价与归因。Ⅱ型行动策略是以鼓励探究或检验的形式做出评价与归因。

我们的理论指出，符合Ⅰ型的行为将导致防卫性后果，如自我实现与自我封闭过程、不断强化偏差等。该理论还阐明了防卫性推理与生产性推理的性质。

在接受培训后，研究者可以使用这些概念来检测录音文稿和观察结果（Argyris，1985a）。

因果推理

我们假设，所有人进行创造和做出某种行动都是为了维持自己身处其中的世界。在这个前提下，有效行动是那些不断产生预期结果的行动。这其中蕴含着下述因果推理："如果我以这样或那样的方式行动，某些事情将会发生，另一些事情将不会发生。"此外，这项因果预测将在特定条件下持续存在。然而Ⅰ型使用理论和Ⅱ型使用理论往往要求截然不同的因果推理结果。由于Ⅰ型要求保护性结果，所以也要求进行防卫性推理；而 II 型要求学习性结果，所以也要求进行生产性推理。

如果行为人的因果推理能够解释其行动，并且如果我们提出的示意图是一种行动、后果与价值观的模式，那么行动就应该包含可识别的因果推理。例如，我们应该能够确定在创造和维持示意图揭示的模式时进行防卫性推理或生产性推理的程度。

主导价值观

我们已经指出，有效的人类行动要求存在某种秩序，在这种秩序下，特定情境中的即时行动才有可能。该秩序中的关键变量是不会被违背的主导价值观。主导价值观是评估行动有效性的标准，也可以界定行动意图。例如，在这个案例中，董事们秉持的主导价值观是"为客户创造高质量的增加值"。因此，董事们秉持的每项理念、提出的每条建议都可以根据这项主导价值观加以评价。此外，主导价值观也可以用来界定什么是不可接受的，例如，采取隐瞒大量所学成果的方式精心设计建议。

董事们的行动示意图

基于对董事们的访谈和对董事们数次开会的观察，我们绘制了这份行动示意图（见图 4 - 1）。该示意图描绘了一种相互依赖模式，其中包含主导条件、一般行动策略、按顺序排列的多级适得其反后果，也描绘了导致该模式得以持续的反馈过程与直通过程。

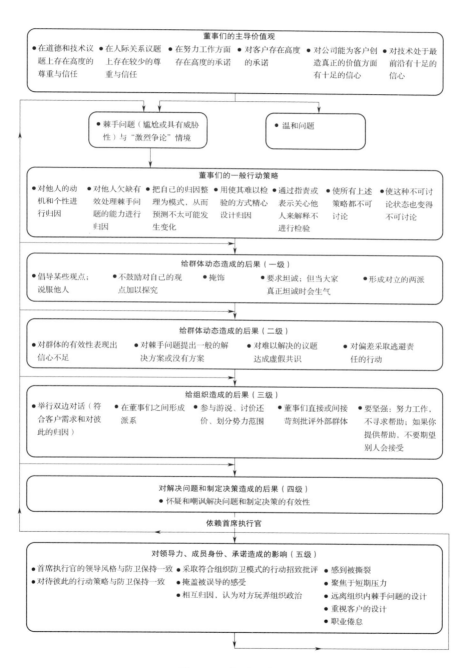

董事们的主导价值观
- 在道德和技术议题上存在高度的尊重与信任
- 在人际关系议题上存在较少的尊重与信任
- 在努力工作方面存在高度的承诺
- 对客户存在高度的承诺
- 对公司能为客户创造真正的价值方面有十足的信心
- 对技术处于最前沿有十足的信心

- 棘手问题（尴尬或具有威胁性）与"激烈争论"情境
- 温和问题

董事们的一般行动策略
- 对他人的动机和个性进行归因
- 对他人欠缺有效处理棘手问题的能力进行归因
- 把自己的归因整理为模式，从而预测不太可能发生变化
- 用使其难以检验的方式精心设计归因
- 通过指责或表示关心他人来解释不进行检验
- 使所有上述策略都不可讨论
- 使这种不可讨论状态也变得不可讨论

给群体动态造成的后果（一级）
- 倡导某些观点；说服他人
- 不鼓励对自己的观点加以探究
- 掩饰
- 要求坦诚；但当大家真正坦诚时会生气
- 形成对立的两派

给群体动态造成的后果（二级）
- 对群体的有效性表现出信心不足
- 对棘手问题提出一般的解决方案或没有方案
- 对难以解决的议题达成虚假共识
- 对偏差采取逃避责任的行动

给组织造成的后果（三级）
- 举行双边对话（符合客户需求和对彼此的归因）
- 在董事们之间形成派系
- 参与游说、讨价还价、划分势力范围
- 董事们直接或间接苛刻批评外部群体
- 要坚强：努力工作，不寻求帮助；如果你提供帮助，不要期望别人会接受

对解决问题和制定决策造成的后果（四级）
- 怀疑和嘲讽解决问题和制定决策的有效性

依赖首席执行官

对领导力、成员身份、承诺造成的影响（五级）
- 首席执行官的领导风格与防卫保持一致
- 对待彼此的行动策略与防卫保持一致
- 采取符合组织防卫模式的行动招致批评
- 掩盖被误导的感受
- 相互归因，认为对方玩弄组织政治
- 感到被撕裂
- 聚焦于短期压力
- 远离组织内棘手问题的设计
- 重视客户的设计
- 职业倦怠

图 4 - 1　行动示意图

董事们的主导价值观

所有董事一致认为，第一栏描述的主导价值观是存在的。无论设计什么行动，人们都会把主导价值观考虑在内，从这个意义上讲，主导价值观支配行动。行动不会违背主导价值观；如果出现了违背的情况，人们就会设计进一步的行动加以处理。例如，除非有意改变一项或多项行动，否则这种违背就会被掩盖起来。

第二项主导价值观（在人际关系议题上存在较少的尊重与信任）需要在此加以解释。示意图描绘了使用理论变量。在其他五项主导价值观中，董事们信奉的价值观与其用来指导自身行动的价值观高度一致。但董事们信奉的有关信任的价值观，与其用来指导实际行动的价值观之间存在较大差距。因此，正是较少的尊重与信任成了使用理论变量。

下一栏询问的是董事们如何处理"棘手问题"，即那些令人尴尬或感到有威胁性的问题，而不是温和的问题。他们如何应对"激烈争论"的情境呢？

董事们的一般行动策略

一般行动策略概括了董事们处理"棘手问题"的典型方法。董事们对彼此的动机和意图进行归因。例如，他们可能说："某人以控制为导向""某人的思考和行动受金钱支配""某人为获得想要的东西不惜操纵他人"。

对于他人欠缺有效处理棘手问题的能力，董事们还进行了归因。而且，他们提出自己的归因以预测不太可能发生的变化，例如，他们会说："我了解某人，他顽固不化"或者"相信我，真的，这在某人心中根深蒂固，他永远不会做出改变"。这种推理是精心设计的，以便使得自己做出的预测难以受到检验。董事们坚持认为，自己很清楚其他人不会做出改变，这个预测是有效的，不需要进一步检验。

当被问及是否曾经公开检验自己的主张时，董事们回答没有。当被问及不进行检验的原因时，董事们回答不想激怒他人，避免打开潘多拉盒子或者造成负面影响。实际上，他们声称不公开检验归因的理由或原因是关心他人和群体。

通过上述方式，董事们使他们做出的归因及背后的推理变得不可讨论，进而使这种不可讨论状态也变得不可讨论。后一种行动策略之所以必要，是因为如果公开承认这一不可讨论的实例，他们就得公开所有归因和掩盖行为。

董事们采用的上述七项一般行动策略可能会妨碍偏差的发现和矫正。此外，这些策略会相互强化，从而构建一种反学习和过度保护的社会现实。这意味着反学习和过度保护的观念也受到保护。

给群体动态造成的后果（一级）

每当董事们开会讨论棘手问题时，他们都竭力倡导自己的观点，并意图说服他人相信自己的观点。由于他们采取不可讨论和不可检验的一般行动策略包括精心设计和防卫自己的观点，因此几乎不鼓励他人对自己倡导的观点加以探究。

之所以这么做，首先是因为董事们相信，自己身在其位有责任表明观点。其次，正如示意图所表明的，董事们都"知道"组织准则支持反学习和过度保护的行动，以及对这些行动的掩盖。在这种情况下，那些愿意接受他人对自己的观点进行探究的董事可能面临失败和被他人支配的风险。因此，董事们回避这些议题并掩盖这种回避行为。通过对董事们的访谈和对数次会议的观察，我们发现了种种掩饰行为，据此可以推断，他们会做出回避与掩盖行为。例如，董事们表示，每当邀请他人坦诚交流时，自己要么遭受"重挫"，要么是一阵令人尴尬的沉默。这两种回应都令人生气，都不会引起进一步的深入讨论。

给群体动态造成的后果（二级）

董事们的一般行动策略与一级群体动态相结合，导致了至少四个二级后果。

第一，在参加会议时，董事们不太相信该群体能有效处理这些棘手问题。他们不会讨论信心不足的状况，因为这本身就是一个棘手问题。

第二，他们认为会议上提出的解决方案效果一般。这种评价也不会在会议中讨论，因为这同样是一个棘手问题。会后，董事们可能会一对一私下会谈，与他们认为持有相似观点的同事讨论相关的评价与归因。

第三，达成虚假共识。例如，首席执行官可能询问："大家都赞同吗？"或者他可能说："我认为，我们已经对此进行了充分讨论并做出下述决定……"，或者"是时候采取行动了。谁来负责？"人们会签字同意或接受任命负责做出特定的行动。首席执行官会对"团队合作"感到高兴，进而开始讨论下一个问题。数周以后，大多数上述承诺却没有兑现。

第四，在访谈过程中，每位对象都提到了上述情况。所有人都感到群体成员正在逃避发现、讨论与解决棘手问题。

再一次，所有这些后果都不可讨论，并且这种不可讨论状态也是不可讨论的；这些后果可以自我强化，同时加强前述价值观、行动及后果。

给组织造成的后果（三级）

行动示意图的这一栏表示上一栏的特性造成的组织后果，而在董事群体之外的环境中也可以观察到这些特性。

基于对彼此的个人归因，董事们形成了派系。对于在客户组织或自己组织中看到的棘手问题，他们会在双边对话中进行描述和评论。董事们利用这些派系来游说，交换人情（"我欠你一次人情"），并构建自认为正当的势力范围。我们既没有观察到，又没有被告知某位董事试图接管他人的势力范围。构建势力范围与其说是为了扩大控制范围，不如说是为了防止他人入侵而建立防护墙。对某些董事而言，一个非常苦恼的议题是首席执行官如何分配赢得新客户的线索信息。有人认为首席执行官偏心。首席执行官认为，自己根据关于"谁最适合为客户服务"的诚实判断来分配这些线索信息。

董事们也提到，并且被观察到苛刻批评该群体内的其他董事。如果高级顾问受到某些董事的压力而选择合作，那么也会遭到其他董事类似的苛刻批评。

最后，关于何谓"要坚强"，存在一种准则。坚强的董事不寻求帮助，否则防护墙可能会被攻破。如果某位董事决定向另一位董事提供帮助，我们可以预测后者不会接受帮助。

对解决问题和制定决策造成的后果（四级）

行动策略、群体动态与组织后果在每位董事的头脑中交织，使其对有效解决棘手问题与制定相关决策产生强烈的怀疑。此外，他们也强烈嘲讽无须外部帮助就可以推进变革的主张。

这种怀疑和嘲讽似乎合理。每次行动、每个后果都会造成并强化回避与掩盖行为。这造成了董事们的过度保护，降低了他们察觉并矫正重要偏差的可能性，也降低了他们制定旨在讨论棘手议题的新政策的可能性。

对领导力、成员身份、承诺造成的影响（五级）

至此，示意图描述的价值观、行动与后果产生了五级系列后果。首先是依赖首席执行官。如果群体没有可靠的问题解决机制和决策制定机制，那么成员们可能转而依赖领导者。然而我们预测，领导者的行为方式不会违背行动示意图描述的防卫模式。这让领导者面临双重困境。如果他们的行动符合防卫模式，那么就会鼓励过度保护与限制学习。领导者的直接下属可以做出归因：领导者喜欢被依赖，原因是这样能够单方管控该群体。如果他们的行动不符合防卫模式，那么就会造成破坏性后果。例如，若案例中的首席执行官决定讨论那些不可讨论的问题，那么他是在群体成员关于该议题的相互信任度较低的情况下做这件事。而且，董事们已经学会了回避与掩盖的技能。因为董事们缺乏坦诚讨论棘手问题（同时不造成更多棘手问题）的技能，所以如果要求他们坦诚，那么很可能引发破坏性行动。

每位董事都会如此。如果某位董事试图讨论不可讨论的问题，那么他就会面临类似的风险，即造成适得其反的后果并被指责破坏现状。如果他的行动符合防卫模式，那么就会被指责自我保护或保护势力范围。

在这些情况下，董事们感到被误导了，并且由于这是一个棘手问题，所以他们会把被误导的感受藏在心里。于是，首席执行官和董事们相互归因，认为对方在玩弄组织政治。

这种相互嵌套的双重困境反过来导致董事们感到被撕裂。如果他们做，会受到谴责；如果他们不做，同样会受到谴责。在这些情况下，远离棘手的组织议题，转而重视短期压力是理性的。不仅由于"为客户创造高质量的增加值"是主导价值观，而且由于强调客户有助于使逃避组织内部问题正当化，所以重点聚焦于客户，这也是理性的。

董事们最终面对的双重困境是，他们知道自己有责任创建一个学习型组织，并且也知道自己采取的每项防卫性行动都阻碍了学习型组织的发展，而学习型组织会强化其信奉的主导价值观，同时提高对彼此的信任度。

作为模式的行动示意图

行动示意图揭示了两种因果，它们都对诊断和检验很重要。

组件因果与模式因果

我在第 2 章提出，当人们在组织场合习惯性互动时，他们设计的行为及其后果创造了复杂组织系统，该系统就体现了模式因果。对模式因果的描述采取了我刚提及的行动示意图形式，揭示了限制学习的模式层面的原因，造成不能察觉与纠正的行动，这些行动导致了人们可能予以否认的组织防卫。

行动示意图也揭示了组件因果——各种模式特征或组件之间的因果联系。例如，在这个案例中，对他人做出归因的行动被进一步归因的行动（即认为董事们不太可能改变自己的行动）所强化。然后，这两个组件被参与者精心设计的不可检验的归因所强化。归因以不可检验的方式精心设计，这使其得到强化，而这种强化来自于对下述因素做出的归因：个性、参与者处理棘手问题的能力、指责他人、使所有这些活动不可讨论、使不可讨论状态也变得不可讨论。因此，一般行动策略的所有组件都相互强化。

组件因果也存在于行动示意图不同栏的组件之间。例如，董事们的一般行动策略以相互强化的方式阻碍了人际关系中的学习。因此，人们试图采取说服或敦促他人的方式来倡导自己的观点。反过来，这意味着人们以不鼓励探究的方式精心设计彼此的对话。

检验因果主张

研究者可以使用几种相对简单和直接的方法检验明显的因果关系（或因果主张）的效度。

第一种检验方法是向参与者展示该示意图，看看他们认为哪些特征正确、哪些特征不正确。他们可以不同意某个组件的位置，也可以建议把某个缺失的组件加上。

读者们可能会怀疑，我们研究项目中的董事们可能因为担心研究者生气或者不希望同研究者发生争执，所以会以证实这种模式作为回应。这种轻易的证实不太可能发生，原因有两个：第一，该示意图中没有赞美之词。任何客户都不太可能轻易地、很快地认同从消极角度看待他们的一份示意图。

有人可能辩称，案例中的董事们预测到了这种消极描述。也许他们愿意跟着示意图推进，因为示意图与他们的预测一致。然而这是不太可能的，因为该示意图要作为长期介入策略的基础。董事们被要求把最稀缺的资源（时间）用在各种变革活动上。此外，如果成功，这些变革讨论会可以传达到较低的组织层级。董事们不太可能为取悦介入者而把自己的组织置于危险之中。

第二个原因是反馈讨论会进行了录音，从而使讨论成为进一步效度检查的依据。例如，我们预测，在讨论过程中，董事们会精心做出对彼此的归因，从而使其无法检验。在讨论会上，我质疑了这种行动，如果各位董事都认为，他们精心做出归因的方式使其难以得到检验，那么我会询问，是什么因素导致他们以这种方式精心构思对话。我们预测，所有解释都会符合该示意图，并且对话录音可用来分析，从而检验这项预测。

此外，董事们探索这种模式的方式是为其在面对尴尬或有威胁性的信息时的推理和行动方式提供额外证据。他们可能补充关于隐秘归因的新信息，比如，害怕讨论原本不可讨论的事情。

第二种检验方法是做出预测并寻求证伪。例如，研究者可以预测，不会听到或观察到任何能够或者将改变这种模式的行动。这项预测应该经得起时间考验，并且也适用于任何棘手问题。唯一的条件是，参与者遵循示意图中描述的一般行动策略开展工作。我们还可以做出一项预测：如果没有来自该模式外生变量（例如，充当介入者的研究者）的帮助，那么参与者将不能改变一般行动策略。

甚至在参与者认为该示意图是其行为领域的有效表征后，这些预测也不会被证伪。这些预测也不应仅由于参与者真正致力于改变这种模式，或者利用外部协助者（他们制定了那些忽略嵌入在示意图中的因果关系的介入策略）而被证伪。例如，若回避改变价值观和一般行动策略，反而从改变群体动态或态度开始介入，那么将不会减少组织功能失调；若果然如此的话，那么组织变革应该不会持续下去。

如果董事们把棘手问题转变为简单温和的问题或单环问题，那么回避一般行动策略和一至三级后果的变革将会奏效。例如，或许有可能形成一个降低话题变得不可讨论的可能性的信息系统，因为该系统使这些话题得以公开。另外，旨在改变某些组件的奖惩机制不太可能奏效。例如，在我们的案例中，董事们在对该示意图进行了长时间讨论后提出一项建议：若被发现苛刻批评其他董事，那么任何董事都要遭受重罚。我们建议的罚款金额是每次 500 美元。董事们同意罚款，但他们也预测这不会奏效。

应该指出，这项预测没有任何时间限制。由于防卫模式妨碍那些会要求其做出改变的学习和行动，只要该模式不变，这项预测就成立。在没有介入项目的情况下，行动示意图中的任何改变确实会改变这种模式因果，这将是对示意图的一种证伪。

关于每个组件与其他组件之间关系的强度是无法预测的，因为正如我已经指出的，组件因果的变化应该不会影响模式因果。如果组件因果中的变化紧随模式因果的变化，那么这种模式中的因果关系将再次被证伪。

一种价值观的、行动的、后果的模式会不断自我改造和自我强化，它是超稳定的，因为每个组件都从其他部分得到支持，并为其提供支持，因此妨碍了发现那些若被纠正，就会改变这种模式因果的偏差。实际上，案例中的该模式可以说是由多个因果因素决定的，因为所有组件都会导致并强化对学习的限制。

模式的演进与描述

行动示意图明确的焦点是描述一种因果模式：如何得到维持以及如何影响学习，但行动示意图还有其他目的。行动示意图代表了研究者关于该模式如何演进的假设。它是关于组织防卫模式如何发展的一种发展性描述，并且我断言，若给定相同的主导条件和一般习惯性防卫，每次都会出现相同的后果。

因此，我的组织理论提供了一种概念性和实证性方法来整合一种模式的发展及其建立后的形式。多年来，如何把这两种视角结合起来一直是研究者关注的问题。多数组织视角的提出主要是为了给确立组织结构的模式、相互依赖、稳定性提供解释。这些视角中的多数都假定"在那里"有某种事物有待描述，尽管很复杂。但解释现存模式而不解释它是如何产生的，这只是一种片面性描述。对现存模式的描述是奎因（Quine，1992）所谓的"适应"（to fit），即遵守规律。在实践领域，"指导"也是至关重要的，因为它聚焦于支配或指挥行为的因素（Bourdieu，1990）。

　　一般社会科学研究领域的拉图尔（Latour，1987）和组织研究领域的马拉韦（Malave，1991）已经指出，完整的组织理论需要具备两个视角。马拉韦指出，卡茨和卡恩（1966），韦克（Weick，1969）都承认这种要求，但都没有满足它。马拉韦认为，学者们朝着整合两种视角的方向前进的一种方式是立足于奥尔波特（Allport，1967）所谓的"事件结构化"。行动示意图可以被视为事件结构化的一种形式，旨在解释结构及其产生的过程。

　　学者们对设计和实施介入措施感兴趣，这些介入措施创造了罕见事件，以决定组织模式的发展和最终形式，但这不是简单的好奇心。如果不了解这两种视角，就难以设计并实施有效的介入措施。这可能是对卢因（Lewin，1951）所提建议（如果你想要理解组织，那么就改变它）的一种解释。如果不创造产生新结果所需的新条件，那么变革项目就无法实施。变革项目要求讲清楚如何由此及彼。如果不明晰组织发展的过程，那么就不可能做到。

　　总而言之，根据前述访谈和观察，我们可以推论出相关的价值观、行动与后果，并据此绘制行动示意图。该示意图揭示了模式因果、组件因果、设计因果各自发挥的作用。我还说明了如何尝试进行检验，以确定这些主张在关于正发生之事的模式中的效度。

第 5 章

第三步：召开有意义的反馈讨论会

第 4 章论述了关于反馈讨论会与示意图（反馈是围绕着该示意图组织的）的理论与策略。本章介绍了案例中反馈讨论会期间实际发生的事。

反馈讨论会上的谈话

作为介入者，我首先介绍了示意图第一栏的董事们的主导价值观，以此开始讨论。董事们非常赞同，这些正是他们秉持的价值观。当董事们被问及是否能够想到其他主导价值观时，有人回答不能。然而，他们保留后续对该清单提出质疑或补充的权利。

当我转向下一栏（董事们的一般行动策略）时，董事们要求我描述一下"通过指责他人来解释不检验"的行动，我通过角色扮演解释了这个说法的意思。以回忆对话的形式来提供答案是很重要的，因为这为客户提供了相对直接的可观察资料，客户可以从中管窥研究者—介入者的推理过程，也有机会检查自己的回忆。在这里，我为接下来的角色扮演回忆了个人访谈中的对话：

介入者：你检验过这些归因吗？

　　扮作一名董事的介入者：没有。

　　介入者：什么因素妨碍了你询问有问题的人？

　　扮作一名董事的介入者：他会大发雷霆的。（另一种回应）我欣赏他，为什么要惹他生气？

　　关于不检验和指责他人的原因，我接着询问了一系列问题。我聚焦于该系统的强制性以及董事们在回避与掩盖方面的熟练行为。我想要指出，对于董事们的行动可以根据这些因素加以预测，但无法根据他们已经做出的这些未经检验的归因（比如说，某人争权夺势或争强好胜）加以预测。这些归因可能曾经有效，但此次获得的资料并未直接予以支持。

　　通过这种方式，我举例展示了想要董事们学会的行动与规则。例如，每当出现相互矛盾的因果解释时，选择那些最接近直接可观察资料的解释。而且，尽量选择下面的因果解释，这种因果解释需要从可用的相对直接可观察资料进行最少次数推论。例如，关于回避与掩盖的推论可以通过参考实际对话录音以及董事们对此类事件的描述来检验。然而，关于追逐权力或争强好胜的推论需要复杂得多且更难使用录音公开检验的推论过程。

　　这并不意味着后一种推论无效，而是意味着，如果能够运用简单推论结构做出解释、检验预测、设计介入并进行改变，那么会更加可取。有效的解释越简单，检验就可能设计得越严谨，介入策略就越完整可靠，进行变革所需的学习也越容易出现，从这个意义上讲，这种推论更加可取。

　　这些规则也有实用价值。始于直接可观察资料的推论链越短，实务者就越容易在现实中检验自己的假设。他们可以运用推论阶梯，首先关注实际行为，进而聚焦行为的含义，最后着眼于对行为的解释。例如，专注于检验归因或确定归因是否可检验，这不太可能造成沟通障碍，当争权夺势、自卑、自负等归因被公开界定和解释时，就会出现这种情况。

同所说和所做相关的推论使介入者更容易教育客户。例如，当关于替代性解释的问题出现时，介入者可以公开自己的观点，并且，在为希望客户考虑的推理和技能建模时，通过举例说明该观点。介入者并非仅仅给出反馈资料，而是开始创造条件，让客户可以选择（如果他们愿意的话）学习如何为熟悉议题构建新的因果框架。

例如，在即将介绍的讨论中，作为介入者，我把焦点从涉及董事们动机的解释转向他们用来处理令人尴尬或感到有威胁性的议题的熟练行动，以及他们为维持这些熟练行动而创建的系统。第一段讨论始于这样一种重新聚焦。（董事们的姓名都是化名。每位董事在本书的不同位置被赋予不同的化名，从而减少董事们被内部参与者认出的可能性。董事们并未要求我这么做。）

戴维：这种关心是本能反应，还是出于对他人福祉的合理关心？

介入者：我认为两种情况都有。这些反应是高度熟练的。人们受困于自己的技能。

（稍后）这些问题很重要。我的意思是，你们之所以隐瞒，起因并不是肮脏的组织政治。在这些议题上，关于以关心和务实的方式对待彼此，你们的做法是隐藏做出的归因，并表现得好像没有隐藏，这使得从一开始就难以检验这些归因。这反过来会导致所谓"肮脏的"组织政治。

约翰：我认为，不进行检验的另一个原因是害怕对抗。只是单纯的、普通的害怕。例如，害怕首席执行官火山爆发般的回应。

介入者：是的，但请注意你的推理。如果你对首席执行官做出的归因是，他的反应就像一个高炉（我常常听到这个比喻），那么不与首席执行官对抗是有道理的。

几位董事：没错，没错。

介入者：但这种推理是自我封闭的，原因如下：第一，它未经检验；第二，正如你们稍后将看到的，该系统的设计使得首席执行官感到自己处于一种相互嵌套的双重困境中。无论做还是不做，他都会受谴责。他试图控制自己的沮丧感和愤怒感，因为他也在对你们所有人能做的事做出归因。被压抑的感受最终可能爆发，从而做出像高炉那样的反应。你们中的许多人可能想知道，这种反应从何而来？你们可能感到惊讶和困惑。这是可预测的，因为他一直在隐瞒自己的观点和感受。

吉姆：所以这些消极行为在我们创造的系统中发挥了一定的作用。

介入者：是的。但在创建一个能够学习（尤其是双环学习）的组织方面，这些发挥作用的因素是功能失调的。

在下一段记录的讨论中，董事们提出了一系列问题来探讨以下可能性：其行动的适得其反特征要么由一些超出其控制范围的因素引起，要么由一些没人希望改变的因素（如主导价值观中的那些因素）引起。我试图以下述方式来回答：指出其问题中隐含着对个人责任的推卸，但我声称不会参与这种共谋。

这似乎引发了若干关于我的立场的效度问题。难道我没有一种规范立场吗？难道这没有影响我的观点吗？我鼓励客户询问这种问题，因为他们是必须为检验示意图的特征做好准备的人，并且也是必须检验我在遭遇尴尬或威胁时的推理和行动的人。重要的是，客户要看到我如何回应。如果我的行动符合自己期望传递给他们的立场，那么就会提高我以及我的规范立场的可信性。这反过来会提高客户考虑设计某些变革项目的可能性。在与董事们进行的这段讨论中，我最后总结道，他们想要什么样的系统归根结底取决于自己的选择。

吉姆：这种紧张情绪的爆发是由于棘手问题的性质，还是由于我们未能正视这些问题。

介入者：从我目前掌握的资料来看，我认为更多的是后者。我观察过你们处理棘手的技术问题。对你们而言那似乎很有趣。我认为，正是隐瞒和掩盖使得归因变得不可讨论，进而导致了压抑的感受。

拉里：通常来说，在组织中，这在多大程度上不可避免？

介入者：我想提供两个答案。第一，多数人在早年时就已被教育要做你们正在做的事。因此从这个意义上讲，所有这些都是普遍存在的。但我相信，这也是可以改变的。

拉里：但那会有多么可取呢？或许你所做的一切都只是强化了你的理念。难道你的思维不是自我封闭的吗？

介入者：嗯，我想补充一点，那就是我想要鼓励大家尽可能多地问这种问题。我希望你们将来会一直质疑我的观点。我也担心我可能进行自我封闭的推理。所以，我们必须找到方法来检验这些观点，以便其结果对你们有吸引力。

没错，我确实有一个规范立场。我认为，任何反学习的社会系统都无法有效管理。例如，它们经常产生无效的或歪曲的信息。但让我们再检验一次。

关于你们的系统中应该有多少这种信息，这取决于你们自己。我想要帮助你们做出尽可能明智的选择，并且这个选择是可检查的、可改变的。

拉里：但我们推理和行动的某些方面或许是我不能改变的。正如你所言，对我来说，重要的是能够与大家讨论，以便我能检验这些事情有多么不可改变。

介入者：是的。你们甚至可能想爽快地承认，你们不想改变某些行动。没错，这可以由大家来讨论，因为你们的决策不是简单的个人决策，而是一个影响整个系统的决策。

顺便说一下，我希望帮助你们真正接受被你们本人和群体认可的决策。检验你们是否真正接受的一项标准是，他人（尤其是董事群体之外的人）在多大程度上能够质疑你们的行动，以及你们鼓励其这么做的程度。

泰德：你能再谈谈你的归因（关于棘手问题，这个群体中的人对他人在学习方面的无能持消极态度）吗？我用的这个概念对吗？

介入者：（解释。）

泰德：关于这些特定议题的学习倾向低，许多董事都持有这个观点。

介入者：是的。

泰德：现在这个问题可能是不妥当的，但你对其实质有何判断？这种观点是对还是错？

介入者：这个问题是妥当的。我个人的判断是，你们每个人都非常注重学习。然而，一旦作为这个正在运作的系统的成员处理事务，你们的行动就会更符合描述该系统的模式所鼓励的反学习特征。

归根结底，这个问题的答案要在董事群体中进行检验。为此，我们将不得不具体讨论这些议题，聚焦于实际行为。

比尔：这其中有多少是我们在与客户合作时形成的所谓"受困心态"[⊖]的作用？

介入者：我认为，受困心态以两种方式加剧了这种情况。它使得这种情况更可能发生，并且使其加剧。

我也相信，这种受困心态是由你们处理客户压力的方式引起的。例如，你们对其做出归因，不加以检验等。顺便说一下，你们的客户可能就是这么对待你们的。

比尔：（笑）是的，我认为我是这么做的。就像你说的，"当然我是对的。你怎么能质疑我在这方面的才智呢？"

（稍后）我的感觉也是，当我们与客户陷入一种钩心斗角的情境中时，我们试图积极地管控。

约翰：但有一点不同，在那种情况下我们是外部因素。或许在固有的组织政治环境中，我们的做法更有效，因为我们被认为不受他们的组织政治影响。

⊖ 受困心态（siege mentality），一种共同的受害和防卫感觉，可用于描述群体或个人的心理状态，后果是对周围的人过度恐惧以及一种顽固的防卫态度。——译者注

吉姆：我认为我们试图通过技术专长解决问题，据此处理这种问题。例如，我们会不假思索地证明，某人不知道自己在做什么。我们没有花时间考虑如何对其进行再教育。

戴维：这很有趣。我的经历恰恰相反。我们通过私下对话促进组织政治体系中的变化。正是我们发出的密件促进了事情的发展。

泰德：但我想说，相比于争权夺势，我们更擅长处理技术问题。当我们在争权夺势方面遭遇失败时，确实可以用才智的重炮来压制客户。

吉姆：更麻烦的是，资历较浅的人只带着技术装备就上场较量。

首席执行官：但对于以我们这种速度发展的公司而言，某些与客户打交道的行为可能是必要的。我们没时间讨论每个问题。有些决策必须在子群体中做出。我们不能让每个人都一直参与。

对于这个理论的效度、我可能造成的（未被认出的）歪曲、他们的替代性解释，董事们提出的问题表明，他们能够像持有不同观点的学者那样，就该理论和研究提出尖锐的问题。讨论本身就表明，回答这些问题对董事们具有重要的实用价值。这有助于他们对组织理论和可能的介入做出更明智的选择。

当董事们讨论他们对理论本身的质疑时，他们也开始探讨受困心态、没时间参与客户的"人的问题"等因果解释，他们一直用这些来解释自己的紧张行为。这次讨论让我有机会谈论对参与的限制。我认为这很重要，因为像我这样的专业人员经常被认为是建议无限参与的。我想要确认一种看法，参与能够被限制，这样董事们就能够针对自己组织中限制参与的条件做出决策。

介入者：我不建议你们参与所有事务。实际上，即使你们有更多时间，这也没意义。但为了让"选择性"参与奏效，你们将不得不比现在更信任彼此。此刻，如果你们中有人选择在某个棘手议题上鼓励大家参与，那么可能激活他人头脑中关于你的目的的各种疑问。并且，如果这份示意图是正确的，那么他人可能会掩盖自己的疑问。

介入者和董事们：（同客户讨论参与的问题，导致了不可讨论的结果，也就是某些董事在公司的重要议题上缺乏真正的参与。这反过来导致了一场关于原本不可讨论问题的扩大讨论，尤其是关于董事们彼此之间以及他们与首席执行官之间的关系。）

拉里：没错，我想要参与真正的战略决策，并且希望参与界定这些问题，结果却没有如我所愿地参与那么多。（举一个例子）

介入者：这是一个重要例子。你们中有几人没有参与那项决策。当我就此询问你们时，你们将其归因于首席执行官蓄意把你们排除。这让你们很生气。但你们没有检验这个归因。

比尔：另一种具有破坏性的做法是，谈论某项决策时，好像达成了共识，但实际上根本没有。

回顾过往我们可以发现，成员对学习真正感兴趣的多数群体有一种趋势，而我们研究的这个群体也有该趋势。董事们关注那些同介入者的理论立场相关的观点和议题，这是对话的起点。关注点集中在人们的技能如何使其陷入困境，意在表示关心如何被认为是漠不关心，未经检验的归因如何导致自我封闭的后果，以及这些后果如何成为董事们在其中工作的系统的功能。

我强调，董事们对造成这种防卫性系统模式负有因果责任，并且即使他们无意伤害别人或系统，这种情况也会出现。

然后，对话转移到董事们试图确定自己做出适得其反行动的外部原因，即超出其控制范围的原因。他们似乎认为，如果能够找到这些原因，那么就可能找到解决问题的办法，而不必聚焦于其使用理论和个人因果责任等"内部"原因。我提出，这些内部原因至关重要，但这个观点遭到强烈质疑。也许我认为可取的实际上并不可取？也许我的主张是自我封闭的？谁说我的规范立场是正确的？我认为应该改变的因素，也许董事们不能改变？难道问题不在于技术的不足吗？客户压力造成的受困心态呢？

董事们重新审视他们个人的因果责任，这是对话的第三阶段，于是引出了接下来的讨论，在这段讨论中，董事们会处理他们内部的组织政治，比如拉帮结派。

这位首席执行官坦率地反思了自己如何拉帮结派，如何回应董事们的特定行动，这引发了他们更深入地分析对彼此做的事情。首席执行官描述了自己所处的双重困境：如果他关注董事们的种种抱怨，那么就能够得出结论：公司陷入了严重困境，他有责任解决。如果他不理睬董事们的抱怨，那么可能被指责为漠不关心或拒绝听他人的意见。这引发了其他董事探讨他们对首席执行官的感受。

然后，对话转向困扰多数咨询公司的问题，包括如何评估顾问们的绩效、如何公平分配业务线索信息。

这鼓励首席执行官说出董事们做的什么事让他感到受伤。我补充道，董事们可能也感到自己是这个系统的受害者。如果示意图正确无误，并且这个系统是自我封闭的和反学习的，那么该系统最终能够导致组织中的每个人都受伤。董事们都赞同这个观点。

首席执行官：我也想讨论内部组织政治与拉帮结派的问题。在某些情况下，我为了取得实质性成果而拉帮结派，我承认这不妥。在你们真正需要帮助和讨论的场合，也存在拉帮结派的行为。

但我发现有些人是无效率的参与者。尽管我希望你们切实参与，但相比其他人，我已经对你们中的部分人产生了更强的偏见。我选中的那些人不会给我一个耗时 10 小时的答案，我也没感到他们只关心解决个人难题。

吉姆：但这不是在进行归因吗？

首席执行官：没错，我希望这一切都能改变。我所做的只是获取更多资料，并要求将其列入工作议程。

拉里：我必须表示同意，首席执行官确实身陷困境。我认为，我是被他认为无效率的人之一，因为他不想再听到_____。

首席执行官：大家的反应方式……无论我有没有表现出来，我对大家的说话方式感到生气。甚至刚才_____在说话时，我的情绪就上来了。（解释）

当大家以"某人失控了"开始交谈时，我就会丧失所有兴趣。我的第一反应是"他知道什么？"这不是关于某事项的讨论，而是关于抱怨者个人日程的讨论。即使并非如此，那我应该说："你是对的，某人失控了"吗？

比尔：所以你感到陷入了困境。

首席执行官：是的，如果我不同意，我就成了你们所说的"高炉"。所以我认为，我们的对话方式很重要。

拉里：是的。我同意。你可能对拉帮结派感到内疚。我也对自己发脾气感到内疚。我知道夸张就是言过其词。

介入者：（列举出几个对话可以被精心设计从而处理这几位参与者所述困境的例子。解释那些影响首席执行官说话方式的推理。）

约翰：（稍后）当听到所有这些的时候，我想，首席执行官可能就像这个群体的避雷针。在某种程度上，无论做出什么决策，都不会受到我们中一半人的欢迎。他承受着因反对我们而产生的压力。

泰德：是的。使问题变得更复杂的是，我们中的许多人采取了某些立场，以便能够算计对错。然后我们就可以对彼此说："伙计，可以吗？"

介入者：而且不太可能说出来，更不可能检验做出的评价。

泰德：没错。

戴维：我补充一个我们中很多人做出的归因。我们会说："既然首席执行官在引导我们向着他的决策前进，那么我们究竟为什么浪费时间进行讨论呢？所以，放弃发表我们的观点吧。"在其他议题上，我们也会这样对待彼此。所以，我们保持沉默，达成一个虚假共识。

首席执行官：听到这些，请允许我补充一点。当你们为某事来找我时，有一半时候你们会将其精心设计为一个没有得到解决的可怕问题。另一半是当你们觉得没人咨询你们的时候，那事就会被描述为："你们不把我当回事儿。"

如果我证实了你们的担心，那么我就会陷入麻烦。如果我说："我不知道"，我也输了。既然我一定会输，那么我宁愿输的时候说："这是我的想法，并且我非常坚信这一点。除非你们确实有一些非常充分的理由……"，否则我宁愿这么说，哪怕显得独断而不是可沟通。

吉姆：很好。我个人认为，我们不应该与你沟通后，好像你得马上解决这些问题。如果我们能更诚实地面对自己的处境（例如，承认自己不知道），那么我们将知道，有人正在努力解决问题。

首席执行官：是的，当某人以"既然公司明天就要歇业，那么我想我可以提起一个话题"作为开始，就不容易清楚地思考。（微笑）

我预料之中的防卫性反应是"天哪，他要再谈一次_____。"如果我可以这么说的话，对我们所有人而言，_____是最容易沟通的，因为他最能够促进对话。我们应该探讨是否如此，并且如果确实如此，那么什么是促进对话？

董事们：（确定了几个议题，这些议题代表该公司的管理中最不可讨论的领域——董事们各不相同的能力，这些能力对其薪酬的影响，能力与薪酬如何影响公司的其他部分。）

吉姆：一个最关键的问题是，如何衡量在座的每个人为公司贡献的价值。这是一个不可讨论的问题，它造成了许多大麻烦。

拉里：这是一个硬骨头，但我们必须处理。出于理智，我很高兴你提出来。

戴维：我觉得，你认为约翰想要参与每项决策。我认为，像我们所有人一样，有一部分事务是他真正关心的，其他事情则是他不关心的。如果你认为，每次你与他交谈都需要两个小时，那么这是对他的一个归因，应该加以检验。

拉里：这就是我这么说的原因。

戴维：我认为这是不对的。

拉里：嗯，我正在试图讨论不可讨论之事，以便能够直面这些议题……我对约翰的归因可能是错的，你可能是对的。

约翰：我想，戴维是对的，我可能关心的事务最多。还有一点我也认为戴维是对的，那就是我不想谈两个小时。

此外，如果我能参与，那么我就不会感到担忧。例如，＿＿＿＿＿＿＿办公室的建立就是这种事务。它不能满足我作为一名董事想要知情的需求。

比尔：这导致了该模型谈到的某些组织政治活动。已经有不少于三个人向我建议，要确保 X、Y、Z 不会"消耗太多资金"。"真是浪费时间"，我不得不这么想。

首席执行官：这种扭曲信用的行为让我感到困惑。我不认为公司需要这种行为。如果我正在做某些导致那种行为的事情，那么请告诉我，因为我真不是故意的。

比尔：这不仅仅是"你的问题"。这是我们的问题。我指的是"咱们"的问题。我没有看到你做那些事。但我们中有四个人（说出了四个人的姓名），天知道，我们感到内疚。现在我对此没有疑问了。

吉姆：没错，我同意比尔的看法。

比尔：我绝对相信，年轻人认为确实如此。

戴维：我注意到一件事，年轻顾问通过对话来确定哪位董事更重要。（介绍了年轻顾问用来判断董事们的线索。）我认为，我们应该减少这种行为，因为这是组织政治行为。

吉姆：但我们把彼此的收入与付账能力挂钩。这是另一个不可讨论的话题。我认为，你们中有人认为我操纵此事从而给某些人分配更优质的客户。

比如，有人可能觉得："我得到的是劣质业务线索信息。我的收

入会降低。他把优质业务线索信息留给自己，因此，他的收入将
更高。

泰德：我们也担心顾问们对我们的看法。我们应该担心其看法
吗？我们应该在乎吗？对于这些问题，我没有很好的答案。我们从
未谈论过。对此，我们总是旁敲侧击。

所有董事：（讨论了金钱对每位董事的意义）

首席执行官：我想要在这些议题上承担一定的责任。当对客户
和潜在客户有发言权时，我就会想要讨论自己的想法。我试着进行
合适的搭配。但你们可能有不同看法。我想把整个过程都摆到台
面上。

几位董事：（提出几个他们想要更详细讨论的问题。所有问题都
表明，这些是重要的不可讨论领域，并且他们希望使其变得更容易
讨论。）

比尔：在五六个月的时间里，为了兑现对客户的承诺，我几乎
拼了命去完成某事。我每天都感到，如果失败了，你们会说，是你
搞砸了。但如果成功了，你们会说，是"我们"成功了。

戴维："我们"从未失败。我是那个告诉你不要"在我的演示
中说'我'如何的人……"

比尔：嗯，我也能这么做，因为当我们上周与高级管理人员谈
话时，我实际上已经开始记录你说"我"的次数……

戴维：但说"我认为……"和"我们做……"是不同的。

比尔：你说的是"我做……"

戴维：嗯。那很重要。

（稍后）由于我们共事，如果你或其他人认为我是这么想的，我会感到震惊。这可能意味着，你正肩负着沉重的执行责任，这就是我喜欢你的地方（笑声），这让你对我们所有人而言都很重要，也是你能这么快进入董事会的原因。但如果你感到，那实际上就是我的态度，那么我会被吓坏。

比尔：我知道那不是……那都是信号。我知道那是非理性的，我知道我不该生气，生气很幼稚，所有……

拉里：（稍后）此处有两件事是正确的。第一，你可能是自己取得的成功的受害者。作为集体，我们看待你可能就像凯尔特人队看待拉里·伯德⊖。并且我们可能对你有同样的期待（说明了有什么期待）。也许这不妥当。也许我们把一些你不应承受的事情归因于你，把一些你不该处理的事情推给你。

第二，我们都是自豪的专业人员。我可以代表我自己，或许也可以代表在座诸位，实际上我嫉妒你。我喜欢做你正在做的事……所以，当你对我说某些事时，我会嫉妒，这可能会产生怨恨情绪。

吉姆：没错。嫉妒很快会变成怨恨。

介入者：嫉妒是需要我们详细讨论的一个重要概念。

首席执行官：我听到，每个人都说自己被低估了，并且我感到自己也被低估了，我的第一个担忧是我们该如何处理这种情况？这不在模型中。

第二个担忧是，什么是信誉？是收入吗？如果我们公司立足于销售能力，那么将不会获得成功。

⊖ 拉里·伯德（Larry Bird，1956—），NBA 历史上最优秀的篮球运动员之一，其球员职业生涯全部在波士顿凯尔特人队度过。——译者注

第三个担忧是，我们如何建立机制来把真正的信誉赋予合适的人。这不容易。我不知道怎么做这件事，因为在不同的维度上有不同的表现。在任何维度上，我们都不会有相同的表现。

第四个担忧是，每个人的表现都迅速变化。我们一定记得，尽管比尔说自己嫉妒戴维，但戴维在三年前并没有表现得很出色。

我们如何给予信誉，以鼓励人们继续改进，而不是使其原地踏步。

（稍后）我承认，我表现出符合组织防卫模式的所有行动策略，但我想知道，我"勃然大怒"的次数"很少"还是"很频繁"？

比尔：这令我感到惊讶。你与我互动时，从未勃然大怒。我感觉你从未如此。

吉姆：如果你不同意他的意见，或者至少是不同意我的意见，那么他就会勃然大怒。

拉里：比尔，请让我举一个牵涉到我们，而你不在场的例子。

介入者：你们还记得首席执行官怎么说的吗？

拉里：[引用了首席执行官的话。]他大声吼叫。那就是我所说的"炸锅"。

首席执行官：我认为，我与你们当中某些人的对话会符合任何人对"炸锅"的定义。（举了一个例子）我有没有经常"炸锅"的其他形式？

约翰："炸锅"有三种可能的形式。（举例说明）第三种更隐蔽，就是你突然从世界上消失，联系不到你。你不答复任何事情。

戴维：事实上，让我惊讶的是，这一项竟没有列入令人担忧的事。首席执行官有时会放弃某个领域，从而避免做决策或回避令人不愉快的事。

约翰：是的，我怀疑他故意失联。

戴维：我认为，现在首席执行官勃然大怒的次数变少了。

首席执行官：我的脾气确实很坏。我经常无礼地处理事情。

（稍后）让我告诉你们我一直以来的感受。我的意思是撕裂……撕裂，我不得不采取的管理方式与我想要的行为方式之间不协调，这令我感到精疲力竭。

我感到自己是这个系统的严重受害者。

介入者：嗯，我想补充一点，在座的其他人都是这个系统的受害者。我们必须自问，想要改变这些吗？

该模型的这个特征对你们来说有道理吗？

比尔：这准确描述了我的状态。

戴维：当然有道理。我从未听到任何人说，他们不相信存在讨价还价、派系、双边对话——所有这些都存在。

拉里：是的。但我没明白的一件事是，我们中的其他人正在与整个公司疏远。我们完成了自己的工作，并且逃避这个模型中描述的困难。

介入者：如果我没理解错的话，你是在暗示，建立势力范围和"无核区"是两个额外后果。

拉里：是的。

戴维：它们代表疏远吗？

拉里：是的。

介入者：也许首席执行官的无核区是通过失联来建立的。

泰德：是的，有时候我也感到被撕裂。我要说的是，我感到难以对此进行公开对话。你们得到了这种设计好的疏远。我必须承认，有时候我喜欢那种能够照顾自己的感觉。

吉姆：是的，我们不是作为一个团队在运作。

泰德：（稍后）我认为，部分根深蒂固的怨恨……是，我们不讨论谁具备为特定客户服务的最佳特质。我们也不讨论各自的相对优势以及谁最适合。

比尔：我曾经与你们中的多数人共事过，我自认为从你们每个人身上学到的，要多于你们从彼此身上学到的。这是这个系统的一个特征。如果我们不能互相学习，那么就会遭受损失。

介入者：如果你们现在都同意，我想重复一下，如果你们希望相互进行更有成效的对话，那么你们将遇到困难，原因在于你们的使用理论。我们将不得不形成另一种使用理论。

泰德：我知道，我有弱点。反过来，我认为，我很擅长帮助人们诊断客户面临的组织政治现实。

首席执行官：我认为，我们都有很多东西要学。让我印象深刻的是，现在我们所有人都学到了大量关于如何曲解对话的知识。

正如我们刚才看到的，在这段讨论的开始，首席执行官坦诚介绍了感受到的双重困境，以及采取的某些防卫性行动。实际上，他对自己的行动承担了个人责任。这引导董事们认识到，首席执行官的某些"不妥当的"和"非理性的"行为是妥当的和理性的。这也引导董事们描述了自己与首席执行官之间、董事们彼此之间的防卫性行动。这种讨论产生了大量直接可观察的资料，这些资料涉及嵌入在行动示意图中的理念，有助于把示意图中的抽象概念与董事们的经验联系起来。

同样的资料也可以用来证实该模式的特征。因此，董事们为了学习而有必要说的话，也有助于开展研究。

此外，这些讨论引导我们更深入地了解董事们的感受。他们谈到了担忧、生气、受伤害、嫉妒、被冷落、撕裂、精疲力竭等感受。这些感受中的许多都已经在个别访谈中提到过，那时它们被认为是不可讨论的。所以，我们看到董事们在讨论一些他们以前认为不可讨论的议题。此外，他们这么做是自发的。我相信，这是他们真正有兴趣学习的标志，也是他们致力于建立一家防卫最小化的公司的标志。对于源自研究的反馈如何"导致"参与者采取建设性行动，这也是一个标志。

在这场反馈讨论会上，也有一段讨论，其中某位董事不同意示意图的某个特征。当我鼓励大家讨论这个议题时，发现许多董事对他隐瞒了某些信息，这导致他不同意，这是可以理解的。对掩盖的信息讨论为不可讨论的议题增加了更多内容。

介入者：（介绍了他的发现）董事们认为寻求帮助是软弱的标志。

拉里：我不同意这个特征。我想，我获得了在座各位的帮助。并且我也提供了某些帮助。（其他人沉默）

介入者：让我们来检验一下。其他人如何回应呢？

拉里：我傻吗？我不知道这个群体中的每个人有多少次向我提

供帮助了。

泰德：我认为，顾问们的问题更严重。我知道他们中有些人会觉得，向你求助是软弱的标志。

吉姆：我同意泰德的看法。我认为，相比我们可以随意向你提的请求，你随意向我们提的请求更多。我认为，如果我请求帮助，人们会说："吉姆来了。他又没控制住局面。"

首席执行官：我认为，这是很重要的一点，我们现在可能有点把它掩盖起来了。"要坚强"的态度是公司里存在的一个严重问题。（举了两个例子）

此外，这个群体中有许多追求信誉的人，这是寻求帮助的另一面。如果你想要信誉，就不能寻求帮助，因为那样你将不得不分享信誉……整体氛围非常糟糕，每当有人收到感谢时，他就会四处宣扬自己如何帮别人收拾烂摊子。

还记得我们的口头禅"闭嘴，回去干活"吗？这句话可以理解为"别拿你的问题来烦我，你自己解决"。

戴维：我们能够盈利的一个原因是大伙儿努力工作。基于恐惧的工作伦理是错误的；基于团队合作的工作伦理是对的，这种伦理重视成就，认为值得为此付出精力……具有积极正面的意义。

首席执行官：在我看来，努力工作不是问题，因为人们热爱自己所做之事。我们三缄其口，不能互帮互助或者相互学习，这才是我们需要正视的问题。公司如何才能成为我们希望的学习型组织？如何才能帮助客户转型为学习型组织？

概要

反馈讨论会上的话题可以分为两大类：第一类主要涉及这种模式的特性及其相互关系。

不可讨论的事项

有点害怕对抗

认为限制学习的系统及伴随的组织政治是可接受的

利用受困心态来自我保护

忽视客户

利用技术知识来压制对方

审视作为董事意味着什么

拉帮结派、疏远首席执行官，掩盖这两种行为

相互疏远

为谁获得信誉而争论不休

客户线索信息是根据秘密规则和交情来分配的

要坚强，绝不寻求帮助

自我实现与自我封闭的后果

首席执行官感到处于双重困境，回避、掩盖并生气，所有这些导致他像一座随时会爆炸的"高炉"。其他董事掩盖自己的感受，因此这些过程变得不可讨论。

董事们开展了无益的讨论，然后推给首席执行官去采取行动，

而后他们指责首席执行官采取单方行动。

董事们采取了疏远的做法，这导致了更多疏远，并且增加了不可讨论这种疏远且因此自我封闭的可能性。

董事们都认为自己是他们创建的系统的受害者。

系统的悖论

回避与掩盖行为表现了董事们构建的模式在发挥作用，也表现了公司愿景的功能失调。

成员参与会浪费大量时间，也降低了参与的价值。

第二类主要涉及董事们反思这种总体模式及其启示。

多重因果与循环

个人会进行掩盖，而该模式会鼓励这种行为。个人对功能失调行为应负的责任，与该模式对这种行为的鼓励之间存在一种循环关系。

这种情况是由棘手问题以及在面临这些问题时未能妥善处理恐惧、尴尬或被威胁感造成的。

高层次的推论

董事们做出下述归因：动机恶劣、追逐权势、争强好胜与金钱至上。

对假设进行检验的问题

功能失调的后果在多大程度上存在于所有组织中？

　　董事们在多大程度上能改变自己的使用理论以及推理方式？他们在多大程度上希望这么做？

　　董事们在多大程度上可以评估他们作为个人和作为群体的有效性？

　　董事们在多大程度上可以评估介入者的观点和价值观？

　　关于整个模式及各组件发挥功能的方式、可能对较低组织层级造成的影响，董事们提供了许多例证。在许多情况下，这些例证都得到了解释性评论的补充。例如，大部分时间都用来谈论首席执行官的行动对个别董事和董事群体的影响。

　　反馈讨论也引导参会者描述该模式如何让他们感到受伤害。所有人（尤其是首席执行官）都提到了持续的双重困境，并解释了这种困境是如何产生的。

　　随着董事们对该模式的讨论，开始出现某些为变革奠定重要基础的事情。首先，董事们承认，他们对彼此做出了负面归因，并且没有对此进行检验，也没有鼓励他人检验。董事们非常轻松坦率地承认自己的归因，我认为这表明了，他们的意图并不像他们认为的那么恶劣。此外，董事们似乎比他们和我起初认为的更有能力讨论那些不可讨论的议题。

　　在介入者主持的反馈讨论会上，董事们对行动示意图严肃热情的探究初步表明，过度保护现象确实存在，但能够改变。结果，对于改变原本担心的不可改变之事，董事们变得积极乐观起来。我认为，董事们的愿望变化源自下列事实：通过证伪归因"这些错误是不可讨论的"，他们承认犯了被归咎于他们的错误。此外，当每位董事都给出自己这么做的理由时，这些理由对其他人来说是有意义的。

反馈讨论会结束时，所有董事都表示这次讨论令人鼓舞，并对变革的结果表示谨慎乐观。之所以是谨慎乐观，至少有两个原因：第一，许多董事都想知道，他们散会后会发生什么，尤其是当他们重新承受日常工作的压力时会发生什么。

第二，我曾利用所有机会指出，为使乐观态度立足于坚实的基础，董事们必须采取并坚持新的行动。在我看来，尽管董事们想要采取新的行动，但他们并未掌握做出新行动所需的技能。

我建议召开第二次研讨会，从而检查一般行动策略及产生该策略的使用理论，学习那些能够引导更有成效的行为的行动理论，实践信奉理论以便其成为一种新使用理论，探索新使用理论能够带来的组织变革。董事们对此都表示同意。

第6章
第四步：用实际案例来推动
变革研讨会

当第一次研讨会结束时，我认识到，这群正与我合作的董事们具有极大的勇气和敏锐的洞察力，可以深刻地分析问题。我也感到，有他们作为基础，此次介入可能会成为我参与过的最成功的介入。

因果关系中的介入

我们可以采取多种方法进行介入。具体选择哪种方法，在很大程度上是一个确定哪个层次的因果最容易接受变革的问题。对模式因果的关注会表明，我们尝试改变这个模式，并努力创造整体变革。

如何介入一个由多层次的、高度相互依赖的许多变量（它们被构建为一种妨碍学习的模式）组成的模式？关于这个问题，我不记得有任何已发表的研究成果。我不知道从哪里开始或如何管控介入过程，才能够避免创造更强有力的、自我封闭的、适得其反的新过程。

有一种可能性是关注组件因果。可以挑选一两个组件来启动变革。但应挑选哪些组件呢？为避免从两个组件扩散到所有组件，如何控制变革过程？情况有再次失控的危险。

在没有被要求的情况下，人们如何创造出一种反学习的、过度
保护的组织防卫模式？一旦我向同事们询问这个问题，另一种可能
性就会浮现出来。人们如何创造了一个不符合其信奉观念的社会系
统？为了回答该问题，我们提出了第 4 章和本书附录中介绍的设计
因果概念。参与者可能有一个创造该系统的总体设计，而这个系统
会导致适得其反的后果。这个总体设计是由 I 型使用理论及与之相
伴的防卫性推理构成的。

虽然我与同事们选择聚焦于使用理论，但不应由此推断我们的
方法主要聚焦于个人。我们关注的核心是社会系统，这意味着我们
关注群体和群际因素，也关注个人和人际因素。此外，使用理论是
人们在早年学会的。因此，要聚焦使用理论就要聚焦于社会文化适
应过程。我们不能通过改变组织内部的程序来改变这些社会过程。
然而，我们能够通过聚焦于个人（社会过程的动因或载体）来着手
改变使用理论。

也不应推断出，I 型使用理论在某种程度上很糟糕，并且永远
不应被采用。正如我在第 2 章指出的，I 型使用理论在处理非创新
性的常规事务、极端紧急的事务（例如，飓风过后清理路面）时可
能运作顺利。I 型过程是社会性现象，并且可能在世界各国普遍存
在，因为我们在研究北美、南美、欧洲、印度、澳大利亚、日本的
居民时都发现了该过程（Argyris，1982；Argyris & Schön，1978）。人
是实施 I 型使用理论的动因（通过遵循 I 型主导价值观，高度熟练
地做出 I 型行动），他们迅速地、毫不费力地实践该理论。

人们也认为这些行动理所当然。这些行动已经如此内化，以至

于他们的胜任感和信心都取决于做出这些行动。然后，个人得出防卫性推理过程，该过程有助于使其对这些行动产生的适得其反后果视而不见。

因此，结构性安排、命令，甚至请求和奖励等措施能够发展出Ⅱ型信奉理论，并作为一种使用理论，这是不可能出现的情况。我们的行动理论预测，即使有一群善于表达、学习的人（例如承诺要学习Ⅱ型行动的董事们），也不能轻松地引入Ⅱ型。

本章的内容将间接支持这项预测。在反馈讨论会结束后，董事们撰写了若干表现出Ⅰ型行为的案例。有人可能会说，这些案例之所以表现了Ⅰ型，原因在于董事们被要求撰写他们在当前组织中遇到的难题。这种关注可能导致案例反映了近期的情况；然而，有几项证据会让人对这种可能性产生怀疑。第一，某些董事选择了撰写关于未来他们将如何行动的案例。这些案例符合Ⅰ型。第二，通过围绕案例展开的讨论，我们得到了一组更有说服力的资料。正如我们将看到的，尽管讨论话题是学习Ⅱ型行为，但董事们在很大程度上以Ⅰ型方式对待彼此。最后且同样重要的是，董事们在这次学习把Ⅱ型作为一种使用理论的研讨会之后，仍然做出了许多Ⅰ型行为，只是非常缓慢地转向Ⅱ型。

因此，开展这种学习的第一步，是帮助每位董事评估他运用Ⅰ型理论来设计行动的程度，以及他在多大程度上没有意识到自己这样做了。同时，每位董事都接受了帮助，从而看到了自己的Ⅰ型行动如何倾向于迫使其他董事以Ⅰ型模式做出回应，以及如何倾向于构建防卫模式。简而言之，我们的总体目标是改变那些正在造成更宏观、更复杂模式的基本设计。

案例法

我们需要创造学习的过程，该过程会使董事们理解自己的 I 型行动，同时也给予他们练习 II 型行动的机会。为完成这项任务，我们选择了案例法，根据该方法，董事们需要找出一个他们没能力解决的重大人事问题。他们通常聚焦于那些已经发生的、遇到挫折的、令人尴尬或感到有威胁性的事件。我们还要求他们说明，如果能够创造他们想要的任何情境，那么他们会如何解决该问题。这可以洞察他们信奉的意图及信奉的行动策略（也就是他们关于采取适当行动以获得预期结果的信念）。

接着，我们要求董事们撰写一份为获得预期结果而开展的对话，篇幅为三页纸。这项要求提供了相对直接的可观察资料，可以了解董事们的因果推理。

对话内容写在每页纸的右栏。在每页纸的左栏，董事们要写下他们不会（或未曾）表达出来的想法和感受。这些资料让我们深刻了解到，董事们认为什么是妨碍进步的不可讨论的障碍。把他们的感受与实际情况进行比较，就可能看出撰写者的自我审查活动、左栏中的信息被回避的程度以及这种回避被掩盖起来的程度。

我们要求每位董事主持一场围绕其案例的两小时讨论会。他的同事们作为顾问，帮助其分析案例，并重新设计该案例以使他的行动变得更有效。他们对讨论过程进行了录音。这些书面案例和录音文稿（尤其是初期的）能够用来评估其在多大程度上符合 I 型行动和价值观、在多大程度上符合行动示意图描述的组织防卫模式。

　　为此我们召开了一场为期两天的案例研讨会，除了一名董事外，其他所有董事都出席了。（那位董事因个人原因未能参会。）每位董事都完成了一个案例，在他们亲自主持的两小时讨论会上展示。

　　其中五个案例的主题是客户线索信息的分配、为执行公司接到的任务而对顾问们进行的分配。聚焦稀缺资源的配置，这与文献将其描述为组织政治中的一个关键因果变量相符（本书附录对此进行了讨论）。其余案例说明了不同的重要议题。

　　我将举两个例子来说明它们在多大程度上表明了 I 型理论和组织防卫模式。我完整描述了这两个案例，仅为了保密而略作编辑加工。虽然每个案例由不同的董事撰写，但分配问题涉及同样的潜在客户。这让我们有机会通过负责撰写案例的董事、负责营销的董事、首席执行官三个人的视角来看待同一个问题。

拉里的案例：人力资源配置

　　议题：长期以来，一个有争议的焦点是如何规划企业未来的人力资源配置。首席执行官有责任为各个项目配置顾问。我认为，对于完成我们承担的大量工作所需做的事情，他理解得不够，并且创造了一个破坏有效营销的过程，鼓励单方攫取资源和"黑市交易"。

　　例子：太多了；如果你们不知道这方面的事件，我才会感到惊讶。由于西雅图办公室的人员配置议题和难题是可以讨论的，所以 AIR 项目是一个典型例子。

　　策略：我不能冠冕堂皇地把自己处理这些问题的方法称为"策略"，更准确的说法应该是"忍气吞声"。

拉里未说出口的想法	实际的对话
没有资源可以获取 我没有答案	拉里：我们得讨论一下 AIR 项目的人员配备问题。他们想要尽快启动，我不能一直让他们拖延 首席执行官：这是什么情况，他们想要什么时候启动？
相比这些家伙，我已经获得有利地位。我不想搞砸	拉里：这项研究是关于多样化经营的。团体旅游业务的负责人想要扩张，并已经让他们的首席执行官参与进来。他们都希望得到我们的支持，而朋友们推荐我们担任仲裁者的位置 此外，我们尝试对其国内旅游业务进行业务单元分析。公司层面的事务需要尽快启动；国内事务更有风险 首席执行官：好吧。关于公司层面的事务，我们应该找几个西雅图的人来处理。伯特、法耶、克莱德怎样？
我对这个名单不感到惊讶。他们都在为约翰工作，这意味着我们将冒着同时达到工作负荷高峰的风险，并且约翰还在浪费人们的时间。法耶怎样才能熬过约翰的项目，并且每周都要在西雅图与得克萨斯州的沃斯堡之间往返？	拉里：伯特非常合适。上次合作时，他们非常喜欢伯特，这次的客户团队领导者与上次是同一个人。但这些客户很挑剔。这几个人真的能用上吗？ 首席执行官：嗯，组科现在不确定，每个人都要处理两个项目。法耶只负责奥尔德科（位于沃斯堡的项目）

拉里未说出口的想法	实际的对话
我感到，如果没人加入，那么我就承受不起这个项目了。我将不得不经常外出到那里	拉里：你确定吗？我得到了关于那个项目的混合信号。首先得到的信号是，该项目会启动；然后得到的信号是，该项目会终止
我不想再次陷入"卖了它然后再想办法"的局面	首席执行官：别忘了，我经常听到有关这个或那个项目将被出售或关闭的消息。如果我有钱支持每项即将进行的研究，那么我们就可以退休了。我们可以指望 ACK 项目，所以，让我们启动它吧
如果我每次听到这种说法就能得到资金，那么我就退休了。你为什么不制定某些纪律，让他们停止"打狼游戏"？	
	拉里：我只是没钱启动这个项目，被迫接下了这个烂摊子
	首席执行官：（稍后）为什么不让克莱德负责呢？
	拉里：他在人际关系方面不行，他不是合适人选。谁能取代他来处理公司层面的事务呢？
真正的问题在于，我对克莱德作为领导者没信心。很多时候我都讨厌克莱德，如果处理不好，这种讨厌就会爆发	首席执行官：我不知道。让他管理公司层面的事务，让伯特管理国内事务
	拉里：伯特认识公司里的人，并且他们也喜欢他。不管怎样，他更喜欢那项研究

拉里未说出口的想法	实际的对话
	首席执行官：嗯，你的建议是什么？你把所有选项都排除在外了
不，你没有提出任何选项。你只是希望我来承担。所有选项都是拆东墙补西墙	拉里：现在的问题是，我需要五个人，并且我已经在拖延（AIR 项目）了

戴维的案例：人力资源配置

议题：在过去两年中，顾问层级的人员配置一直是无休止混乱的根源。首席执行官对此负有责任。虽然他确实为该过程提供了若干决策，但那在很大程度上只是一种临时制度，在该制度下，合作伙伴们讨价还价，在人员配备上抢占先机；如果失败，那么就会有损他们满足客户需求的能力。这导致了营销前景的混乱，要求的夸大，"现在"的销售工作定价过低，职业发展目标普遍崩溃。

因为这削弱了我对国内营销的控制能力，所以尤其令我恼火。而且，作为企业最大的收入来源，我的项目和前景受到了不成比例的影响。（我已经不得不"下架"某些业务。）此外，由于资源成为妒忌的对象，这助长了同事们对我的怨恨（这是一个明显的归因）。

对话的目标：我的短期目标是为项目配备人员。我也想让首席执行官看到，这套制度不但没有效率，还滋生了某些他抱怨的失调行为。

戴维未说出口的想法	实际的对话
又来了。这个问题没答案	戴维：我们需要讨论一下 AIR 项目的情况。他们想要开展某些业务，我已经在尽可能拖延了
	首席执行官：好的。他们有什么事吗？
在两年的时间里，我每年都不得不往返西雅图 20 次才走到现在这一步	戴维：有两件事情。他们想要在公司层面上开展一项关于多样化机会的研究，并且他们还想要开展一项关于国内旅游策略的研究。他们可能很快就要开始这两项研究；我不能再拖延了。我已经拖延了一段时间，我们绝对占据了有利地位。我们知道，该公司的首席执行官和负责咨询的执行副总是有派系倾向的人

首席执行官：AIR 当然是我们西雅图公司的一个关键客户。项目需要多少人？这些研究什么时候开始？

戴维：好，我可以根据参与人数的不同来组织。公司层面的事务必须立刻开始。我们上个月就可以给他们开账单了，但我不知道该怎么安排人员。理想情况下，我们应该有三四个人。

我不了解国内旅游业务。他们并未真正致力于此。他们对价格有点敏感。但这让我们进入了 FLI（母公司），并且他们将其描述为一个范例

首席执行官：嗯，看起来我们必须要做公司层面的事务了，并且我们为其配备来自西雅图的员工是对的。伯特、克莱德、法耶怎样？这会是他们所有人的第二个项目

戴维未说出口的想法

我对克莱德不太了解。他适合这个项目吗？他愿意为伯特工作吗？我能占用他们的时间吗？

这个项目位于得克萨斯州，法耶会累死在通勤路上的

你说得轻巧。但如果他们不参与，我们将毁掉这段合作关系

好的。我同意这种观点。但我不能为约翰解决这个问题，我不能以这个项目为代价来解决这个问题

实际的对话

戴维：嗯，伯特很合适，因为他在上一项研究中发挥了重要作用。他应该是领导者。但伯特和克莱德都参与了纽科项目，这是约翰的项目。法耶参与了 BIG 项目，这也是约翰的项目。我讨厌两个团队处理同一个项目。在工作负荷上同时出现高峰和低谷的可能性很大。约翰告诉我，他已告诉客户法耶会把70%精力用于 BIG 项目

首席执行官：这些专业人员要参与两个项目。克莱德和伯特现在正处理一个项目。AIR 项目是西雅图公司的关键，他们两人都得参与

戴维：嗯，我有些紧张。约翰占用了他们团队的人的时间，这在他们的时间表和绩效中都能体现出来。客户公司的首席执行官正在 AIR 主持这项工作。他们都是有经验的买家。我不能带着一个影子团队去那里

首席执行官：顾问们必须学习的一课就是管理多重承诺，约翰也必须要学习。我们不能到处说："我们无法解决那个问题。"无论如何，纽科项目都要结束了

戴维未说出口的想法	实际的对话
我不想成为这个项目遭遇失败的借口——"AIR 项目占用了我的资源"	戴维：我知道。我同意这种观点。约翰告诉我，他对纽科项目没把握。每次我与他交谈，他都有不同的说辞。先说一切都在推进，后来又说遇到了问题
又来了…… 纽科项目的沉没成本很高。因为这个原因，我没有在 AIR 项目上追求什么。如果我们不努力将其做好，那么我们就是在大幅削减利润	首席执行官：船到桥头自然直。如果我能从每个即将被售出的项目获得资金，那么我就会关注销售之外的事务。我们不能指望纽科项目
	戴维：好吧。法耶怎么样？
	首席执行官：法耶如何？
	戴维：约翰说，法耶会把 70% 的精力用于 BIG 项目
你说得容易！我们中的一个人最终会遇到问题	首席执行官：嗯，她需要处理两个项目。她起码可以在 AIR 项目中露面
在这一点上，我放弃了。他没有给出这个问题的答案，并且在我需要的四个人中，已经有了两个半。法耶是半个，我担心的是克莱德	戴维：好的。国内旅游业务怎么处理？ 首席执行官：嗯，咱们暂缓处理吧。等它售出之后，咱们再操心
那是他的典型做法。我为这个项目找不到合适人选，为什么要继续呢？与其将来颜面扫地，不如现在就放弃	戴维：嗯，如果人手不够，那么我也不想继续了

戴维未说出口的想法	实际的对话
没错，我们会如此。我们没有足够的人手，但我们仍在无差别地从事各个项目。他应该怎么做呢？当每公司FLI 控制招聘的人数时，我们雇用的人数不足。我们不能一夜之间让人数增加	首席执行官：我们不知道到时候情况会是怎样

结果：这项关于公司层面事务的研究进行得非常顺利；另一项研究由于人员配备问题而被推迟了，长期来看这可能是一个错误。纽科项目得以翻身，人员规模扩大了（对约翰有利）。现在，约翰需要克莱德投入更多时间，而我的研究项目人手不足。

用来检验示意图的案例

上述两个案例从几个方面证实了示意图组件的特征以及整个模式的特征。

行动策略

两个案例中的行动策略都符合 I 型。例如，在两个案例中，每当撰写者试图解释另一个人的意图时，就会做出下述行动：

对另一个人的意图和防卫做出负面归因。

这些归因未经公开检验。

对另一个人的表现做出负面评价。

这些评价未经公开检验。

避免检验的理由是，撰写者正表现出对其他人的关心。

掩盖

左栏中的内容包含撰写者对首席执行官、其他董事、客户的归因与评价。在对话中，这些想法和感受没有传达给对方，然而它们对每位撰写者确定自己的策略并展开对话至关重要。

有限学习

双方都没有反思或讨论那些被掩盖的关键议题。此外，每个案例都表明，撰写者在自我保护，并且认定首席执行官也在自我保护，他们从未讨论根本的资源配置体系问题。

自我实现与自我封闭的过程

两位撰写者都发现了人力资源配置体系和首席执行官行为的严重错误。在对话时，他们都怀疑这些基本问题能否得到解决。为掩盖自己的想法和感受，他们精心设计对话并加以审查的方式很可能导致他们指出的问题不能通过这些对话得到解决。此外，左栏的内容不可讨论，这些对话塑造了Ⅰ型，双方不太可能看到，他们对造成自我实现的过程以及不讨论这些过程所需的条件负有责任。因此，他们的行动策略导致了功能失调过程的封闭，而这些自我封闭过程是不可讨论的。

案例讨论分析

在这些案例中，所有明显的功能失调应该会导致示意图揭示的无助和疏远；实际上，在为期两天的变革讨论会上讨论这些案例时就产生了这些后果。

拉里：这是那次讨论中很有说服力的若干片段。在这次谈话中，以及在过去两年几十次类似的谈话中，我的看法始终是，不是首席执行官阻碍了问题的解决，而是根本没有解决方案。

首席执行官：嗯，我同意。我的想法和感受类似于"为什么我们要费神讨论一些没有合适答案的问题呢？我们能够解决这个问题的50%。但我感到疑惑，我们是否要讨论没有答案的50%？"

几位董事公开表达了自己的绝望。他们还承认，能够采取的唯一策略是与首席执行官单独交谈，让他负责解决问题。他们说，相比预期得到的资源，他们会要求更多资源，并且表现得好像并非如此。但首席执行官意识到了这些，并将其掩盖起来。

首席执行官：我在左栏中写的是，我将可能被要求，给你们每个人列出的18个人都分配资源。

（稍后）由于你们顽固不化，所以我感到讨论毫无用处。

（稍后）你们每个人都倾向于使用夸张的说辞；因此，我不得不对你们说的话的可信度打个折扣，当然要表现得好像没有这么做。

戴维：（告诉首席执行官，他没有认识到自己如何导致了问题的产生。）

首席执行官：（认为不是自己导致了这些问题。）如果你们都认为人手太少，那么相关的大部分问题都是你们这些家伙造成的。你们怎么不能管好自己呢？

戴维：问题在于，我们每个人对规则有不同的看法。

首席执行官：我不这样认为。我一直没有强制你们。你们都是成年人，也是我的工作伙伴。我永远不会命令你们做这些事。如果你们想要我变得具有强制性，那么我只能辞职走人。

拉里：薪酬方案的性质是什么？我们发放奖金的依据是什么？

首席执行官：我确实把薪酬方案作为一个政治手段来运作，以便保持派系的团结。我一直相信，其中一些不可讨论的问题会引发剧烈动荡，因此我故意让事情变得模糊不清。而替代性选择是集体讨论，我一直认为这种方式会带来严重的破坏性后果。

吉姆：薪酬只是一小部分议题。真正的议题是自我价值和相对价值。我们不应该自欺欺人。

其他几位董事：（他们讨论了吉姆的发言，因为吉姆给公司带来的业务比其他人更多。有人认为吉姆傲慢自大、以自我为中心；也有人对吉姆感到恼火，因为他们认为吉姆不仅获得了大部分人力资源，还抢走了最优质的客户。所有讨论都可谓开诚布公。）

吉姆：（说他感到左右为难）如果我争取到这笔生意，会受谴责；如果我没争取到，还会受谴责。我为公司拼命工作，但我不受欢迎。

约翰：我怀疑，所有人都嫉妒你，而这种情绪造成了隔阂。

我们在此处暂停，以审视董事们表达的"困难"的其他解释。一种替代性解释是，董事们并未有效地深入思考人力资源配置问题。如果他们有一项成功的人力资源配置政策，那么这些人际问题就不会存在，或至少不会那么严重。对于这种解释，董事们表示同意，一项成功的配置政策会有所帮助。但董事们也指出，在过去两年中，他们曾多次尝试确定这种政策，但都遭遇了失败。他们现在认识到，自己的Ⅰ型使用理论导致了那种妨碍问题有效解决的讨论。

另一种替代性解释是，这些问题是由迅速增长和快速成功造成的，是快速增长组织的典型特征。同样，董事们不反对这种解释。他们也经常这么说。但首席执行官指出，持有这种看法并不能帮助他们更好地管理。实际上，董事们从其他组织引进了成功应对快速增长的方案，然而徒劳无功。通过学习Ⅱ型行动来处理问题的目的并非是否认这些解释（实际上董事们知道并接受这些解释），而是要找到一种制定并执行政策与实践（它们会努力解决这些解释表现出来的问题）的方式。对于董事们的问题而言，这些解释都是有效的。困难在于，当董事们试图贯彻人力资源配置政策和其他人成功使用的计划这些显而易见的方案时，Ⅰ型使用理论和组织习惯性防卫会造成障碍。

学习的迹象

在为期两天的研讨会期间，出现了明显不一致的行动。虽然大多数行动受Ⅰ型使用理论指导，而其他行动（往往是少数）表明人们正在学习Ⅱ型使用理论。（Ⅰ型与Ⅱ型的这种不平衡是介入的早期阶段多数讨论会表现出的典型特征。)

这段对话的主题是一个案例，涉及一位董事对一位高级顾问的评价问题。一些董事认为，他们不能从该案例中学到什么。他们做出的归因是，撰写者之所以选择这个案例，是为了回避关于绩效的棘手问题，从而给自己保全颜面。顾问对这场对话的检测表明了哪些行动具有 I 型特性。

对话的内容	顾问的评价
吉姆：我觉得这个案例非常有趣，但对我们的学习意义不大	倡导；没有实例，没有探究，没有检验
比尔：嗯，我与克里斯［介入者］检查过了……	
吉姆：阅读该案例时，我写在左栏中（也就是他未经审查的想法）的想法是你挑了一只小兔子	评价；没有实例，没有检验
泰德：我的回应是一样的。我认为这是最安全的话题	评价；没有探究，没有实例，没有检验
戴维：我坚决不同意	倡导；没有实例，没有探究，没有检验
吉姆：左栏中另一个归因是，你讨厌被他人认为糊涂、软弱或胆小无能，你撰写这个案例旨在证明自己并非如此	归因；没有实例，没有探究，没有检验
戴维：他撰写这个案例我一点都不感到吃惊，因为涉及的问题非常棘手，而他写的那个人是他的朋友	归因；没有探究，部分实例，没有检验

对话的内容	顾问的评价
拉里：我认为，比尔正试图学着不再糊涂	归因与评价；没有探究，没有实例，没有检验
比尔：你认为我更适合撰写什么案例？	
吉姆：(用一个例子来回答)	
比尔：我不记得那件事了	
吉姆：当你提出这些问题时，我的归因就像："医生，我有一个朋友遇到了问题。"关于你对案例中的人说的话，我对你的语气的解读是："我对你的行为有意见。我非常担心你。"当读到这里时，我似乎在喊叫："这是一种逃避"	评价；没有实例，没有探究，没有检验 评价；没有实例，没有探究，没有检验 评价与归因；没有实例，没有检验
比尔：我同意第一部分，但不同意第二部分。我认为你错了	评价；没有实例，没有探究，没有检验
拉里：我对此次讨论的印象是，我们又在杞人忧天。这不是当前的问题。我们正在关注老掉牙的问题	

上述对话主要是Ⅰ型对话，其中有学习的迹象。例如，吉姆对该案例的学习价值提出了质疑，并且几位董事谴责在案例中使用"小兔子"，一种准则正在形成，即这种案例对学习没有太大作用。

人们开始公开自己未经审查的想法，并指出在此次讨论会之前这些想法会受到审查。当比尔问其他人觉得什么案例合适时，他似乎在寻找一个归因的例子。稍后，吉姆开始使用"归因"概念，他还透露了自己对比尔在案例中表达的语气的感受，以及对比尔逃避责任的担忧。

最后，拉里表示讨论关注的是"老掉牙的问题"，这最终引发了一场关于该案例如何反映现实议题的讨论。

概要

董事们撰写的案例符合Ⅰ型。这个结果对每位董事都具有一定的启示作用。每个人都感到惊讶，表示对自己把Ⅰ型作为使用理论一无所知。

围绕案例的讨论也都基于Ⅰ型策略，但有迹象表明，董事们正在向Ⅱ型靠拢。他们开始公开自己的真实想法，运用评价、归因等概念。

讨论会结束时，董事们做出了积极评价。他们承认，要培养出期望的能力还有很长的路要走。实际上，几位董事表示，他们现在认识到，这个项目确实具有持续性，或许永远不会结束。最后，他们决定投入精力、时间与资源来继续开展该项目。

第三部分
运用关键学习来应对有问题的情境

　　持续改进项目的下一个阶段是开始运用迄今掌握的知识来解决重要的组织问题，同时提高Ⅱ型技能。

董事们的实验

　　在董事们心目中，这开启了他们实验的阶段。他们挑选了希望被解决的组织问题。选中的问题类型因人而异。共同点是，这些都是棘手的或令人感到有威胁性的问题。

　　我认为，董事们没有因为怀疑这些新想法的适用性和相关性而推迟实验，但只有一种例外。推迟更多与找到"正确的"机会、培养进行实验的勇气相关。

　　此处，"勇气"是一个合适的术语，原因如下：第一，这些实验代表了罕见事件。在这家公司的历史上，还没人尝试做在这些实验中他们所做的事情。这种行动是必要的，尽管人们对此进行了许多非正式讨论，但都认为这些行动不太可能发生。第二，没有董事认为，他们已经掌握了足够的技能来做出符合Ⅱ型理论的行动。第三，董事们不能准确预测其他人的反应。对于能否成功地应对所有可能出现的反应，他们没有信心。然而，相比担心公司里的其他人，他们更不担心作为董事的同事，因为董事们之间已经形成了一种鼓励学习的准则。

　　对于任何来寻求帮助的董事而言，我是一名推动者。起初，他们都来寻求帮助。我帮助他们规划介入活动，并且参与了关于介入的讨论会。我的任务是帮助董事们和组织的其他成员度过困难时刻，减少事件失控的可能性。

就像读者将从录音文稿中看到的那样，我确实不时地介入以推进学习。这些介入措施似乎产生了两个结果：提高了人们对可讨论与可解决事项的期望；为董事们提供了练习新技能的机会。

有时候，董事们自己也认识到其行动事与愿违。在这种情况下，他们会停下来，反思自己的行动，然后从头再来。通常别人会帮助他们做出新的行动。这导致了越来越多真正的合作意识的产生，这种意识会服务于学习。还有一些时候，董事们似乎没有意识到自己做出的适得其反的行为。在初期的讨论会上，这个群体依赖我当时提供的帮助，但随着讨论的开展，群体成员无论是否参加了介绍性讨论都会主动做出有益的行动。

在这个阶段，我的角色引出了客户对介入者的依赖问题。董事们说，即使我不发言，我的存在也至关重要。他们会感到放心，因为他们认为，如果讨论失去控制，那么我将防止事态恶化。因此，初期的成功不是董事们自己采取行动实现的。

然而，在这五年中，随着他们对自己的技能越来越有信心，随着其他人也学会了这些技能，并且随着双环学习成为组织准则的一部分，我不再受邀参加多年前被认为重要的和"激烈"的会议。有时候，他们会把讨论内容记录下来，这为我和同事们提供了关于会议期间发生之事的资料。董事们与其他同事也选择继续对讨论会进行录音，以便找到任何可能与进一步学习有关的信息。我认为，录音有助于学习，并且无论介入者是否在场，都会有帮助。然而，五年前被视为可能出现激烈争论或有风险的会议，现在已经很少出现；因此，除非我们为了进行研究而要求他们录音，否则不再进行录音。

在参与者看来，这些实验是运用新技能来创造新结果的尝试。他们不是为了检验某种理论而进行实验，而是为了检验和强化自己掌握的新技能。他们进行实验是为服务于自己的学习。尽管如此，如果在某些时候他们认为自己已正确地运用了新技能，并且已经做出符合Ⅱ型的行动，结果却造成了Ⅰ型后果，那时他们确实会向我和其他人质疑该理论。在所有我直接或间接了解的情况中，他们都知道自己做出了不符合Ⅱ型的行动。他们往往创造出Ⅰ型与Ⅱ型的混合体，并且他们聚焦于Ⅱ型。

研究者—介入者的实验

在研究者—介入者看来，实验还有其他目的：以一种学界认为有效的方式来检验我们的理论。大量因素与这种效度的确认相关。

所有实验都发生在这样的环境中：实验者（组织中发起实验的人）知道他们不会彻底地单方控制他人的回应。事实上，他们并未追求这种控制，因为那会违背他们正试着学习并予以贯彻的Ⅱ型使用理论。

他们也知道，他们不能设计一个只引入一个变量就将其系统地改变的实验。同样，他们也没有寻求这种可能性。人们设计自己的实验是为了实现某种意图。因此，他们会尽可能多地引入自认为有益的变量。因为他们试图确保自己获得想要的结果，而其行动可能取决于多个因素。

实验者也知道，他们不能掩盖自己的实验操作。他们想要完成某些事情。如果实验者一开始没有明确说明这一点，那么其他人就很可能不会注意到他/她在做什么，这会妨碍实验的有效开展。因此，实验者面临的挑战是，既要公开自己的意图，又要尽可能确保这么做不是后续所发生任何事情的起因，因为如果这种公开是原因所在，那么涉及的就是Ⅰ型行为。

正如我们将看到的，他们仔细地设计自己的实验。在刚开始的几年，他们可能会花几个小时与我讨论该实验，包括：如何正确地设计实验、如何开展实验，以及如何应对意外结果。

从我的研究角度来看，为了使实验能够为判断这些主张（朝向Ⅱ型的进展，改变和减少防卫模式的进展）提供依据，必须将其设计成：

处理那些重要的、复杂的、具有挑战性的、有可能引发尴尬或威胁性的议题。

与Ⅱ型行动策略和主导价值观保持一致。例如，在少数情况下，外部客户给出了许多公开或隐晦的暗示，表明不希望双方的关系符合Ⅱ型。之所以在这种环境中开展实验是错误的，不是因为这不能形成有价值的信息，而是因为客户可能会对顾问产生怀疑。我要补充的是，在多数情况下，顾问们冒了这种风险，并且在所有情况下，他们都取得了进展。

允许当事人承认自己是新手。除了解决业务问题，他们还想要练习新技能。这意味着，每个实验都包含解决某个重要问题、练习新技能、反思实验进展、鼓励其他人也这么做。

考虑到开展实验所处的环境。现实中的实验与此密不可分，就像大学实验室中的实验一样。

参与者可以打断或提出质疑。如果实验不能被参与者重塑，那么这种实验就可能造成很多困难，尤其是在参与者努力向Ⅱ型价值观和行动策略靠拢的组织中。

本书第三部分的讨论录音提供了符合这些标准的实验所产生的资料实例。遵循不同框架的研究者可以运用这些录音文稿来开展自己的分析。

不管实验有什么局限性，这些局限性都不会与关于实验的争议议题有关（Greenberg & Folger, 1988）。例如，我认为，他们不会不提供知情同意；也不会使用欺骗手段，不重视汇报，忽视可能的需求特性，或忽视明确探索实验者偏见的可能性。如果没有参与者的同意，这些实验不可能得以开展。反过来，他们也不太可能同意被欺骗，实际上，要求这种同意是违背Ⅱ型理论的。在实验期间和实验后，参与者肯定会进行汇报。参与者不断地探讨，介入者的偏见是否会影响解释或学习。

最后，只要有可能，我都会描述自己作为介入者的行为。我试图举例说明，介入者如何通过示范运用教导给参与者的行动理论来促进后者的学习。我希望这些描述会让研究者和专业人员了解到作为一名推动者所需掌握的技能。（详见 Argyris & Schön, 1974, 1978; Argyris, 1982, 1985b.）

第 7 章

爆炸性的关系：停止激怒

我将介绍的第一个实验发生于召开案例研讨会后大约六个月，该实验持续了两年。实验的主题是激怒，也就是开展让他人生气（因为对话内容会激活对方的防卫）的对话。

由于下面的几个原因，我选择聚焦于首席执行官与某位董事（戴维）的关系。第一，两人之间的关系一度非常糟糕，他们都严重怀疑这段关系且认为难以处理。事实上，戴维怀疑自己某一天可能会不得不离职。第二，现如今两人已建立了非常积极的关系。尽管同这个项目启动时相比，他们已经能够在更多议题上达成一致，但这并不意味着他们在所有事情上都达成了一致。我相信两人都会说，积极评价的基础是：双方能够表达分歧而不相互疏远。在撰写这本书的时候，戴维已经不再认真考虑离职的事。

第三，这段关系代表了董事们最常用的实验类型。董事们会两两碰面，以解决他们各自的"激怒"问题。有些董事碰面一次就解决了问题，或者处理得足够好，能够继续在没有我帮助的情况下开展学习。其他人则需要开两到三次讨论会。其间我一直被告知进展情况。我以及未参与其中的董事们，能够看到董事会议期间发生的变化。那些已经解决了问题的董事们以不同的方式对待彼此。另外，当他们觉得人际问题妨碍了业务问题的解决时，就会在董事会议上公开地继续学习。有时候，两位董事可能会公开表示，他们正面临某个问题，并且其原因或解决方案与解决董事会的问题无关，他们会停止讨论自己的问题，而在会后继续。

第四，董事们经常从他们与其他董事的会议中学习，以便他们尝试同自己的下属召开类似的讨论会，许多下属没参加过讨论案例的变革研讨会。当项目小组经理与团队成员举行类似的讨论会时，这种做法就会传播开来。在某些情况下，尽管有些团队成员参加了变革研讨会，但也有些成员没有参加。在另一些情况下，关于团队有效性的讨论会与案例研讨会相结合，团队成员会为研讨会编写同特定客户和案例团队议题相关的案例。

实验

戴维与首席执行官对两人的工作关系感到不满。两人都非常尊重对方。戴维评价首席执行官是一位杰出的战略家、一流的分析师，可能是最擅长吸引新客户的人，并且全身心投入工作。首席执行官对戴维的评价是：在处理工业界的某些技术问题方面，戴维是一位完全忠诚的、一流的董事。

对于如何管理专业人员，两人的看法有所不同。一个人认为有效的策略，另一个人认为无效；一个人认为是控制，另一个人认为是傲慢和多此一举；一个人认为是细致的审计，另一个人认为是多疑。

例如，戴维自认为擅长监测并控制成本。相比多数董事，他能够更清楚地看出资金被浪费在了何处。他准备严格控制，停止"财务上的胡闹"。在我们的一次讨论会上，戴维对首席执行官说："我可以告诉你，我是一个忠实的、忠诚的人。我就像你忠实的朋友。我将在自己的岗位上捍卫公司的利益。然而，我没有信心独自做到这一点。如果有人给我一些支持，那么我开展工作的能力就会提高。但如果我没有得到应得的奖励，那么我将不能成为一名有用的董事。"

由于首席执行官先前与我开展的对话是为了检查他对戴维的某些行动的防卫性，所以我知道，这位首席执行官会同意戴维的说法，但他害怕公开讨论，因为他不认为这种忠诚全然是好事。当首席执行官真正听到戴维的说法时，他说："我很惊讶你会这么说，也很高兴听到你这么说。我认为，你的诊断正确无误。但我从未想过你会对我坦诚相待。这让咱们可以更坦诚地交流。"

戴维回应道，他很高兴听到这些话，因为他认为，首席执行官没有认识到他（戴维）能够这么坦诚和开放。戴维承认，自己怀疑首席执行官的行为出现偏差时能有多么坦诚和开放，并说："我认为，你讨厌承认自己错了。"

我介入并指出，两人都正在对彼此进行评价与归因。我要求他们每个人从自己的经验出发，举例说明是通过哪种资料得出自己的评价与归因的。这让两人都了解到，对所发生之事的描述并未得到对方的证实。两个人都对问题有不同的理解，并且（因为错误的评价与归因）两个人都指责对方。两个人都了解到，对方愿意讨论那些不可讨论的问题——事实上，他们渴望这么做。这种了解使两人都更乐观，认为那些被认为是不可讨论的问题终究有可能被改变。

　　学习的层次与其对 II 型技能的练习有关。例如，我介入（符合推论阶梯），要求他们用相对直接的可观察资料来举例说明自己的评价与归因。他们关于实际的对话有什么回忆？在一个人提供了自己最充分的回忆之后，我会问另一个人是否能够证实这种说法，以及在多大程度上能够得出相同的推论。换言之，我正在向其示范在案例研讨会上学习的行为。经过几次这样的研讨，我几乎不用再做这种示范了。

　　我还关注某些行为的后果，我推断这些行为很重要，但并未被识别出来。在多数情况下，董事们没有讨论这些行为，因为这要求董事们做出他们自认为没能力做出的推论。例如，我告诉戴维，我关注他在多大程度上需要其他人来强化自己的自信和自尊。他的这种需要使他事与愿违地依赖其他董事。首席执行官表示同意，并且补充道，当存在这种内在依赖性时，他不会寻求与其他董事建立关系。戴维没有认识到会出现这样的结果。

　　我接着提出一种可能性，即他对这种可能性的视而不见也能体现在他与下属的关系中。例如，戴维可能以自己界定"有效忠诚"的方式来界定下属的"有效忠诚"，这导致下属推断出，戴维想要他们成为"忠实的朋友"。戴维回应道，他能理解这种逻辑，并认为这让他感到不安。

　　几个月后，出现了一个机会可以检验戴维和首席执行官在这些讨论会上的所学。公司将召开一次董事会议，新办公室的主任（卡尔）将汇报工作进展。首席执行官一直是开展这项新业务的倡导者。但戴维严重质疑卡尔的表现。在内部管理和吸引新客户方面，他认为卡尔表现不佳。

　　戴维也觉得，首席执行官对卡尔的要求不够严格。他认为，作为一名董事，自己必须提出一些尖锐的问题。然而他也觉得，尖锐的问题会让首席执行官生气。戴维与我谈论了如何设计自己的行动，从而能够在不"冒犯"首席执行官和其他董事的情况下表达自己的担忧。戴维对我说，实际上，他不想再次做出以往那种适得其反的行动，但他没有信心可以避免这种情况。我们看到，戴维已经学会了提前识别潜在的适得其反行动，并且认识到自己需要获得帮助来精心设计对话，从而避免出现他不想要的结果。

　　我建议他与首席执行官见面讨论这个困境。戴维担忧地看着我说："你确定他不会暴跳如雷吗？"我回答道，除了首席执行官致力于学习外，我不能保证任何事情。首席执行官可能生气，但如果戴维觉得靠自己不能改变这种情况，那么我会在那里帮助他将其转变为一个学习的机会。

　　我还建议戴维练习如何与首席执行官交流。他表示同意，我们花了几个小时精心设计不同的方式。在部分情况下，他精心设计的方式可能会让首席执行官感到生气。然后，戴维会反思这个结果与他的意图之间的不一致。经过几次反复练习，戴维说："我认为，我最大的问题不是与卡尔的关系，而是与首席执行官的关系。我认为他对待卡尔太没原则。"

　　这里似乎出现了两种学习：第一，戴维尝试用符合 Ⅱ 型的方式精心设计自己的观点。第二，随着这种尝试的进行，他开始认识到，自己原本认为对卡尔的愤怒中的一部分实际上是对首席执行官的愤怒。他并未容忍卡尔的糟糕表现，但他最大的问题与下面这个事实相关：首席执行官似乎可以容忍卡尔的糟糕表现。随着讨论会的继续推进，戴维发现，他担心首席执行官的行为会导致事态失去控制。

戴维决定要求召开一次会议，讨论如何对待卡尔的糟糕表现和他对首席执行官行为的担忧。他选择首先讨论自己对董事会议上提出的尖锐问题的担忧。

戴维：我想要在我们的下一次董事会议上，坦率地谈一些重要的事情。我明白，你担心卡尔进行演示时我对他的潜在影响。

我的目的是了解卡尔的表现，以便能够向所有相关人员澄清事实，并增加价值，以此表明我的姿态。

坦率地讲，我担心，我可能比其他人有更多怀疑，如果我不够小心谨慎的话，我可能会以对会议上每个人都不利的方式采取行动。

首席执行官：我不理解你的担忧。

我记得当时我在想，这位首席执行官确实理解戴维的某些担忧，并且他正试图让戴维更清楚地说出来。我选择不去检验这个归因，因为这会打断他们的对话。我的规则是，当我看到那些造成自我封闭、反学习的公开行动时，或者当参与者以可能会造成这种后果的方式做出行动时，我才会介入。当我能够通过引用直接可观察资料来举例说明这一点时，我会努力介入。

戴维：请让我具体说说。我想问一下卡尔的财务表现。我想直接问他的营销目标……是成功，还是失败。

首席执行官：卡尔将就这些主题进行汇报。

戴维：如果我询问某些尖锐的问题，你或他会反对吗？

首席执行官：我不知道。当然，我不能反对你提尖锐的问题。

戴维：我的第一个问题是（进行解释）。

首席执行官：如果你说"盈利"，他会很生气，因为今年的总体目标是收支平衡。（指出戴维和其他董事可能由于未提供承诺的资金而让卡尔感到失望。）

戴维：你是在做出我们让卡尔失望的归因吗？

首席执行官：是的，这是一个正确的归因。

戴维：我对此有非常不同的意见。你能举例说明吗？我不记得有人要求我那么做。我对此有意见。

介入者：我听到了两点。就下一次董事会议而言，如果你以此种方式质疑卡尔，那么就会身陷自己不希望产生的麻烦中。

第二点是，你对卡尔的总体目标做出了假设，结果发现并不正确。例如，你认为总体目标是盈利；而首席执行官认为是收支平衡。首席执行官，你能告诉戴维你对卡尔的表现的担忧吗？

首席执行官：我极其担心卡尔的表现。（解释）

此处我介入的意图是帮助戴维看到，首席执行官也在担忧卡尔的表现。我猜想，当首席执行官介绍他与卡尔正在采取的某些措施时，戴维会觉得事情并未像他担心得那样失去控制，并且首席执行官也不像他想象得那样没原则。

戴维：我正在告诉你的是，我不知道真正发生了什么，对此你是否相信？

首席执行官：我没理由不相信你。我不明白你为什么不知道……这其实不重要。

戴维：对我来说，这确实很重要。作为这个公司集体中负责任的一员，我很乐意履行我的义务。如果我有错，那么我需要知道。

（稍后）我想弄清楚，他们是否正在赔钱。

首席执行官：他们今年无论如何都不会赚钱。

戴维：我想弄清楚，他们是否正在赔钱。这有什么不妥吗？（开始带着情绪说。）

（稍后）我们不是都有责任赚钱吗？

首席执行官：没错，但你没那么做。

戴维：我哪里做错了？

首席执行官：你想要干掉卡尔，因为他正在亏钱。

戴维：我在问你的，是一个事实问题。你在替卡尔辩护。我甚至都不知道事实是什么。

介入者：（稍后）我可以试试另一种方式吗？戴维，你怀疑首席执行官的领导水平，是吗？

我至少能够采取两种介入措施。第一种是让首席执行官检验自己对戴维的评价与归因。第二种是解决不可讨论的问题，即戴维对首席执行官采取强硬措施的能力的怀疑。根据接下来他们的保护行为，我认为自己选择了错误的策略。首席执行官和戴维尚未准备好讨论那些不可讨论的问题。此外，我认为，戴维感到自己正在以符合Ⅱ型的方式行事。他为自己感到高兴。他正在练习新技能。后来戴维证实了这些归因。

戴维：我正尝试了解，在我们谈话这会儿，他们（卡尔的团队）是否正在赔钱。我不认为自己在胡闹。你认为我在胡闹吗？我误导人吗？

首席执行官：不，我认为你没说清楚……每次我不理解的时候，就会对你做出负面归因，并且不加以检验。

戴维：（稍后）我在左栏中写的未经审查的评论是：这是胡说八道。

首席执行官：我在左栏中写的是：关于我怎么做，你想要的是在董事会议上解雇卡尔。你想得到我的允许来做这件事。

介入者：（询问戴维，首席执行官做了什么或说了什么，导致他认为首席执行官在胡说八道。）

戴维：（作为回应，他提出了若干担心的问题——那些迄今为止他未曾讨论过的问题。）

介入者：（问首席执行官）你关于戴维的归因从何而来？我听到戴维说，他想要参加董事会议，发挥建设性作用。你有什么资料可以证明他想要解雇卡尔？

戴维：老实说，我正在努力避免造成几年前我与其他人经历的相同情况。

首席执行官：（稍后）说实话，我将尽可能清楚地告诉你，我真诚地想让你提出任何想问的问题。

我关心的是，你如何精心设计这些问题。例如：卡尔担心他会在董事会议上被无情地抛弃。

戴维：我觉得这很有帮助。我习惯了你和我对着干。如果你告诉我，卡尔很脆弱，不管出于什么原因，我都会表示尊重。

首席执行官：是的，我认为卡尔是脆弱的。

（稍后）但我认为，他的脆弱不应妨碍我们讨论任何实质性问题。

戴维：我很高兴以建设性方式管控自己的行动。这是我要求召开这次讨论会的原因之一。

首席执行官：（对卡尔和卡尔管理的业务进行了区分。他觉得自己并未过度保护卡尔，并且已经向卡尔本人坦率地指出其不足。我可以证实这一点，因为我参加过几次这样的讨论会。他对卡尔的业务表现感到担忧。）

戴维：（理解这种区分，并说他想努力使公司的计划得到落实。）

介入者：（稍后，问首席执行官。）在我看来，戴维是想告诉你，他正尝试改变自己的行为以及处理疑虑的方式。此外，如果我没理解错的话，当戴维没有得到他需要的信息时，他很容易感到失去控制。很快，他就会变成你不希望他成为的那种多疑之人。

首席执行官：我接受这个说法……你听到我说他没有改变吗？

介入者：我想通过回顾这段讨论来回答。戴维一开始说，他不想搞砸董事会议。（举例说明）我认为他精心设计的介绍很好。你的回应是，你不希望戴维伤害卡尔。此外，戴维掌握的资料有误，并且如果他运用这些资料，那么就会伤害到卡尔。

我想知道的是，你是怎么知道他想要这么做的？我认为，他说过要求召开会议是为了避免这种事情发生。

首席执行官：这很有帮助。我现在认为，戴维不想搞砸会议。

介入者：你是否还记得，戴维说过，他了解到卡尔很脆弱，这很有帮助。

首席执行官：在这个房间里，有两件事情会使我感到紧张。第一件事，戴维，你的资料有误……如果你没有好的资料，那么你怎么能做出判断呢？

介入者：我可以打断一下吗？我觉得这么说不妥。我们所有人都有权作出判断。他掌握了错误的资料，可能让事情变得更糟，难道这不是你的问题吗？这可能促成你们都不想要的后果。

戴维：这就是我需要更好的资料的原因。

（稍后）我可以停一下吗？我们是以一种高度对抗的方式开始这次谈话的。

介入者：（对戴维说）你没有。

戴维：嗯，介入者是对的。（转向首席执行官）我不知道你为什么会发飙。我真的不知道。我预料到你会这么做，而且我也做好了准备。但我希望它发生在这里，而不是在董事会议上。

首席执行官：在你感兴趣的事情中，有两件事是我无法忍受的。用这个部门的盈利、衡量成熟业务的标准来评估一个全新的业务。

戴维：我接受……

首席执行官：所以，我真的厌倦了。这不是对你个人的归因，而是对几位董事的归因。你们这些家伙没有妥善对待新的业务。

戴维：我也厌倦了那些家伙在这个部门的盈利问题上玩弄权谋。

介入者：（稍后）我建议在即将召开的董事会议上讨论这个议题，因为这不仅仅是戴维的问题。

首席执行官：好的，我可以讨论这个议题。

董事会议召开了。戴维确实提了若干尖锐问题。他还在质询前指出，此前已经与首席执行官进行过讨论，从而有机会练习如何以合适的方式慎重地提出尖锐问题。他说，他将努力做好，但不能保证完美无缺。若其他董事认为戴维可能正在以事与愿违的方式行事，那么戴维会邀请他们介入。

包括首席执行官在内的几位董事赞许地点头表示同意。在质询时，没有人发飙。

几个月后，戴维告诉我，他想继续努力解决发飙的问题。为了探讨自己的领导行为，戴维邀请了大约10位顾问和项目小组经理与他会面。在我看来，讨论会的氛围很坦诚，戴维表现得很好。当几位顾问指责他傲慢，甚至有人说他粗鲁时，他并未发飙。戴维承认自己这么做过，并且他召开此次会议就是为了减少做出这种行动的可能性。

然而他补充道，他与其中某些人一起体验到了恐惧。他描述了他们如何做出承诺却没有兑现，没有帮助他向一个要求苛刻的客户提供粗略的估计，因为他们需要数周时间才能算出这些数字。

根据首席执行官和其他人的说法，戴维的行动出现了重要变化。然而，他仍有一个会"炸锅"的领域。那就是，当年轻顾问们指责董事们对顾问们的弱点漠不关心时，他就会炸锅。戴维承认，"我没日没夜地工作，置身于危险境地，努力创造一个支持人们发展的环境，然而有人却牢骚满腹，这让我很吃惊。然后，我想到他们的薪酬那么高，我感到很生气。"

概要

首席执行官和戴维能够改变这种令人非常不满的关系（他们两人以及多数董事都认为这种关系是不可改善的），将其转变为一种可以进行有效沟通的关系，不仅让首席执行官，也让其他董事非常满意。一个实验导致了另一个实验，而这个实验又导致了下一个实验。这个例子充分地说明了持续改进，不仅有进展，而且参与者不必迫使对方举行这些会议。参与者都感到有责任设计会议，并根据需要继续举行会议。当其他董事需要处理各自的"激怒"问题时，这些方式也适用。

此外，几位董事和作为"准"董事的顾问独立主动地采取措施，探讨了他们与年轻顾问们共同遇到的某些问题（Argyris，1991）。

第 8 章
不信任：克服怨恨并重建信任

在这一章，我将介绍前一章中提到的讨论会结束大约三年后举行的一场关于"激怒"问题的讨论会。这次讨论会涉及两位董事，他们并未表示先前存在任何"激怒"问题。这些问题确实是在董事们经历了某些商业事件之后才浮现出来的。

一旦两人都感到出现了问题，他们就决定开会，并邀请我参加。然而，正如读者将看到的那样，这两位董事很妥善地管控了讨论会，并且仅有两次需要我主动采取措施。

本章介绍的会议也表明，人们不可能消除所有问题，新问题总会浮现出来。目的在于形成一种学习文化，使新问题能够得到有效处理。

董事约翰与泰德自该公司成立时就认识了。最近，约翰开始不信任并疏远泰德。泰德注意到了这种疏远，并做出了疏远约翰的"回应"。然而两人认为，长期来看，相互疏远的策略不妥。当两人都问我是否愿意与他们见面，以便解决两人之间的问题时，我表示同意，并在一周后见面交谈了约三个小时。

作为介入者，我的作用是再次论证Ⅱ型行为，并打断适得其反的行为。作为研究者，我可以采用几种方式来检查录音文稿的内容，从而继续检验我的理论。第一种方式是，董事们以这种方式（用实例说明自己的观点并鼓励探究和检验）来倡导、评价或归因的频率。第二种方式是，董事们可以在多大程度上识别彼此关系中的自我封闭、反学习模式。第三种方式是，对话在多大程度上导致了约翰和泰德在对话开始时都没有意识到的起因出现。所有这些检查方式都旨在揭示 II 型行为的实践。

（我观察了此次会议上的谈话，并在文本框中列出了相应的评论。）

约翰：我来开会是为了讨论我们之间的关系。我发现我不信任你。我想向你提供相关的资料以及不信任你的原因。毫无疑问，我想要得到你的回应，尤其是在你认为我可能看错了某些事情或者得出了错误结论的时候。

> 约翰在讨论会开始时公开指出了问题所在；他说自己想要解决这个问题，准备提供他掌握的资料，并要求泰德来证实或证伪。

泰德：我也非常希望和你讨论一下。我一直觉得咱们的关系非常好。我很困惑，希望有机会解释一下。

上次我们交流时，我对你的归因是你不信任我，我希望了解原因。

> 泰德赞成进行讨论，因为他想要改变这种情况。泰德说自己很困惑，这可能在约翰看来是在邀请他开始。

（稍后）我希望能让你打消对我的不信任。

> 泰德直接表达了他想要重建信任的想法。

约翰：我们的目的相同。我想说服自己信任你。我想搞明白这一切是如何发生的，并改变这种情况。

（描述了他从泰德那里收到的有关客户 Middleco 的几份语音邮件。泰德先前已告知约翰，他将与 Middleco 的首席执行官沟通，这是泰德的客户。约翰开始担心，因为泰德似乎在为去见这个人而不断道歉。）

（约翰说，他随后通过另一条语音邮件了解到，泰德已经与 Middleco 的首席执行官安排了一次特别会议。约翰开始怀疑，泰德是否在插入他与 Middleco 的关系。）

我自问，为什么你给我发送这份表示抱歉的语音邮件，说有可能与 Middleco 的首席执行官见面，然后进一步安排了一场特别会议，并告诉我无须参加？

> 约翰带来一份录音文稿，从而展示相对直接的可观察资料，并表明了他是如何做出下述推论的。

我该怎么想呢？你真的是想问我，与 Middleco 的首席执行官见面是否合适吗？还是在拐弯抹角地告诉我，你无论如何都要这么做呢？

> 约翰没有把这条信息作为证据列入他的案例，而是提供了导致他开始不信任泰德的资料。

（我一直在努力发展同 Middleco 的关系）有人未经授权在背后把 Middleco 引向我不满意的方向，这让我感到生气。

如果你直接告诉我，无论我是否喜欢，你都要这么做，而不是道歉，那么事情就会被摆到台面上，我们可以好好地吵一架。

你一直跟我说，我是这段关系中的头号人物……你说的话似乎是为了取悦我，但你的行动不一致。

> 约翰把这些资料作为两人开展学习的基础。例如，当我后来阅读录音文稿时，确实发现了约翰所描述的道歉内容。（在会议期间，我不会阅读录音文稿，因为没有必要。）

泰德：（回应道，他觉得约翰的描述很有帮助，并且提供了自己对此事的看法。）

我的归因是，你一直以来对我与 Middleco 首席执行官的谈话反应过激，这就是我为什么给你发了 15 封语音邮件道歉的原因。我是想帮忙，但我确实担心会被打脸，这就是我支支吾吾的原因。（你了解我，我不喜欢这种冲突。）

> 泰德给出了自己对两人关系的看法，并以他举例说明的归因作为结论。他还提到了自己一直等到在这次会议上才描述的想法和感受。

（解释道，他与 Middleco 首席执行官的对话是在后者的提议下进行的，并且约翰和泰德两人的首席执行官也在场。Middleco 的首席执行官提出了某些安排协调方面的问题，泰德的首席执行官向他保证会予以解决。会后，泰德的首席执行官让泰德给约翰打电话，告诉后者谈话的内容，但约翰没有接到电话，于是泰德和项目小组的领导者聊了此事。）

我与 Middleco 的所有对话，首席执行官都参与了。所以，说我秘密取消了某些已做出的安排，这是不对的。我没有想对你隐瞒什么。

> 泰德介绍说，这家咨询公司的首席执行官参与了讨论，并且是 Middleco 主动的。

我与你的项目小组领导者聊此事，是因为那是些低级别的安排协调工作。插手这些事，对我没有任何好处。我不能像你那样为 Middleco 提供服务；你对其业务的实质性问题了解得更多。

我想，你认为是我促成了与 Middleco 的会议，我对这个归因感到不满。我也很反感这样的归因：我以某种方式告诉 Middleco 的首席执行官你不是与他们打交道的负责人。

> 泰德表达了自己的不满。从他不得不先用"我想"来表达真实感受，可以推断出来。
>
> 请注意，他并未试图要求约翰道歉，或通过表示约翰不值得信任来反击。

Middleco 的首席执行官表示对安排协调方面感到不放心。我曾经尝试与你沟通。但当时你正在与一位客户会面，所以我与你的项目小组聊了此事。此外，是我们的首席执行官采取了行动，并且我说，我会给你发送语音邮件。

约翰：我所知道的是，当我们的首席执行官最初给我发送语音邮件时，他把你算在内，因为他说你（泰德）在开发这个客户方面发挥了作用，而我在过去几年里一直在照管 Middleco 的首席执行官。

> 约翰提供了一些线索，他认为自己是高级关系经理，而首席执行官可能给了泰德不必要的、不妥当的信任。

对于首席执行官这样描述我与 Middleco 首席执行官的关系，我感到生气，因为这是一种比"照管"重要得多的关系。

泰德：（没有直接回应约翰的担忧，而是向约翰保证，他认为约翰是负责人。他详细介绍了在几次会议上，如何告诉 Middleco 的首席执行官，约翰是负责维系双方关系的最佳人选。他提供了相对直接的可观察资料，约翰能够轻易找其他人核实。）

在最近的一次电话沟通中，Middleco 的首席执行官对我说，他更愿意与我谈论某些问题，因为我们是老朋友。我说："老伙计，但约翰是负责这事的人。"他说："那好吧。"他非常尊重你以及你的项目小组领导者。

介入者：（对约翰说）你觉得他的描述有多少可信性？

约翰：哦，我不知道。（对泰德说）我的意思是，我想，我更多地理解为，你认为是我在负责此事。

> 约翰表示，他担心由于泰德是 Middleco 首席执行官的朋友，约翰和他的团队将不能获得应有的巨大回报。

（我觉得很恼火，因为我们几个人为了加深关系，在三年时间里努力工作，并付出了大量成本。）而现在，眼看就要获得巨大的回报，我们却似乎遭遇了严重威胁。

泰德：(问约翰，是否觉得会因开发客户耗费的成本而受到惩罚。)

约翰：(回应道，他没有受到惩罚，但也没有得到奖励。什么都没有。)

泰德：你认为你不会由于取得了一场胜利而获得奖励吗？

约翰：嗯，部分奖励是金钱。在这件事上，精神奖励与金钱奖励一样重要，甚至更重要。我喜欢拥有这些客户，并且通过一个明智的议程促成某些事情。

(对泰德的意图做出一个归因。)

> 这些评论表明，约翰也可能担心，他的首席执行官与合作伙伴没有认识到他在发展这段关系中发挥的重要作用。对他来说，因这种作用而得到奖励比作为负责这段关系的合作伙伴更重要。

泰德：你为什么这么说？

约翰：嗯，因为每次我一提起，你就加以否认，并表现得好像它不存在。

泰德：我哪里否认过并表现得好像它不存在？

介入者：你能记起泰德说了或做了什么，让你认为他否认你付出的努力吗？

> 我尝试把谈话聚焦于约翰回忆的相对直接的可观察资料。

约翰：是的。(介绍了几件事。)

泰德：我所知道的是，Middleco 的首席执行官对安排协调方面的事务表示担忧。

约翰：而我害怕的是，你可能会解除我们已经与 Middleco 达成的协议。

介入者：（稍后）你是否正在对泰德做出下面的归因：他在无意中对 Middleco 的首席执行官说了某些话，这将损害你与 Middleco 达成的协议？

约翰：是的。

泰德：有意还是无意？

约翰：我认为是无意，也希望是无意。

泰德：这很有帮助。我正在听。

（听了约翰的话，泰德指出，约翰的担忧源自假设泰德知道双方协议的详情。）我没有任何头绪。

介入者：你是否记得，在这次讨论刚开始时，约翰把你处理棘手议题的策略描述为充满歉意和"拐弯抹角"的（用他的话说）。约翰可能觉得，当你遇到人际冲突时，可能会支支吾吾，无论你是否有意为之，都可能给 Middleco 的首席执行官传递错误信息。

> 我回到约翰担心的问题上，即泰德可能无意中向 Middleco 传递了错误的信息。

泰德：我想，我在语音信箱中支支吾吾了。但我认为，这并不能说明我在发生人际冲突时会这样对待他。这是错误的。

约翰：我想，克里斯（介入者）说到点子上了。

介入者：几分钟前，你说你支支吾吾是因为不想让约翰生气。也许这就是那种可以说明约翰的担忧的资料。

约翰：是的，当我与 Middleco 的首席执行官见面时，他表现得好像没有达成协议。（那时，我想知道他和泰德之间发生了什么事。）

泰德：我仍然感到困惑的是，你认为我给 Middleco 的首席执行官传递了削弱你的地位的信息。

约翰和泰德：（关于在约翰没有参加的会议上进行的对话。）

介入者：（听取任何可能表明约翰的担忧的线索；但没有找到。问泰德）根据你的回忆，是否可以说，你和你的首席执行官都没有对 Middleco 的首席执行官说过这样的话："我们想为你们提供帮助，但想明确指出，我们无意插手你们和约翰的关系"？

> 泰德说了几段应该会让约翰感到放心的对话。我感到这些对话都不像约翰希望的那样直接传达给 Middleco 的首席执行官。我通过直接询问泰德来检验我的假设。

泰德：我们没说那些。但我已经认识 Middleco 的首席执行官很多年了。我不会想到说那种话的。

我也很紧张，因为我不想过多地进入约翰的地盘。而且，我没有向约翰询问有关他与 Middleco 之间的协议，因为我想我会被骂的。

介入者：这是引起约翰担心的一个例子。你在可能让约翰生气的事情上支支吾吾。（转头对约翰说）他说，之所以这么做，是因为害怕你生气。

约翰：（稍后）得到荣誉和得到金钱都重要。我不想失去这些。我不想让已售出的东西被退回来。

泰德，我还需要一段时间才能达到不再关心荣誉的程度。我们的薪酬方案鼓励追求荣誉。

我的意思是，在这方面，你生活在一个不同的世界里。

> 我们现在开始勾勒出一系列自我推动的过程，该过程会导致适得其反的后果。这些过程并非出于争强好胜的输赢动机。每位对不可讨论和不可影响之事做出归因、不加检验且自我确保检验会让事情变得更糟的董事，都参与了这些过程。

介入者：在什么意义上这么说？

约翰：嗯，他与我们首席执行官的关系更长久、更成熟。

介入者：你认为，这可能导致首席执行官在报酬方面更优待他吗？

> 我们现在扩展了自我推动的过程，包括约翰对首席执行官和泰德的担忧。

约翰：我认为，他需要担心的事情比较少。

介入者：你有资料来说明这些归因吗？

泰德：我很乐意告诉你我的薪酬。1989 年，我的薪酬下降了；1990 年，薪酬下降了很多。

约翰：但你为什么说这些？我从未说过此事。我从未说过你的薪酬很高。我说的是，你获得了充分的理解。

介入者：（对约翰说）等一下，是我问你的那件事。你的回应（回忆一下你的反应）似乎是说他可能赚很多钱。因为他与这家公司的首席执行官有"更好的"关系，所以他更可能得到更优厚的待遇。

约翰：我相信我是这么说的。但我没说他会得到更多钱。

介入者：好吧，有道理。

约翰：我小心翼翼地选择措辞。

泰德：好吧。我道歉，因为我理解错了。

介入者：你们都在建设性地澄清。我也误解了。

泰德：但请让我反过来看看这个问题。我已经认识 Middleco 的首席执行官很多年了。约翰想表现得好像我不存在一样。这强化了我的一个观点，即他非常偏执。嗯，这么说可能太苛刻了。但那就是我支支吾吾的原因。

> 泰德提出了第二种感受（第一种是对泰德插手约翰与 Middleco 首席执行官之间关系的怨恨）。

以下是我的感受。第一，约翰从未承认我在与 Middleco 的关系中已经发挥的作用。第二，约翰指责我做了某事，而我认为这并没有资料能证实。我不知道该怎么做。我左右为难。我的防卫本能是试图彻底置身事外。但我认识到，这是一种防卫行为。

介入者：我同意，这行不通。

约翰：这很有帮助。现在我想，如果让我重新来过，那么我会说，这是你们之间的关系。对我来说，这并不有趣。这是一件苦差事。

> 正如泰德体验到的那样，他开始界定这个自我推动过程的防卫性双重困境后果。

> 泰德表示希望自己不远离，也不"放弃"。

> 约翰开始理解泰德的观点，也更清楚地看到了自己的困境。在与 Middleco 的关系中他寻求处于更核心的位置，但由于 Middleco 的首席执行官与泰德之间存在多年友谊，所以这种情况不太可能出现。但他的解决办法是让泰德远离，并且他认为从一开始泰德就应该保持距离。

泰德：请允许我问一句，你相信这将继续是一件苦差事吗？一旦你们开始工作，他看到你的工作成果，我想，我就不用再出现了。

介入者：约翰，有什么办法可以让他帮助你处理涉及 Middleco 的业务，同时不会让你感到他想从你那里夺走什么吗？

> 我想要请约翰探讨，如何让泰德与 Middleco 的首席执行官既能保持密切关系，又能不让约翰感到担忧。

约翰：或许，我只是对此事感到沮丧。无论出于什么原因，我都在与客户一起寻求对议程的更多掌控。我努力工作了很多年，就是为了能够自己掌控业务，现在感觉反而失控了。

> 我们现在正在为自我推动过程增加一个额外的维度。约翰力图向首席执行官及其他董事们证明，他能够获得并建立客户关系。约翰想知道，他们是否清楚地看到了他的贡献；因此，他对泰德的行动感到担忧，因为这些行动可能会降低其他人对其表现的评价。

介入者：（在过去的五年中，你的声誉不断提高，并且将继续提高。）有没有某些时刻，你非常确信自己的声誉，以至于泰德能够提供帮助，同时你不会感到自己的贡献被忽略了。

约翰：是的。（我越想越觉得，在我与首席执行官的关系中也存在这个问题。）我不喜欢从语音邮件中听到他说我在"照管"这段关系……

泰德：我的困境是，我非常尊敬你，但我担心说的某些话会激怒你。我不觉得你是我的下属。

约翰：不，我没有那种感觉，而且已经好几年没有那种感觉了。

介入者：可以打断你（约翰）吗？

约翰：可以。

介入者：或许你听起来确实有点像他的下属。如果你内心对自己有信心，对首席执行官和其他董事们如何评价你有信心，那么泰德就可以与 Middleco 的首席执行官一起做任何有益于公司的事情，而不会令你感到担忧。

约翰：但如果他搞砸了，我会抓狂。我认为，他已经快要把我发展起来的关系搞砸了。

介入者：为什么你不与他讨论一下呢？

约翰：好吧，我正试图通过语音邮件这么做。这只是那些可怕的、讨厌的、棘手的议题之一。当我抓狂的时候，我会忍不住严厉责骂他人，但泰德是我的同事。

介入者：（对泰德说）如果他对你说了这些事情，你会有什么感受？

泰德：我更希望如此。

（稍后）我想，我足够成熟，不会向 Middleco 的首席执行官传递会削弱约翰地位的信息。

而且，这对我没任何好处。

至于首席执行官的描述，我认为他说得很糟糕。我不认为是我发展了这段关系，而你在"照管"它。

约翰：我难以跟首席执行官讲清楚。他说话有时很随意，有时又非常慎重。

但在我看来，我们可以与他一起进行检验。

在这一点上，约翰的行动表现得就像他是泰德的下属。他很清楚，自己没有这种感觉，但接下来谈话产生的结果是，他开始认识到，自己可能给别人留下一种像下属那样行事的印象，因为他对泰德的行动表现得过分担忧（太敏感）。

由于讨论形成了更明确的自我推动过程示意图，所以此次讨论会的参与者（以及其他讨论会的其他参与者）能够检查其他未讨论的议题，或能够讨论那些已经浮出水面且可以进一步分析的议题。仿佛他们现在想要检验所有此前不可讨论的议题，看看它们在多大程度上可以与自我推动过程相联系。可联系起来的问题不再能通过归因于他人的消极意图（例如，不信任）来解释，也不再能通过设计适应性行动（例如，疏远）来解释。一旦共同进行这些检验，就有可能设计新的行动，这如同约翰和泰德在两人共同讨论与检验结束后开始做的那样。

泰德：约翰，基于现在的情况，接下来我们该怎么做？我不知道下一步做什么。

约翰：嗯，我也不是完全没想法。第一，请告诉我你在想什么。不要支支吾吾。

当你告诉我某些你认为我不会同意的事情时，我将尝试用建设性方式来反驳。我也将尝试以不令你担忧的方式行动。

（更详细地描述了两人的新关系将会如何。）

泰德：我非常赞同你的话。

约翰：（稍后注意到，他认为 Middleco 的首席执行官是）一个狡猾的人，他可能会试图让你和我对抗，从而达到他的目的——例如，以更低的价格获得更多服务。

泰德：（提出若干支持性证据。）

（稍后）我希望能够做到的一点是，与 Middleco 的首席执行官谈话时不用担心你的反应。

约翰：我同意。此次对话已经帮助我减少了担忧，并且如果出现新的担忧，我也会说出来。

泰德：我可以提出几条拇指规则[⊖]吗？（介绍了这几条规则，包

　⊖ "拇指规则"（rules of thumb），又称经验法则，曾用来指代粗略的物理测量，现在指任何广泛适用的、不精确的规则。——译者注

括他和约翰会采取什么行动来阻止自我推动过程被激活，或者如果
该过程被激活，那么该采取什么行动来将其打断。）

　　本章举例说明了，正在学习 II 型的人并未忘记 I 型，并且当他
们生气或愤怒时，就可能运用 I 型。一旦这种愤怒得以表达出来，
人们就能够反思对彼此造成的负面影响，并予以纠正。他们成了反
思的实务者（Schön，1983）。这种事情已成为当事人之间关系的转
折点。例如，约翰和泰德表示，两年后他们的关系仍然非常融洽，
而这又导致了两人与客户的关系变得更有效。

第 9 章

新型团队领导力：对期望与需求的冲突进行管理

本章的案例是两位顾问严肃讨论项目小组管理中长期存在的问题：培养新的项目小组代理领导者；减少因压力带来的沟通不畅造成的误解；做出某种关系中的另一人是不可被影响的归因；掩盖这种归因；要求项目小组成员（以及其他人）善于分析，但不能界定并引导良好的分析；对他人的表现拒绝给出"A"的评价，而评估对象认为得不到"A"就意味着失败。

这两位顾问是前述董事们所在公司的员工，最近才开始参加案例研讨会，尽管他们对 Ⅱ 型接触极少，但仍能够相当有效地管控对关键议题的讨论。他们不需要介入，以防止他们开启自我封闭的适得其反的对话。相反，我的介入多数聚焦于，帮助他们探讨他们没有意识到的防卫性推理和行动。我认为，通过询问他们在讨论会结束后将如何继续学习，鼓励他们超越自己，我也会对他们有所帮助。

这个案例中有一位高级顾问，他首次被指派为项目小组的代理领导者。我称呼他为格雷格。格雷格被告知，他的任务是明智地领导这个团队，了解客户关系并为成员提供指导，减轻项目小组上级领导者的工作，使团队更容易管理。

格雷格对自己的新工作充满热情，但在他看来，项目小组领导者史蒂夫的行事方式使他难以履行自己的新职责。事实上，格雷格认为，有时候史蒂夫的行动会妨碍他履行职责。

格雷格告诉史蒂夫，希望讨论这些问题。格雷格也要求作为介入者的我，以及负责项目小组任务分配的人都到场。史蒂夫爽快地同意了。两人都通过了持续改进项目的第一个阶段。讨论会开始时，格雷格介绍了自己作为项目小组代理领导者的任务。

格雷格：当我们举行第一次重要会议时，史蒂夫做了非常详细的幻灯片演示，在这项任务中，起初我认为史蒂夫已经深入思考了他想要从事的工作，而我的主要职责是执行。

我本想继续扮演这个角色，但史蒂夫说："我没有更多时间来更深入地管理这个项目，所以，格雷格，我希望你来领导这个团队。"

嗯，但我从未被引荐给相关的客户。我认为，帮助客户交接是史蒂夫的责任。

（这给我造成了一种困境。）我尝试接近史蒂夫。但根据他的反应，我担心他会认为，我找机会在客户面前表现自己，而这不是原因所在。我想要见客户的原因是为了搞清楚我该做什么。

> 格雷格关于自己该如何行动的推理，接近行动示意图模式中描述的推理。他愿意进行领导，但他认为史蒂夫起了妨碍作用，因为史蒂夫没有将其引荐给客户。格雷格回避并掩盖了这些看法，因为他做出了下述归因：如果坦率说出来，那么史蒂夫可能会将其理解为"在客户面前表现自己"。格雷格从未检验这个归因。

史蒂夫：请让我说一下我的看法。对于安排你参加这个项目，我有些担忧，因为我知道，这个项目很棘手。我没有把这些事务扔给你，是因为我担心你会被"淹死"。现在我明白了，我并没有真正帮到你。

我确实与另一位顾问更紧密地合作，并绕过了你，因为我了解他。回过头去看，那并不是什么大事。现在想想，我认为咱们没有对此展开对话。那很糟糕。

当时我不知所措，把这个项目甩给了你。我没有给你足够清楚的指示。你可能高估了我的要求。我对你的所作所为非常满意，但我认为，我向你传递了一种信息：我还有其他要求。

史蒂夫也始终遵循该模式中描述的防卫性行动策略。例如，他做出了下述评价：对格雷格而言，这个项目很棘手，但并没有与格雷格一起检验这项评价。然后，他理性地采取行动：与另一位顾问更紧密地合作。这让格雷格感到困惑，因为他认为史蒂夫作为项目小组的领导者，应该通过他这位项目小组的代理领导者去联系其他顾问。格雷格没有与史蒂夫讨论这些想法。

然后，我们可以了解到史蒂夫在感到不知所措时的推理：把项目甩给格雷格。史蒂夫不担心没有给格雷格明确的指示，因为这么做可能会占用大量时间——而且如果有必要的话，史蒂夫可以随后帮他摆脱困境。史蒂夫没有说出这些话，包括担心格雷格可能高估了史蒂夫的要求。

介入者：你是什么时候感觉到你提到的事情的？

史蒂夫：直到现在才感觉到。我认为我是在对你（格雷格）说，你做得很好。现在回过头去看以及听到你的话之后，我才知道，我不是这么说的。现

格雷格和史蒂夫的回应表明，在项目小组开展活动期间，熟练性无意识在起作用。两人都是自发地采取行动，并且当时都没有意识到自己的行为适得其反。

在只能说，我很抱歉。我的意思并不是你想的那样，而我没有说出我真正的意思。

格雷格：回过头去看，我现在才认识到，我的提问方式不太好。

史蒂夫：现在，我突然想到的是，当我说"很好"时，你不相信我。

介入者：（对格雷格说）你能否证实，当他说"很好"时，他的上述看法，即你很难相信他？

格雷格：是的，因为"很好"就像 B，而不是 A。

史蒂夫：那很重要。让我们来谈谈此事。这家公司里的老导师过去常常对我说"比我预想得更好"，这让我非常沮丧。我会为此暴跳如雷。他会说："看，不如我做得好。嗯，没达到 A。"

如果你想得到 A 的评价，那是不可能的。你做得不错，是完全可以接受的，也是称职的。

格雷格：好的，但我认为我有能力做得更好。

史蒂夫：这是有区别的。你有能力吗？有。可以评为 A 吗？不可以。

> 通过反思本次讨论会中发生的事情，史蒂夫运用了他学习到的经验教训。他做出下述归因：当他说"很好"时，格雷格不相信，但他没有自我审查这个归因，而是对其加以检验。

> 史蒂夫不仅发现自己是正确的，而且还打开了一扇窗，让我们得以了解项目小组代理领导者是如何对这种成绩评定进行推理的。反过来，这也揭示了史蒂夫同格雷格以及其他人正在经历的困境，他们同样对此从未进行过讨论。困境在于，他想要严格和诚实地评价，但这样做会让项目小组代理领导者生气。

介入者：（对格雷格说）如果我是你，我会问："A 和 B 之间有什么区别？"那公平吗？

> 我介入其中，帮助格雷格了解史蒂夫在评分时遵循的推理。我想让格雷格在做出回应前了解这一点。

格雷格：是的，这是一个好问题。

史蒂夫：是的，这么问很妥当。

格雷格：坦率地讲，我认为，我知道如何把工作做到 A 的水平，但我需要某些关于客户的信息，而我从未得到过。所以，问你如何能够获得 A 是不妥的，因为我认为我知道。

> 格雷格提出了一个更难处理的问题，可以表述为下述推理：我知道如何达到 A，如果史蒂夫把我介绍给客户，我就可以达到 A，对我的归因进行检验是不妥的，因为我知道这个归因是正确的。

（稍后）我又想了想介入者说的话，其实我知道自己的工作是合格的，但不优秀。我不认为已达到 A 的标准……所以，我把责任推给了史蒂夫。

> 这是自我指涉推理的一个例子，这种推理是自我封闭的。他遵循自己的逻辑来"检验"归因，而其逻辑的效度依赖未经检验的归因。这种推理使得把责任推给史蒂夫显得顺理成章。如果格雷格不能让史蒂夫承担责任，那么他就得公开检验关于会见客户的归因。

介入者：你没有告诉他吗？

格雷格：没有。

史蒂夫：回顾过去，对于你想要见客户的想法，我没有告诉你我的想法。现在看来，这是不妥的。

介入者：（对史蒂夫说）我想提出你可以做出的另一种回应。你可以对格雷格说："我理解你更希望得到 A，在你看来，要达到 A，需要怎么做？"你可以更多地了解他对达到 A 的看法。

史蒂夫：好主意。

我介入了，请史蒂夫探讨格雷格对评分的看法。这导致格雷格提供了他之所以得不到 A 的因果推理，现在他认识到这个推理是错误的。这也导致史蒂夫讨论了他对格雷格可接受的表现做出的评价与归因，但在做出这些评价与归因时，他并未告诉格雷格。

格雷格：没错。例如，我对自己说，我之所以得不到 A，原因是不够强硬与独断。现在我认为这个归因不妥。

史蒂夫：有一次和你一起乘飞机，我记得当时跟你说过，这里缺少的是什么？竞争的性质是什么？随着讨论的开展，我得出的结论是，你没有这种洞察力。你有能力按部就班地解决问题。但回答该问题后的下一步，即这一切意味着什么？你不能说明。所以，我不会给你 A。

那时我从未对你说过这句话，然而这正是我心中所想。

格雷格：（稍后）我要求联系更多客户，正是为了有更多时间与你共事。你有多少时间与我共事？

史蒂夫：非常有限。我现在明白了，我是在为你的失败做铺垫……我知道，我应该停下来，花更多时间思考你的问题，等等。

（稍后）有一个问题是，这位客户告诉我，由于个人原因，他想要与我单独合作。我同意了，这是我没有邀请你加入的另一个原因。

介入者：下次再遇到这种情况时，我建议你对客户说："我理解你的个人原因。我希望，这不会要求我把项目小组代理领导者格雷格排除在咱们的会谈之外。我不太可能准确记住并向他转述当时发生的一切。这可能导致项目受影响，你也可能受影响。"

> 我的介入旨在向史蒂夫（以及格雷格，如果他将来遇到类似情况的话）表明，如何处理提出要求的客户在项目小组领导者与代理领导者之间造成的困境。随后，史蒂夫公开了自己对失去这笔交易的因果推理。我接着提出了他可以公开因果推理的方法。

史蒂夫：这个念头在我脑海中出现过。但我不敢说出来。大体上，我是害怕失去这笔交易，所以我答应了。（笑）我对此感到很抱歉。

介入者：这种担忧是正常的。但你可以对客户说："如果你是在告诉我，这是达成这笔交易的一个条件，那么我就会按你说的做。但为了让你获得增加值，我们必须找到一种方法，让项目小组代理领导者充分了解最新情况。"

史蒂夫：这很合理。

现在我没什么可说的了，只能说我得回去想想自己的所有行为。

但我会诚实。我怀疑自己是否会给出 A，除非这个人能够做我能做的一切，并且做得更好。我或许在抵制这个标准（史蒂夫暗示），但我必须再考虑一下。

介入者：你是说，如果格雷格做到了任务手册上的所有事情，并且真正取得了成功，你也不会给出 A？

史蒂夫：这就是我想考虑的问题。我不知道答案。如果这个问题的一部分是，我感受到了威胁，那么我想再考虑一下。

介入者：你说的威胁是指，他能比你做得更好吗？

史蒂夫：是的。

格雷格：如果可以的话，请允许我补充一个遇到麻烦的例子。那场_____会议之后，你告诉我，我们有了新的突破。（格雷格及其团队已经准备了一次演示，后来史蒂夫在一场该团队不在场的会议上将其交付给了客户。）你补充了我们可以做得更好的地方。我给这个团队发了语音邮件，告诉他们其表现"非常好。史蒂夫真的很高兴，希望明天能开会讨论。"

但在会议上，你告诉他们，他们的演示挺不错，但你绝不会想要站起来做那次演示。我想，那是一条矛盾信息。我对团队感到很抱歉。

史蒂夫：好吧。让我们从我的角度谈一谈。我可以清楚地理解你的观点。

格雷格：请等一下，让我把这个例子说完。当时我走到你面前说，我担心自己给这个团队留下了错误的印象。你真的不满意吗？

我试图让史蒂夫更多讨论其疑虑的来源，以及他新产生的对评分的矛盾心理。他的回应是，他可能感受到了威胁，这是一个需要公开说明的重要回应。我假设，这样做会让他将来更容易与格雷格或其他人开展讨论。这也应该让格雷格将来更容易讨论这些问题。事实上，格雷格紧接着提出了没有与史蒂夫讨论过的更多问题。

我是不是搞错了？

史蒂夫：好，请允许我试着解释一下。关于我的评价，其主旨是演示中蕴含的信息非常有价值。我想要表达的是，从技术角度看，这次演示是草率地拼凑在一起的，其内容参差不齐。

在一个有敌意的客户环境中，我可能会被当场拒绝。在这种环境中，我要努力完成任务。

某个项目小组把我晾在一边却不解释数据点是什么，我讨厌这种做法。我们有几个这样的例子。

格雷格：如果我可以参与，可以做笔记，并告诉团队成员我们给你带来麻烦的地方，我观察了这次＿＿＿会议，发现这很有帮助。但是，我不知道怎么说才能让你理解。

介入者：在你与史蒂夫的关系中，是什么妨碍了你在适当的时候说出刚才的话？

> 每当某人给另一个人抽象的反馈时，我就会试图使其更具体一点。格雷格立刻聚焦于行为举止上，如打断他的话。

格雷格：嗯，我认为是他的行为举止……（对史蒂夫说）你经常打断我的话。

介入者：请帮助我理解一下。史蒂夫是否曾以任何形式表达过不接受你的想法？

> 要求格雷格介绍几个史蒂夫行事方式的例子，即史蒂夫以格雷格归因于他的行事方式（即打断格雷格的话），而这导致格雷格认识到其问题是担心说出无关紧要的想法。

> 他的因果推理始于：史蒂夫想要打断我的话，并向这方面发展；我归因为史蒂夫不想听，特别是我认为自己的想法可能无关紧要的时候。

格雷格：没有，我担心的是说那些无关紧要的事。另外一件我认为很明显的事情是，我从未遇到过我不能接触客户的情况。现在我知道为什么史蒂夫不让我接触了。

介入者：你觉得他不可纠正、不可影响的程度有多大？

格雷格：嗯，我觉得是被打断了。当他打断我时，我认为他开始变得具有防卫性，所以我最好小心点。

（稍后，对史蒂夫说）我记得你对我说过，你不明白为什么我对不提我的名字小题大做。但你也说过，你想让我高兴，你保证会更常提到我的名字……我知道你没理解。这一点，再加上我感到自己做得不好，导致我变得封闭。

介入者：（稍后）你认为史蒂夫现在理解了吗？

格雷格：我不知道。

介入者：为确定他理解了，你想从他那里听到什么？或者想问他什么？

格雷格：（回应。）

史蒂夫：我试着回答一下，答案会很复杂。我更喜欢那么做，而不是仔细思考答案。

我很确信，你是在没有某位客户在场的情况下离开的。当压力大的时候，我会本能地把任务分配给自己。我不知道这样做对不对。但我知道那是一种本能反应。

> 史蒂夫开始更明确地表达自己的因果推理。具体如下：每当我感到压力大的时候，就把任务分配给自己，如果我想要完成某件事（此事没有按照我的标准完成），就自己动手；不告诉别人。

如果你问我为什么那样做，唯一的答案是，这对我来说非常重要。我多年来的行为模式就是，如果想完成某件事，那就自己动手。

> 这个推理被公之于众，这导致史蒂夫开始反思自己的防卫可能源自何处。

我就是这样走到今天的。如果遇到麻烦，我就会通宵达旦地解决。

放手是非常困难的。我记得你之前举的那个例子。我从未认为，你的动机是在客户面前表现自己。但我不能告诉你，必须让我独自处理此事，因为我对此很紧张。

我还说了些别的。不管那是什么，都是不对的。而你正试图对此采取行动。事情变得更加奇怪了。我认为事情的真相是，我对此感到焦虑。

所以如果你收到了我在疏远你的信号，那是故意的，但我没有恶意。我并不以此为荣。我希望这些会对你有所帮助。

介入者：你相信史蒂夫说的话吗？

格雷格：相信，但我之所以来参加这次会议，是因为我认为自己也有一些责任。

介入者：好的。这个解释会帮助他改变其行为，你对此有多大信心？

格雷格：哦，没有；也不是完全没有，而是非常少。

介入者：我认为，史蒂夫是在说"让我反思一下"，他已经学到了一些东西，并将努力改正。

史蒂夫：我没这么说过。我说的只是，现在我明白了，这是我的本能行为。

介入者：改正呢？

史蒂夫：我不知道。我不能保证自己能在一夜之间改变多年来的行为，否则我就是在说谎。

介入者：这可能会让格雷格理性地认为，这些讨论不会对下一次行动有帮助。

我很钦佩你不愿做出无法兑现的承诺。

但那会怎样呢？下次启动一个项目时，你可以声明，自己可能给出（尤其是在感到压力大时）一种混合信息。你可以补充道（如果相信它对你有效的话），你想要了解，当你创造这样的条件时会怎样，但你不能保证真正改变。你正在努力，但那并不容易。

> 我想让他们知道，史蒂夫的立场可能会导致格雷格对下次对话产生怀疑。然后，我对他可能精心设计的对话进行了角色扮演，这将使其能够把从此次讨论会上学到的东西真正运用到其他场合。

史蒂夫：是的，这很有道理。但是，请让我谈谈我的一个担忧。我意识到，自己有过度控制的倾向，因为在另一个项目小组中，我真的给了他们很大的自由空间，但其成效仍然不高。所以，一周前我对他们说了那些话。然后，我向他们提出了一些想法。我承认，我确实有抓着方向盘不放的倾向。老实说，我不知道如何摆脱这种倾向。这种倾向以前对我很有用。

> 我慎重给出的信息对史蒂夫而言是有道理的。但他担心，他说出的与我先前所言类似的话会被项目小组成员误解。

介入者：我相信你有一流分析师的声誉。但我看不出这对你作为一名领导者有什么用。

> 我插话证实，史蒂夫有一流分析师的声誉。然而，我认为在这种情况下他的领导行为没用。我的意思是，他的行为妨碍了关于项目小组管理的学习。

史蒂夫：简直是一场灾难，而我一直在独自挣扎着解决……

介入者：我请你考虑，让格雷格和其他相关人员加入进去。一方面，当你给他们传递混合信息时，他们能让你知道你做了什么。

另一方面，你想要自由地做同样的事。毕竟，如果他们要求你给他们一些空间，而你这么做了且没有得到任何回应，那么这也是在传递混合信息。

史蒂夫：是的……有道理……我正在努力……但这不是一件容易的事。（举例说明了尝试提供更大空间和提供更多客户联系信息。）

格雷格：我有个提议。我想观察你做出改变，而不是你离开，然后带回某些结果。就让我看看你如何改变，这样我能弄清楚你是如何做的。这是我学习的最快方式。

史蒂夫：抱歉。请允许我打断一下。你刚才要求对我进行实时观察。问题在于，我不清楚，实际上自己是如何得出解决方案的。我对某些事情担心得要死，直到最后才会弄明白。对你来说，看着我不知所措会更好吗？

> 这段对话谈到了一个我过去和现在都没明白的基本问题。这个问题是，如何帮助那些分析能力很强的人教导他人提高绩效。史蒂夫的反应是远离格雷格。他不想让格雷格一直盯着。在这种情况下他将不太可能学习。此外，他可能不知道如何提出正确的问题，以便自己进行学习，同时也帮助格雷格学习。

格雷格：我想要观察，从而理

解你是怎么想的。有些人是线性思维，有些人不是。通过观察你，我可以进行学习。我想要看看你的所做和所想，以及最终是如何弄明白的。否则，若你离开，然后再带回某个答案，我会感到沮丧。你似乎已经知道自己想要做什么，而项目小组的工作是在浪费时间。

史蒂夫：我可以打断一下吗？你的初稿对我来说很有价值，即使它被撕了。

我会坐下来对自己说，我不喜欢这个。我不喜欢的是什么呢？你的初稿有助于我思考。我可能会做你一开始做过的事。所以，我觉得你的初稿很有价值。你不觉得这个有价值吗？

格雷格：我不觉得。当你改变了某些内容时，就不是对初稿的进一步完善了，而是成了完全不同的东西。

介入者：如果下次再发生同样的事，你觉得有多大的可能性对史蒂夫说这些话？

格雷格：我可以试着说说。但我不知道怎么说才不会听起来有防卫性。这听起来像是我在担心自己的表现，而史蒂夫的回应是"别担心，别担心，你做得很好"。

介入者：这对你没用吗？

格雷格：是的。

史蒂夫：我认为，你可以对我说，你不明白我是怎样在初稿的基础上得出答案的。如果你这么说，那就太好了。不好的是，你不断地说你错了，你是个失败者。

据我所知，人们不相信我会通过修改他们的报告来学习。

格雷格：他们会相信什么？

史蒂夫：他们认为，这完全是对其工作的"批评"。

我一边听你说，一边在想，为什么这会令人感到沮丧呢？一开始我就犯了许多错误。有时我也没犯错误，但我就像在一间黑屋子里敲敲打打。所以，你要看着我不断改变主意。难道我想当着项目小组成员的面这么做吗？为了自我保护，我想回家做那些上不了台面的事，这样会令我看起来很聪明。

介入者：看着他改变主意，你有什么感觉呢？这是否会打击你的积极性？

格雷格：不会，因为项目小组领导者会在代理领导者面前做事，而不是在整个团队面前。

介入者：为什么不是整个团队？

格雷格：因为很多顾问都不够老练，无法追随尚未拿定主意的领导者。

介入者：所以，你对他们的担心，就像史蒂夫对你的担心一样多？

史蒂夫：是的，你的说法和我的一样。

格雷格：不。（停顿了一下）好吧，我理解为是一样的。

介入者：（稍后）根据我听到的，我不明白，你为什么不让项目小组的其他成员学习。是什么因素导致你不信任这五位成员？

格雷格：我并非不信任他们。我喜欢一对一。

介入者：一对五怎么了？

格雷格：不行，因为这样做在团体中不能高效率地学习。

介入者：我想要帮你们两位以及其他人创造学习机会。人们不必一直这样做，但一两次深刻的活动经验可能对其有帮助，也有助于项目小组发展为更有效的项目小组。

史蒂夫：而我担心，他们会听到我给出五种不同的说法，他将无法理清头绪。

介入者：格雷格正在证实你的担心。我想做的是帮助项目小组创造条件，定期深入讨论这些议题。但这会要求你们和其他人进一步发展关系。（举例说明如何运用持续改进项目讨论会。）

（稍后）到目前为止，你们感觉怎样？

格雷格：在这个案例的最后，我把负面原因归咎于史蒂夫。我变得非常生气。这次讨论会帮助我消除了很多这种想法。我现在更明白了。我有了一个新视角。

但我不确定今后该怎么做。例如，史蒂夫曾说，当他感到压力大且项目对自己的职业生涯很重要时，就会将其从项目小组中抽出来，亲力亲为。那么，什么时候项目不重要呢？

史蒂夫：很多时候。（举例说明。）

介入者：请允许我提几个建议。第一，格雷格，正如你所言，你更理解史蒂夫。这意味着，你可以不用那么沮丧或愤怒，这或许会有帮助。

格雷格：（点头表示同意。）

介入者：第二，我希望帮助你和史蒂夫建立一种关系，让你们两个人都能为学习而承担更多风险。例如，史蒂夫感到焦虑时，要更开放地探讨自己的功能失调行动。当你对史蒂夫感到沮丧时，你可能需要更开放地探讨自己的反应。例如，你去找项目小组分配任务的负责人，告诉他你再也不想和史蒂夫一起工作了。或者，你向某位董事抱怨。

我想帮助你们和其他人创造这样的条件，在去找分配任务的负责人或主管前检验自己的评价与归因。

史蒂夫：我知道，这对我有帮助。同样，我也不保证自己能很容易地学会。但我可以保证，我想学习。

（稍后）在这次会议之前，我担心到此刻为止我说的那些话，因为我不知道人们会作何反应。

格雷格：史蒂夫或者我们中的任何人，难道不可以举行这样的私人讨论会吗？

介入者：可以。但我的建议是，随着你们的担忧越来越少，我们可以提高要求，并在群体环境中尝试。例如，如果史蒂夫和你在一个新项目中合作，这可能会提供一个举行群体讨论会的机会。

概要

格雷格和史蒂夫之间的对话说明了项目小组管理中普遍存在的几个问题。第一，培养新的项目小组代理领导者的任务。这个项目小组的领导者缺乏做好此事所需的时间，导致该任务的难度加剧。即使史蒂夫有更多时间，问题仍然存在，因为他不完全相信格雷格的能力，并且做出了不能说出口的归因。

同时，格雷格认为史蒂夫不尊重其工作，或者不尊重其学习能力。他也认为，这些归因不可讨论。诸如此类的问题往往被界定为沟通不畅。通常的建议是，双方都应培养更有效的沟通技能。尽管双方都能从这种技能培养中受益，但目前尚不清楚这样做是否足够，或者有多少是必要的。正如录音文稿所示，这个案例中的双方都已经能够非常有效地沟通。他们的主要困难在于，各自都在做出归因，回避开展有效对话的机会，并掩盖了这种回避行为。

第二，如何帮助项目小组领导者（优秀的分析师）向他人传授专业知识。据我所知，史蒂夫知道什么是好的分析，但他不能把这种分析的特征明确化和具体化。此外，他拒绝让格雷格观察他如何进行分析（他以此闻名），因为格雷格可能会了解到，分析过程是不连贯的和马虎的。显然，史蒂夫觉得，如果有人观察他，他应该给出有序的、连贯的推理过程。

我相信，年轻顾问们会受益于观察这种不连贯活动如何产生好的结果。到目前为止，我还没能让史蒂夫尝试召开这样的讨论会。在撰写本书之前，他表现出了更大的兴趣和意愿，但尚未完全准备好。

第三，格雷格和史蒂夫有好几次把重要的学习内容明确化。然而，正如我们看到的，特别是对史蒂夫来说，是否在一个新场合继续进行学习，这一点并不是很明确。有好几次，我不得不通过询问他们各自在当前讨论的场合外能够多么自如地运用这种学习成果，以此明确指出持续改进的重要性。史蒂夫坦言，他对在某些领域这样做心存疑虑，但他承诺会慎重考虑。通过把自己的犹豫不决拿出来供项目小组成员讨论，他现在似乎正在继续学习。

第 10 章

董事考核首席执行官的绩效

在持续改进项目实施约两年后，首席执行官要求董事会成员对其进行绩效考核，就像他考核董事会成员的绩效一样。他建议采取群体考核的形式，因为董事们可能对某个议题持有不同看法，这使得每位董事了解其他人的想法变得很重要。任何关于行动的建议都将由这个群体提出，因此董事们将更坚决地承诺贯彻和检验这些建议。此外，实施过程中出现的任何问题都可以由整个群体加以检查和纠正。

董事们也会更多地了解首席执行官和他们自己。例如，读者会记得，某些董事预测首席执行官在某些议题上的反应犹如"高炉"。如果他们在考核时提出这些议题，就可以检验上述归因。如果归因没有得到证实，那么董事们可以探讨那些导致他们做出不正确归因的推理。此外，董事们可能会发现下述做法是很有用的：探讨他们可能操纵首席执行官的方式以及他们为如愿以偿而运用的策略。最后，如果这个过程被认为是值得的，那么其他董事可能会自愿接受同事们的考核。这些讨论会的设计必须各有不同，因为并非所有董事都掌握关于彼此绩效的相同信息。

大家同意首席执行官的建议，于是召开了一场 5 个小时的讨论会。虽然原定时间为一整天，但董事们提前结束了讨论会，因为他们觉得针对关键议题的讨论已经完毕。下面的例子表明了首席执行官和董事们在选择使用Ⅱ型使用理论而非Ⅰ型时是如何改进的。

首席执行官：你们已经收到了我的绩效备忘录副本，所以我不打算再读一遍了。关于这份备忘录，我很乐意回答任何问题。

我最感兴趣的是，听到你们说，你们都认为我可以通过改变来提高绩效。还有你们认为很重要，但觉得我没有看到的任何事情。介入者，请问你有什么要说的吗？

介入者：我只想提出一个请求，那就是着手处理那些不可讨论的问题。

比尔：当我与你一起考核我的绩效时，你曾要求我先做自我评价。

首席执行官：此次我不想这么做，因为在这个场合你们有六个人。我可以说上几个小时。另外，我担心这次会议的氛围可能把我们引向各个方向，而你们没机会说出想说的话。

我很想看看咱们是否能进行一些互动，而不是我反反复复地与某一个人对话。

拉里：我有一个关于该过程的问题不知道如何解决。我担心这次会议可能会变成一场双边对话而不是群体对话。

介入者：对此我建议，每个人都尝试从自认为涉及他人的问题开始。如果确实是一个首席执行官与你之间独有的问题，那就放到最后再谈。这样可以吗？

还有，我负责帮助大家把控谈话方向，相信这已得到你们许可。这是我们第一次尝试这么做。我们几乎没有关于该群体的专门知识。

这样可以吗?

几位董事:可以。

首席执行官:(对介入者说)请你帮助我,因为我们所有人都知道,我喜欢听自己说话。我的总体目标是尽可能多地从群体中学习。

克里斯(介入者)刚才说,他想确保不可讨论的问题今天不是不可讨论的……对此我全心全意支持。

此外,我还担心,也许有人会觉得必须说一些积极的事情,以便接下来再说一些消极的事情……我希望大家直接说消极的事情或需要改进之处。

如果我受到伤害或感到困扰,我会说出来的。

泰德:你在场的情况下,我们对你评头论足,这显得有点奇怪。我希望,你和我们都能够卸下因你在场而产生的任何负担。

约翰:只要我们不进行那种首席执行官不在场时可能发生的讨论,我就同意。也许介入者能够在这个问题上提供帮助。

几位董事:是的。

介入者:我很乐意担任主持人。谁愿意先发言?

这场讨论会开始的时候,首席执行官非常希望让不可讨论的问题变得可以讨论。他指出了一个自己可能造成的障碍(例如,因为他喜欢讲话),并邀请董事们帮他把说话次数降到最少。董事们也为开展有效的讨论做好了准备。他们在讨论会开始前阅读了首席执行官发放的绩效备忘录,指出了潜在的障碍,并提出了克服这些障碍的办法。两年前,董事们不会像现在这样关注他们作为一个群体的表现,在我看来,他们也不会像现在这样迅速解决潜在的问题。

我认为，我帮助他们取得了这些成果。例如，我同意担任主持人，之所以这么做，是因为我希望此次实验有最大的成功机会。我想要董事们自由地聚焦于评价首席执行官的绩效，以及他们自身的绩效（如果这是相关的）。我还认为，足够多的董事有过识别自己（以及他人）习惯性防卫的经历，他们可以监督这个群体的讨论过程。最后，我知道，如果他们开始依赖我行事，我可以提出这个议题。

其中一位董事自愿先发言。

比尔：还是先说一下优点吧，你是一位优秀的教师和教练。（举例说明）你的写作和沟通技能非常出色。相比我认识的任何其他人，我愿意花更多时间与你共进晚餐。

现在，我谈谈其他事情。我将其分为有待持续改进的几个方面：一个是老问题，我不知道这些问题是否会反复出现，但它们令我担心；另一个是当前的问题。我想先从当前的问题谈起。

我会把第一个称为推迟或回避问题，或者只是对硬骨头感到不适的问题。我会举例说明。我把下面这些令人不快和感到困难的事情归因于你，比如，解雇员工、公司的资本结构、对大家说"不"，你避免直接告诉我们相关事项。（举例说明）我们需要清楚地了解相关事项，即使这会伤害我们。

让我们暂停一下，看看我是否指出了一个对其他人来说很重要的议题。

介入者：我想请首席执行官暂时不要回应，听听其他人的看法。这个议题对你们中的其他人来说重要吗？

拉里：（对首席执行官说）我有长期和短期议题。短期议题是让最优秀的顾问来处理我的项目。哦，对了，既然我在问你关于资源的问题，为什么不解决人员过剩、公司重组等长期议题呢？我们提出了几个要求。

泰德：我赞成你得挑选一两个议题来界定讨论范围，并对这些议题加以处理。

约翰：（稍后）我反对让首席执行官承担主要责任。例如，我们聚焦于他而非我们自己的管理风格。我们让他对这些议题负责，而我观察到，我们的行为一直在破坏他为授权而付出的努力。他授权了，结果一事无成。

另外，在我们这个群体内部，有些人不断地相互猜忌。（举例说明）当我们对他人的能力不放心时，我们就会去找首席执行官解决这些问题。例如，某位董事去找首席执行官，问道："欧洲的情况怎样？"没说出口的话是："我不信任欧洲业务的负责人。"

首席执行官：我郑重声明，这段对话发生在过去的18个月内。

介入者：我想打断一下。（对约翰说）我对你正在做的事感到很矛盾。你提出的这个议题很重要，但你的阐述方式（举例说明）可能会让大家归因为你在保护首席执行官。

认为，涉及首席执行官的多数个别议题都有群体性的一面。我们应该两面兼顾。所以，咱们继续讨论。我不认为首席执行官需要保护，至少现在尚不需要。这么说是否有道理呢？

约翰：很有道理。

其他董事：（赞同约翰）

首席执行官：我同意。

吉姆：（对首席执行官说）我希望你能更清楚地表达观点，尤其是坏消息。我看到你经常犹豫，而我的理解是，你仍试图保护我们。我认为，大家已经超越了需要保护的阶段，我们愿意啃硬骨头。

介入者：拉里，我感到你一直在尝试插话。

拉里：是的……我们之间的互动总是让我感到意外。例如，我没有明确提出一个议题，而是提出了若干次要议题；首席执行官用次要议题来回应，并暗示他对这些议题不感兴趣……我们互相试探，而不是讨论真正的议题。

我不知道这是我的错还是首席执行官的错，但它确实引发了我的习惯性防卫，以至于我感到无法讨论真正的议题。所以，我们的沟通不顺畅。

泰德：为什么？

介入者：首席执行官说了或做了什么导致你进行防卫？

拉里：我不确定。当我们说，首席执行官避免对抗时，我想到的是，我也在避免对抗。另外，我不同意泰德的看法。我没有期待首席执行官来约束我。我期待了解他的意见，但我有责任采取行动。如果他不同意我的看法，那也很好啊，请他说出来。

约翰：我同意这种观点。

泰德：约翰，我可以接一下你的话吗？让我试试能否说清楚。最近，我参加了一场_____会议，首席执行官在会上做了艰难的决策。他与在座各位一起做出的这项决策令人不快。然而，他在现场做了。我认为，首席执行官面临的根本挑战是，对公司发生的所有事情不要亲力亲为。他必须找出那几个关键的项目，并着手去做。

首席执行官，在绩效备忘录中你说自己首先对员工忠诚，其次是对客户，再次是对股东，其中有些观点很有说服力。但我认为，股东应放在前面，而不是后面。

首席执行官：只是一个简单区别罢了。我把你们所有人既视为员工，又视为股东。

泰德：没错，但清单上的许多问题都与作为股东的我们这些人有关。

而第二个议题是对我们缺乏信任。

我也赞成，对那些一直忠于你的人，你也保持个人的忠诚。（举例说明）

吉姆：我承认，首席执行官面临的一些问题很棘手。（对首席执行官说）但我认为，你让这些问题变得更棘手。

以我自己为例。这是不可讨论的问题之一。直到最近我才了解到，在某些方面你对我缺乏信任。而我了解到这一点的唯一途径是先与介入者交谈，介入者建议我们一起开会，而我们确实这么做了。我觉得，我甚至要祈求你，才能让你告诉我，你不信任我。如果我们早点讨论这个问题，就可以早点开始一起解决。

介入者：我想谈谈到目前为止我了解到的情况。我正在做出的归因是，这个群体中的多数人都相信，首席执行官没有像你们希望的那样在啃硬骨头方面表现得更强势。

进而，你们对首席执行官的行为给出了两种解释。第一种解释是把问题归咎于个性，主要是首席执行官的个性。第二种解释是系统性问题。也就是说，我们所有人创造了导致这种行动产生的条件。

你们要求首席执行官在做决策时不要犹豫不决。好的。但让我们也审视一下你们这个群体在确定这些艰难的决策方面起的作用。

泰德：首席执行官确实做出了艰难的决策——至少对我而言是

如此。在我的办公室中，有许多我尚未解雇的人。然而，首席执行官经常告诉我，要解雇他们，并且给我讲了他的理由和例证。

比尔：我认为，围绕这个议题，不可讨论的是_____。

约翰：这很有趣。你想知道我们是如何成长得如此之快的吗？我还记得，在某些会议上，首席执行官也问了同样的问题。我知道，他削减了我们在_____期间的招聘目标。

介入者：（稍后）我可以问几个问题吗？当你说_____的时候，你在左栏中写的是什么？

泰德：我的意图是说，我不确定在这家公司的生命周期中我们是否能遵循比现在高得多的决策标准。

没错，我们犯过错误。我们必须从错误中学习。但我不一定要把所有错误都推给首席执行官。

介入者：我并未听到有人说，这都是首席执行官的错。我想，他说明了自己是如何共谋进行博弈的……我表达得清楚吗？

泰德：嗯，你说得很清楚。

比尔：（对首席执行官说）我关注的第一点是，在你行使职权时，股东利益所处的位置。

我关注的第二点是，你为公司建立的财务模式是否合适。我认为，到目前为止我们的（不仅仅是你的）多数财务模式都很糟糕。

我对你的归因是，你没有把这个议题放在首位。你觉得，如果这个模式不合适，那不如雇用合适的人，支持他们的个人发展和职业发展……

吉姆：我认为首席执行官理解当前的财务模式。

　　介入者：（稍后）你们中有人关注首席执行官对财务模式的看法。他可以说说自己的看法。

　　我把你们的另一个关注点界定为："首席执行官是如何学习的？他如何察觉并纠正自己的偏差？他如何让我们参与其中？"

　　拉里：我想要对首席执行官的行动提出建议。（这么做了）

　　介入者：我是否可以建议，在我们听取首席执行官的看法前，不要提建议？

　　拉里：好的。

　　在这样的讨论会中，我发挥的作用往往是维护关于因果的一系列归因的平衡。在讨论期间，这些归因往往是从首席执行官的所作所为到给董事们造成的影响。很少有人注意从董事们到首席执行官以及从董事到董事的因果。这个例子中群体成员的反馈是平衡的。他们指出了首席执行官需要改进的行动，也指出了自己需要改进的行动。在责任分配方面也是平衡的。

　　由于录音文稿经过仔细编辑，所以有一个特征没有充分体现出来。我关注观点的分歧、给首席执行官的负面反馈，以及首席执行官和这个群体如何妥善处理尴尬或有威胁性的情况。尽管讨论的议题通常会产生习惯性防卫和自我封闭过程，但这些几乎没有出现。有几次出现了，但参与者（包括我自己）能够对此进行讨论并减少出现这种行动。因此，这种编辑使董事们在每个议题上付出的努力没有充分地体现出来。

　　接下来，讨论又回到了首席执行官的决策方式上。

约翰：首席执行官根据非常强烈的直觉做出判断，然后将其付诸实施。他会根据经验改变自己的判断。（对首席执行官说）但若让你先不要做出判断，或者在做出判断后影响你，这并不容易。

介入者：你能举例说明吗？

约翰：我最喜欢的是……（详细讲述了一个实例）。我认为，首席执行官自认为做出的决策是正确的，也是真正合适的。有时首席执行官需要更多经验才会承认当初的决策是错误的。

比尔：我想，我坚决不同意。

介入者：好的，但让我们把这个观点公之于众吧。

首席执行官：（稍后）请允许我发表一下意见。我做出的关于_____的决策是一个错误。（显得情绪激动）现在我正采取纠正措施。

我对这个情节进行了大量编辑。这个问题仍然存在，并影响着几位董事的职业生涯。我相信，首席执行官的情绪部分是由于他想起了过去一年中的许多感受，当时他试图纠正由自己的决策造成的问题，并确保没有参与者受到不公正对待。我也相信录音文稿可以表明，他很有耐心，以便给董事们提供纠正问题所需的资源。我进一步认为，在此次会议上公开指出这个偏差，这本身就是激动人心的。在那一刻之前，大家都认为首席执行官绝不会公开承认这个错误，也不允许讨论这个问题。然而，正如他所做的那样，他的行为证伪了这种归因，并使这种不可讨论的问题在未来更有可能得到讨论。

首席执行官还选择让另一个不可讨论的问题变得可讨论，即这家公司的管理结构和所有权结构。

首席执行官：我发现这对我很有帮助。但我想对其中几点做出回应，然后我们可以继续讨论其他问题。

我们的信息处理存在缺陷，部分原因是不可讨论状态或明显不清楚在这个群体中谁有能力做什么，以及未来的高级管理结构到底是什么样。

我认为，我们正在减少不可讨论的问题，所以请让我谈谈未来的高级管理结构。（说明了他的看法。）

几位董事：（详细讨论了所有权结构问题）

泰德：这些议题是不可讨论的吗？

首席执行官：我认为不是。如果你们认为这些议题不可讨论，请帮我看看原因是什么。

几位董事：（表达了他们的观点，说明为什么他们认为这些议题不可讨论。）

首席执行官：伙计们，你们认为我们与＿＿＿＿＿＿保持关系是错误的吗？

比尔：只是难以理解，并且代价很大。

介入者：首席执行官处理这个议题的方式是什么，导致你们认为相对于所获价值来说付出的代价很大？

比尔：好，说得好。我想，是我没说清楚。这又回到对棘手议题的回避上了（解释和说明）。我想说的是，因为这是一个艰难的决策，所以首席执行官对此支支吾吾。因此，我感到有点紧张。

首席执行官：你有证据表明没进行激烈的讨论吗？

比尔：当然有。这个问题已经存在好几年了，但我们仍然没有讨论过资本结构。

首席执行官：我不会和_____讨论改变资本结构的问题，除非你们完全清楚自己在做什么。

几位董事：这是合理的。（他们提出了关于_____作用的具体问题。）

介入者：你们中是否有人不相信首席执行官有能力与_____对话？

约翰：是的，非常不相信。我担心他会回避啃那些硬骨头。

首席执行官：（稍后）我愿意谈谈_____在公司中的作用。据我所知，我们没有秘密讨论过这个问题。

泰德：好吧，也许我们需要进一步讨论，因为我感到这方面存在秘密。让我说说我是如何得出这个结论的。（加以解释，其他人也补充了他们的观点。）

介入者：我听到的讨论包含两个相互关联的层次。（对首席执行官说）第一个层次是你做出艰难决策的能力、学习的能力等。现在，大家认为这些问题部分是你造成的，部分是他们造成的。第二个层次是公司的财务结构、公司的治理和_____的作用。

我们已经讨论了第一个层次的问题，但没有讨论第二个层次的问题。你们是否愿意更详尽地讨论第二个层次的问题？

首席执行官：我觉得这很好。但我需要你们的帮助，以确保这种讨论不会成为独角戏，或者确保讨论不会成为点对点的对话。

我们的董事会中存在一种短期倾向。无论我是否喜欢，我的职责是从长期角度考虑问题。我必须从长期角度看问题，因为大家很可能从短期角度看问题。

有些人是出于自利的考虑而发言。我将对此进行检验，看看他们在多大程度上是为了公司的利益而发言。

在像我们这样的群体中，有一种危险，那就是顾全自己，并自我感觉良好。通过不妥当对待公司的其他成员，来实现自己的个人财务目标。我不是指裁员这种生死攸关的决策。

我很难指出一个非常不公正的地方。在有些情况下，我觉得人们对做出近乎不公正的事情感到非常轻松自在。我不会说我阻止了这种事的发生。我认为，有时候是其他人阻止了这种事的发生，但我非常强烈地感到，对做不公正的事感到轻松自在是不道德的。（举例说明）

吉姆：关于刚才介绍的规则，你能举例说明在决策过程中是如何运用的吗？

首席执行官：可以。你能多说一点你想听到的内容吗？

吉姆：可以。在我看来，你描述的规则有道理，但它们很抽象；我可能不赞同你在实践中加以贯彻的方式。以人们的行动是出于自利的假设为例……我听到，你说人们用其他解释来掩盖其自利行为。我在这个问题上有不同看法。在一定程度上，人们自利并没有错。我所听到的是，自利被掩盖和伪装……

首席执行官：有时，我必须检验听到的信息是否对公司最有利。但在其他时候，我听到的信息基本上都是高度伪装或毫不伪装的"我的钱在哪里"。

董事们将持续讨论此处的议题，它们对董事会的有效性至关重要。首席执行官怀疑，董事们的思考是否能超越短期财务收益。因此，他承担着下述角色：一方面，保护包括董事们在内的员工避免产生这种偏见。另一方面，某些董事担心首席执行官不会做出某些艰难的决策，并将通过援引公司的长期利益来合理化其行动。

正如我们将看到的，关于选择与哪位董事讨论特定议题的规则，首席执行官愿意明确地加以说明。选择的标准似乎是，首席执行官认为这样的讨论将会引发董事的何种焦虑，以及董事可能如何应对这种焦虑。如果某位董事的焦虑情绪非常强烈，并投射到首席执行官身上，那么他就不太可能与这名董事讨论。

首席执行官画了一个四象限矩阵，其中焦虑是一个维度，个人财务取向是另一个维度。

首席执行官：人们可以被归类到这四个象限中。长期以来，我一直非常不信任那些高度财务驱动和高度焦虑的人。现在，有_____在这两方面都很明显。但我还是和他讨论了，因为他一直都很直接。我不必怀疑他的话。

约翰：关于规则，我觉得有趣的是那些没有公开说出来的规则。关于让谁参与决策，向谁征求意见，你遵循什么规则做决定？

首席执行官：我想从显而易见的事情开始谈起，那就是我根本没时间与每个人交谈。所以，我的规则是去找那个掌握最优质信息，可以提出最佳建议的人。

如果我不这么做，那就是一种逃避……到目前为止，与我交谈最频繁的人是拉里。他能迅速向我传递很多信息。他积极主动地向我提供信息……很多时候我并不赞同，或者并未完全予以贯彻。他不会为提供信息而感到烦恼，也不会为此在这方面花费数个小时。我还遵循一项排除规则：不咨询那些会焦虑的人。

（稍后）我知道这有风险，但如果你表现得很焦虑，但能加以控制，这样我就不用帮你控制焦虑，那也没关系。我寻求并需要别人的建议，我不是必须把个人的焦虑归因于他们，并且我可以与他们讨论而无须装作他们不感到焦虑。

我会告诉你们真正让我抓狂的东西。比如一些糟糕的财务信息。信息源自哪里并不重要。（举例说明。）

我本可以打电话告诉你们每个人。但我担心，这些信息会被某些人解读为，我宣布公司将要倒闭了。（又举了一个具体的例子。）

我希望没有负面的规则。这涉及我对人的信任问题的不可讨论性。他们会不会偷窃小额现金或其他东西，这不是信任的问题。我能否相信其能承受压力，而不是对一些会打击公司所有人积极性的信息感到焦虑，这才是信任的问题。

介入者：在我看来，你的意思是，如果人们感到焦虑，你会问自己，他们能爽快地承认吗？他们能控制自己的焦虑情绪吗？我已经观察了泰德，他表达过自己的焦虑。几个月前，他不能很有建设性地控制焦虑情绪，但现在能够更好地控制了。如果我没理解错的话，他不会让你生气……

首席执行官：泰德，我没有问你这个问题是为了在这一点上得到支持，但如果你告诉我，你感到焦虑，我是否会显得很焦虑地谈论它呢？这是否让我感到焦虑，使其变得不可讨论？

泰德：不。我们已经建立了一种关系，在这种关系中你知道我对什么感到焦虑，并且，你在处理……时非常自如，现在你非常直接地告诉我，你对我的哪一点感到焦虑。我们花了一段时间才做到这一点，但我们做到了。荣耀归于你。

首席执行官：我再告诉大家一条规则。

介入者：在此之前，我想向约翰（提出这个议题的人）核实。这有帮助吗？

约翰：我认为这极其有帮助。现在每个人都认识到，必须有所作为才能赢得被咨询的权利。

首席执行官：我可以补充一点吗？我愿意把做出的所有决策都摆到桌面上，并公开讨论我应该对这些决策掌握多少控制权。我愿意放弃做许多决策，或者大家共同做出更多决策。

但我想坦率承认，我还没有做到这一点。我在理智上相信应该这么做，然而我没有做到，我不知道为什么。

拉里：这很有用。我们是否可以花点时间探讨一下原因？

首席执行官：我不反对。

比尔：谁是货真价实的董事，谁不是，在座的各位都有自己的看法。谁愿意对此发表意见？

拉里：我来。我认为，自从我们的持续改进项目启动以后，这个问题就不那么突出了。如果这仍是一个严重问题，那么我们应该去面对。对于决策权不明晰造成的问题，我们再也承受不起了。

约翰：是的，我们冒的风险变得太大了。

首席执行官：我想冒险一试。你们说，我们不能再容忍这种情况了。本着做出艰难决策的精神，我会说，好吧，让我们采取某些措施将其解决。

我已经准备好介绍一系列决策，看看如何由他人做出或者与他人共同做出。

　　首席执行官询问作为介入者的我，这种转变是否有道理。我回答说，这个话题非常重要，但在他们讨论决策清单前，我想进行角色扮演。我们可以看看首席执行官现在会如何对待一位表现得好像对其个人日程和情绪感兴趣的董事，以及某位董事现在会如何看待自己认为首席执行官没有采取有效行动的观点。大家表示同意，并花了一些时间进行角色扮演。在讨论快结束时，首席执行官介绍了他以前如何利用模棱两可的话语来"操纵"某些董事。

　　首席执行官：我坦率地承认，我偶尔会说模棱两可的话。如果我现在这么做，我想那纯粹是恶意的。我不认为在过去的两年中做过这种事。

　　约翰：在我们进入下一个话题前，我想请你告诉我们，下一次评估讨论会上你会把我们置于四象限矩阵中的哪个位置？

　　我的另一个想法涉及参与决策的程度。只要参与决策的人能被问责，我就不觉得迫切需要参与任何特定的决策。

　　首席执行官：三年前我们启动这个持续改进项目时，你们中的许多人认为我的行为是独裁的、单方的、具有操纵性的。

　　在过去的三年中，我最优先考虑的事项可能就是减少这种行为。约翰刚才说，我应该对你们进行问责。我怎样才能让人们承担责任，而又不让他们感到焦虑或让他们觉得我正在回到独裁的方式呢？

　　泰德：我建议在公开论坛上问责，这样就可以让大家对任务做出承诺。另外，如果你（和我们）采取的态度是，我们会犯错，但这些错误是可讨论的，那么我会感觉很好。

　　首席执行官：昨天，我、拉里、介入者举行了一次会议。我曾指责拉里没有履行自己的职责。

若我说"我惊呆了"会显得有点夸张，但我对他的反应确实感到非常惊喜。我说这些是为了公开认可他的行动，以改变我们对他持有的一些成见，也是为了给他一个说法。

此次讨论会之后，该群体设计了一种新的管理结构，以帮助首席执行官真正给他人授权。讨论会上有大量时间用于讨论重要的商业和战略问题，其中的许多内容我认为应该保密，所以没有在本书中公开。

概要

很少有首席执行官会把群体成员召集在一起评估其绩效。少数首席执行官可能会与某位亲密的同事私下进行评估。很少有人会考虑与整个群体一起进行评估，更少有人会真正予以贯彻落实。然而，本章已经表明，这种罕见事件可以发生，而且非常有效。

把本章中的对话与第 4 章中的示意图进行比较是很有启发意义的。在绘制那份示意图时（大约在本章所介绍的会议举行的两年半前），不可讨论的许多问题现在都得到了讨论。对个人发飙或"炸锅"的担忧不再存在。董事们大幅降低了依赖首席执行官为有效绩效承担责任的程度。

董事们表示，这次讨论会是一次清理"旧磁带"的重要会议。对于为将来的发展奠定基础来说，这更为重要。因此，大约一年后，首席执行官建议采用一种新的管理结构。他的观点是通过数次群体讨论和个别讨论而形成。在提出这项计划时，他强调这只是一份计划，并且鼓励董事们提出质疑。董事们问了许多问题，其中大部分与计划本身无关，而是与计划的执行有关。他们的担忧部分与首席执行官有关，部分与董事们有关。以前那种把因果看作单向箭头的观点似乎已经消失了。董事们正日益成为一个紧密的、顺利运作的团队，在我第一次与他们见面时，他们曾经表示希望成为这种团队。

第 11 章
对"暴跳如雷"加以管控：
讨论并纠正失控的常规做法

大约就在本书的终稿完成时，我促成了一场让参与者"暴跳如雷"的讨论会。我之所以将这个案例纳入本书，是为了表明，即使是学习了Ⅱ型使用理论的人也会生气，彼此之间也会存在分歧，但这些分歧是可讨论和可纠正的。

问题

约翰和比尔两位董事共同处理同某个大客户的关系。在资深的客户方联系人理查德在场的晚宴会议上，两人了解到他对增加值不满意；增加值没有达到他期望从该公司获得的价值的标准。理查德还说，他希望未来约翰能像以前那样积极主动，或者更加积极主动。

在那次会议之后的几周里，比尔多次听到有人说，约翰在董事会其他成员面前苛刻地批评他和另一位高级顾问。比尔打电话给约翰探讨这个问题。两人都认为通话结果不尽如人意。每个人都认为对方坚持己见，不愿学习。

比尔随后给约翰写了一份备忘录，其中部分内容会在本章中予以公布。除了能够识别出客户身份的句子，节选的其他内容没有经过编辑。约翰是出了名的容易"炸锅"之人，他看了备忘录后非常生气。之所以如此，是因为他认为，在减少董事们相互指责方面，他一直走在前列。他的生气不仅针对比尔，也针对其他董事，因为他们把约翰的指责告诉了比尔。约翰感到被比尔和其他同事出卖了。他还感到比尔做出了不妥的归因和评价。比尔也很生气，但是，正如他写给约翰的备忘录所说明的，他不确定自己的观点的效度。比尔喜欢用尽可能理性的方式来处理引起情绪波动的原因。

这两位董事同意面对面交流。两人都要求我出席。约翰打电话告诉我，经过比尔同意，他将把两人与客户的通信以及比尔的备忘录发给我。在我们结束通话前，约翰还说，他发现这项工作的某些特点令人不满意，而且充满紧张感。他要求我抽时间与他一起谈谈这些议题。他补充道，即将到来的讨论会将会很精彩，可以让我深入了解那些让他感到不快的议题。

回顾这次讨论会，我认为，我确实帮助两位董事解决了彼此的问题。但是，正如读者将看到的那样，约翰和比尔（两人一度很生气）能够以阻止该过程变得自我封闭的方式行事。如果说我能提供帮助，那么部分是因为比尔和约翰已经准备好通过运用先前学到的概念、正在培养的技能，以及基于我的介入继续学习。

我们都认为，这次讨论会取得了成功。约翰和比尔表达了各自的感受，并且确实激怒了对方，但他们最终解决了问题。后来两人都表示，在为期三天的董事会议上，以及在准备与进行面向关键客户的一场重要演示中，他们都有效地开展了工作。

比尔的备忘录节选

约翰，首先我想说，一直以来我都认为你最关心他人、乐于助人。然而，正如我将在下面提到的，这并不是说，我觉得你应该得出一些你已得出的结论。鉴于你的动机良好，我觉得我对你的某些评价似乎不仅是不应该的，而且是忘恩负义的，甚至是恶意防卫的。因此，撰写这份备忘录时我常常难以下笔。

在此，请让我概述一下这份备忘录的主要内容。

- 我认为，你与理查德的某些对话（由于资料偏差以及咱们关系不睦，对公司或我失去信心）是有道理的。

- 我认为，你对我们工作的其他批评（对成本工作缺乏专门的核实、没有修改的建议）也是有道理的。

- 然而，鉴于理查德的其他评论（"比尔对我们的需求反应迅速""这达到了通常的高标准"）；其他客户方联系人的评论（"我们刚开始了解你并对你变得有信心，却不得不结束这段关系，这令人感到非常遗憾"）；另外两位客户方联系人的评论（"你们做得非常棒，这正是我们公司需要的"），我认为，你与理查德谈话的某些部分（我在营销方面过于咄咄逼人以及我们的工作质量很差）让我感到费解。

- 我觉得你在资料不充分且没有对其加以检验的情况下急于得出结论（举例说明），结果导致这些结论并不准确。

- 你在诊断中低估了对这个项目有重大影响的大量间接因素，

包括：理查德起初对项目不满意、项目的提前终止、这份工作的局限性。

- 最后，我把几件事"归因于"你，并且我想和你一起对其进行检验和讨论，包括：你根据很少的资料得出结论并且没有与我检验你的归因，而这本来是很容易做到的；你和一大群同事分享这些未经检验的归因和结论；以想要表达观点而非进行探究的方式对待反馈性电话对话。

我对你的归因

无论我们讨论的结果如何，显然，资料存在争议性，因此，你得出的结论令人怀疑。从我们的电话对话中显然可以发现，你的某些资料是错误的。（举例说明）

在这种情况下，我非常希望能够与你一起检验这些归因。结果，此事发生后的几个月内，我们只进行了一次时间有限的电话对话。你应该还记得，我说过非常希望与你谈谈此事。我理解我们的时间有限，但我觉得你没有做出足够努力来检验你的资料，或许是因为你认为自己的结论合理，无须检验。

我担心的是，你把这些并未基于我们的讨论加以检验的、错误的资料和结论分享给了一大批人，事实上，我担心你将其与公司的全部董事会成员分享。我觉得，我应该没有这些结论描述得那么差。

最后，在我们设法进行相对简短的电话对话时，我感到你不愿在证伪的证据面前改变自己的结论，而且我觉得你把我的所有话都解释为我在防卫。我这么说的证据是：

- 你在那次对话刚开始时说："我预计你会否认其中的某些结

论，但我认为重要的是，请你尽量不要这么做。"

- 你显然对自己的结论很有把握，否则你不会与同事们分享。
- 你不愿意承认任何一点。（举例说明）

结论

让我重申一遍刚开始我说的话——我相信你在整个事件中的动机绝对良好。例如，我毫不怀疑你过去以及现在对你的结论深信不疑，因此你觉得有充分的理由与同事们分享。然而我的观点是，并非所有资料和结论都正确无误——如果我们真的想了解发生了什么，以便能够从中学习，那么就需要进行建设性交流。我希望这份备忘录能够开启这种对话。

讨论会

约翰与我单独聊了几分钟，因为比尔迟到了一会儿。约翰问我对这份备忘录的看法。我回答说，我认为这为开启对话提供了良好的基础。约翰说，他很高兴得知我的建设性反应，因为这份备忘录激怒了他。他对比尔的下述归因感到尤其愤怒，即认为约翰对比尔与那位高级顾问的绩效做出了负面评价。据约翰自己回忆，他曾经与几位董事会成员交谈过，原因是那几位董事要求讨论公司的绩效。约翰认为自己的介绍是妥当的，并且说的只是与比尔在电话中讨论过的内容。我曾出席约翰与那几位董事会成员的会议（比尔未能出席），我可以证实约翰的观点。事实上，在约翰与比尔的会议上我也这么做了。

约翰告诉我，他决定在会议上采取有效行动，并且希望此次讨论会对他自己和比尔来说都是一次积极的学习经历。然而，他担忧谈话气氛可能会很紧张。他问，是否可以与我一起精心拟定一份开场白。我表示同意。正当约翰尝试拟定开场白时，比尔走了进来。简单的寒暄过后，约翰开始了谈话，他介绍了自己的某些感受并寻求帮助，但强调感到自己被"整个系统"虐待。（后来，我发现他指的是在过去一个月左右的时间里，他与其他人发生的几次龃龉。）约翰继续提醒比尔，他并未要求参与这个联合项目。他这么做是为了帮助比尔提高区域订单金额，因为原先的金额低于预算目标。

约翰：请让我先告诉你我有多么困惑。我真的感到糊涂了。

我需要你帮我……我真觉得自己被整个系统虐待了。

（描述他是如何被公司要求在比尔主管的区域内从事咨询工作的。）

我不喜欢飞那么远的距离。对我来说，那没有乐趣可言。

比尔：嗯，我理解。

约翰：但我们这么做了。我们都努力工作了。对于过早地结束工作，没人感到高兴。当我被要求向董事会的几位成员解释为什么提前结束工作时，我做了该做的事，那

> 我记得自己关注的两个主题。其中一个与约翰受伤害的感受有关。我觉得我不应打断他表达自己的感受，但我也不同意约翰，认为比尔是使他感到受挫的唯一原因。在我看来，比尔一直在尽力保持坦率，并寻求检验其归因，而且明确表示他认为约翰的动机是"良好的"。

> 反过来，约翰在努力表达自己的观点，即他没有辜负比尔的信任。他觉得自己尽力帮了忙，也很诚实，然而得到的回报却是比尔不妥当的归因。

就是实话实说。

比尔：确实。

约翰：我把跟别人说的话都告诉你了。我对别人说的话，绝对没有哪些是未对你说过的。

我知道，对于为客户所做的工作是否良好，你和我有不同意见。正如我先前告诉你的，我觉得很一般。那么我是否认为这是我见过的最差工作？不是。那么我是否认为这是我见过的最好工作？也不是。

（稍后）当我阅读你的备忘录时，我的印象是，你认为我在歪曲你和其他人的绩效，并且我并未与你讨论我的观点。这令我感到生气，因为我承诺过不会这么做。

> 在我看来，他们都在尽力表达各自的观点与感受。没错，到目前为止，某些行动还没有得到有效的设计。但每个董事都在努力这么做。此外，每个董事都知道，自己已经内化了Ⅱ型方法。这两位董事可能无法始终如一地遵守其所有规则，但他们确实尊重和重视该方法。事实上，约翰和比尔后来明确了这一点。

> 因此，我的策略是让对话继续进行，并在我觉得对话可能偏离轨道或他们两人寻求帮助时进行介入。

比尔：我的看法是，你已经构建了一个世界，我认为你相信它，但我也认为它是有缺陷的。我不认为你有足够资料来支持你建立的这个世界。但是，我毫不怀疑你相信自己关于这个世界的观点。

约翰：我对你的评论感到困惑。我不知道该怎么回应。

介入者：（询问约翰认为比尔的评论会产生什么适得其反的后果。同时试图向约翰传达，他正在得到理解。向比尔说。）我认为约翰是在说，你的逻辑是自我实现和自我封闭的。

约翰：是的，我不知道该怎么回应。

介入者：有一个办法。你可以要求比尔帮你看清，他如何得出结论，认为你构建的世界并没有那么准确。比尔，这个要求妥当吗？

比尔：妥当。先说说我的备忘录。我试着写下了我所看到的情况。我想要理解，为什么你感到困惑和被虐待……这份备忘录介绍了我认为的情况。我们现在讨论的是，我的资料是否正确，或者结论是否正确等。

如果我向你表达我的观点，而你告诉我，你感到被虐待或生气，那么我一回应就是我不会再这么做。

约翰：我有时会想，我不应该出售这项研究。或者，如果这项研究失败了，我应该对此保持沉默，让它消失。未来，在这种情况下我不会出售咨询项目。

比尔：这些似乎与我在这份备忘录中写的内容无关。

约翰：非常相关，因为我正在解释我遭受的挫折。我告诉你的是，这种事情令人沮丧。

介入者：我可以打断一下吗？我听到比尔说，这份备忘录代表他的观点。备忘录中可能会有重要错误。我认为他是在问："在你感到被虐待前，让我们来检查一下其效

约翰说不知道该怎么回应，我对此不同意。约翰的一种回应方式是，给比尔一个阅读备忘录部分内容的机会，从而让约翰有机会向比尔指出备忘录中让约翰生气之处。如果约翰接受这个策略，那么就可以让比尔说出他一直想说的话，也让约翰有机会阐述自己不高兴的原因。因此，我想对约翰受伤害的感受表示同情，但不想就此打住，因为我认为约翰和比尔知道检验其归因的重要性。

我不认为约翰表达的感受和想法无关紧要。他的意思是，他觉得自己陷入了困境，因为他试图成为一名团队成员，并帮助比尔主管的地区摆脱财务困境。

度。"如果效度很低，那么你就不必感到被虐待。因此，我建议我们来检查一下比尔备忘录中的错误（如果有的话）。

比尔：好的！

约翰：好吧，我愿意试试。我只是想直接告诉你们，我感到非常沮丧。

比尔：这对我有什么帮助？我没有任何资料可以帮助我理解你的沮丧。

约翰：比尔，在备忘录中，你是高度评判性的。我试图告诉你，我不明白这是什么意思。我想让你尝试以一种特定方式与我交流。因此，当你把我的感受当作无关紧要或麻烦的事情而忽略时……

> 的确，约翰的回应没有检验比尔对约翰的归因。由于约翰为表达自身感受的相关性辩护，我转而帮助他创造一种方法来检验比尔的归因的效度。
>
> 当我阅读这份录音文稿时，我认为，如果我说："一方面，我同意约翰的看法，他表达的感受很重要，也有必要。另一方面，约翰，我听到比尔说，他想要检验他做出的归因和评价。"那么我的介入会更加有效。

比尔：不，不，我从未那么说过。

约翰：所以，你是在暗示我，我在这方面的立场并不那么重要。

比尔：嗯，你是在暗示我，我的立场也不重要……我也感到被虐待和不安。

约翰：但我不明白你为什么在备忘录中这么写。

比尔：嗯，这正是我要说的。我们都必须了解原因。现在，让我们从双方都说感到生气和被虐待的话题转移到一个可以解决这些问题的议程吧。

> 我正准备介入，帮助约翰和比尔检查各自如何创造出对方不喜欢且被强加到身上的情况。然而，在我看来，此处比尔的评论是有帮助的。

介入者：我们可以换一种方式吗？你们两个人都有点生气。正如我听到的，比尔，在你看来，第一步是浏览你的备忘录，以找出约翰在解读时可能出现的任何误解。

> 我试图明确说明，他们的行动是如何促进改善沟通的，尽管每个人都没有看到对方的贡献。

比尔：是的。

介入者：但约翰在告诉你他的感受，并且在我们进入更理性的层面前，我认为约翰的感受应该受到认可。对你们而言这是否有道理呢？

约翰：当然有。

比尔：是的。

比尔：好吧，那我就从你与理查德的对话开始。听听他到底说了什么，这对我来说很有用。

约翰：嗯，我没有录下来。我没有写下他说的话。它烙在了我的记忆中。但是，说实话，我不认为他的话有什么大不了的。我们所有人都经历过客户给出负面评价的时候。这种事曾发生在我身上，也曾发生在其他所有人身上。（举例说明）

（稍后）你让我告诉你他到底说了什么。我不能。我真心地怀疑，你能否告诉我你们到底谈了什么。

比尔：嗯，并非如此。在这种情况下，我会问客户，他说话的时候，我是否可以做笔记。或者我是否可以事后将其写下来。

约翰：那这就是我的不对了。我没有那么做。我也许应该那么做，但我没有。

比尔：令我困惑的是，有人告诉我，你把我们与理查德的对话详细地告诉了其他同事们。我还听说，你对那位高级顾问做出了负面评价。

约翰：我把告诉你的事情原原本本告诉了他们。对于那位高级顾问，我的评价是，他是你主管的这个地区的头号顾问。

比尔：但你和我从未与理查德讨论过此次"失败"。

约翰：但是，比尔，我们没有获得任何可行动的成果。

比尔：不，不。我们确实有了可行动的成果……别叹气了，约翰。没有它我们也都可以做。

约翰：比尔，别跟我说这些废话。有一个证人（指着我）可以证实我的说法。我对你和那位高级顾问做出了正面评价……我从所有事件中得出的结论是，不要说任何批评你的话，就这样。

> 我认为，比尔要求约翰停止叹气是他否定约翰的感受这种模式的一部分。比尔似乎想开展理性的对话。可以预见，约翰会愤怒地做出回应。

> 如果约翰要求我证实或证伪他的说法，我会说："我确实可以证实你的说法，但我也想帮你在不需要证人的情况下解决这个问题。我认为，你和比尔在解决这个问题方面正取得进展。"我的本能是证实约翰的说法（但不是建议约翰学会依赖作为证人的我或其他人），并且告诉他们正取得进展。

比尔：不，不，至少先向我说明一下情况。

约翰：我说明了。你和我有几次长时间的电话对话。

比尔：我们只有一次简短的电话对话，但被你打断了。我对此并不满意。泰德和吉姆向我报告说，你对我做出了负面评论。

约翰：比尔，我拒绝为他们的话负责。

比尔：不，我要求你对不按流程做事负责。

约翰：但我确实和你谈过了。

比尔：是的，但并未谈清楚。

约翰：唉，比尔，我怎么能和一位不一定想同我谈清楚的人谈清楚呢？我怎么能让你相信你不愿意相信的事情呢？

比尔：我什么时候跟你说过我不想谈清楚？

约翰：你对你认为正确的观点极力争辩。你从未让步，甚至永不让步！

比尔：你能举一个例子吗？

约翰：可以。（介绍了一次喝酒时关于巴以局势的谈话。）

> 约翰对比尔做了几项归因，但没有加以检验。我本想介入，但比尔要求提供说明性资料是很有帮助的。

比尔：（坚称那次聚会上的许多人都有醉意。）

介入者：让我们把注意力集中到这里吧。约翰，你认为他此时是在争辩吗？

约翰：我认为他正在让我去做一些我不可能做到的事情。我不可能重现九个月前在汽车后座上的对话。

> 约翰举了一个发生在几个月前的例子，而比尔可以轻易地忽略这个例子，此时我决定介入，问约翰是否可以用此次讨论会中的例子来说明比尔是在争辩。

介入者：但我们能做的一件事是，尝试确定你和比尔观点的差异程度。

比尔：我唯一掌握的相对直接证据是，当我们在一个细节上出错时，理查德不高兴。他告诉我，那无疑会让他对我们的工作产生怀疑。

> 比尔的两个评论都证实了约翰关于理查德的立场所说的话。这可能会让约翰感到，比尔不仅在听，而且也同意。

他说的第二件事情是，希望让约翰加入进一步的研究。

介入者：你有没有感觉到是什么原因导致理查德希望约翰加入？

比尔：（说了几个原因，首先是理查德感到约翰是在最高管理层的迫使下从事这项研究的。）

介入者：在理查德说想让约翰加入后，实际上你没有对他说"好吧，那就这样做，对我和同事们而言，了解其中的原因很重要"，我这么说妥当吗？

> 此次介入的目的是为了说明，比尔是如何让理查德说出想要约翰加入的理由，并在约翰在场的情况下这么做。

比尔：是的，我没那么做，而且我很后悔没那么做。

> 约翰和比尔都说了一些对方可能认为是建立信任的话。比尔明确表示，他相信约翰的动机。约翰承认，他的行动可能不正常，并且愿意进行检查。

（稍后）我希望这一点能在我的备忘录中体现出来。在这段关系中，我没有看到约翰做任何不光彩的事情。但我想对约翰说，他做的一些事情是不正常的。

约翰：你可以举例说明哪些行动不正常。在这方面，我愿意学习。

比尔：（稍后）你为什么要生气？

约翰：我对此感到非常愤怒。你在备忘录里说我对你撒谎，说我让你在公司里出丑。

比尔：哪里这么说的？

约翰：(回应道，备忘录要求他们和其他人检查约翰对理查德所言的描述。在约翰看来，这意味着比尔不信任他。)

比尔：暂停一下。在我看来，你的愤怒并不能让这个过程无误。你的愤怒……

约翰：比尔，你在备忘录里侮辱了我。

比尔：我没有在备忘录里侮辱你。告诉我，哪个地方侮辱了你？

介入者：我认为约翰正在进行推论……

约翰：你写道，"我担心的是，你把这些并未基于我们的讨论加以检验的、错误的资料和结论分享给了一大批人……我觉得，我应该没有这些结论描述得那么差。"

比尔：是的，我是说这些都是我做出的归因。

约翰：你是说我诋毁了你。

比尔：不，不是这样。

约翰：你是说我让你难堪了。

介入者：约翰，你在跳跃……

约翰：胡说八道，我不需要为我没做过的事情生气……比尔，这样做对我有什么好处？

介入者：还有一种可能。比尔可能错了。他要求检验他的归因。

比尔：是的。我在这里写的是我做出的归因。我可以将其记在心里，这意味着我会认为，你是个愚蠢的混蛋；或者我也可以做在这家

我记得我不同意比尔的看法，即约翰表达自己的感受会妨碍沟通进展。我还觉得，约翰做出的归因没有描述比尔的意图。当有机会回头去检验比尔做出的归因的效度时，我就会抓住这个机会。

公司里我们想做的事：写下来，给你一个机会来告诉我这是错的。这个过程有什么问题？很抱歉，我开始生气了。

约翰：比尔，请帮助我理解一下：甩锅给你，让你出丑，这对我有什么好处？

比尔：我没有说过那些。你正沉浸在受伤害的情绪中。

约翰：我很受伤。

比尔：约翰，请让我把话说完。因为这种情况经常发生在我的身上，所以，这些结论很可能是错

> 突然间，约翰和比尔都做出了鼓励双环学习的陈述。

的。我对自己说，我要检验这些结论，看看我是不是错了。如果检验后发现这些结论错了，那么我会对此做出回应。你还没给我机会这么做。

约翰：说实话，你检验你的归因，这个过程是合适的。我认为这是明智的、理性的。并且我还认为，这是咱们保持一种合理关系的唯一途径。请让我预先发出信号，我很受伤，你曾经在备忘录中得出这个结论。

介入者：（对约翰说）我和你谈谈。接下来假定我是比尔。我理解你很受伤。我不知道哪段话会造成这种情况。现在你想让我做什么？

约翰：让我澄清一下。我有一套非常重视的行为准则。我不会坑害一位自己喜欢并尊重的朋友。我

> 我的策略是交替扮演约翰和比尔，并尝试表达，在那么生气却不想激怒对方的情况下，两人会相互说些什么。这些介入措施似乎推进了讨论的进展，导致两位董事都以自己的方式说明与对方之间存在的困难和束缚。

根本不会那么做……或许是比尔不了解我，或许是有人做错了什么，还有可能是有人利用了我。

介入者：（扮演比尔）我尊重你的感受。你一定觉得，我背叛了咱们的关系。

我的困境是，当我写备忘录时，我并不认为在写一个胡编乱造的故事。但我确实觉得它可能是错的。我想与你分享，从而检验我的想法。如果我不把观点及缺陷都展示出来，我怎么能学习呢？

约翰：（直接与比尔对话）比尔，这是我的问题。你与我电话交谈了一个半小时，并且我们毫无所获。

比尔：我不这么认为。

约翰：所以，当我收到这份备忘录时，我想，这是不是要把我彻底摧毁。

比尔：（稍后）如果我有这些想法，约翰，我怎么还能说出来而不被你说成是胡说八道？

约翰：我只想说，你正在经历的过程是明智的，我认识到，我对一些我觉得很受伤的事情做出了情绪化的反应，对吧？

介入者：（稍后）我想聚焦于现在发生的事情。（对比尔说）在我看来，你实际上是在问约翰："如果你这么生气，那为什么不加入而要退出？

现在让我扮演一会儿约翰。他可能会说："鉴于我的'炸锅'方式，我能保持理智的唯一方式就是退出。这是我保护自己的方式。"

比尔：但他可以更理性地对待我。

介入者：我开始看到一种模式。一开始，你多次告诉他，实际上是要他少些情绪化，多些理性。但他说："这就是我，我必须把这些情绪发泄出来。"

我听到他说，你所做的事符合最好的习惯，我们正在努力培养这种习惯。但他感到很受伤。与其告诉约翰不要情绪化，我建议你鼓励他表达自己的感受，因为你想要建立一种关系。

约翰：是的。

比尔：好的……我不喜欢争吵。我不喜欢这样争吵着讨论……我看到的是约翰在生气，而这不会产生好结果。这会让我生气，进而我们会朝着对方吼叫。我会认为，他不能自控，他说的任何一个糟糕字眼儿我都不该听。然后我就会摆脱他，我不希望与他有这种关系。

介入者：说这些是有帮助的。现在你不是在告诉约翰不要情绪化，而是在告诉他你是如何处理情绪的；你会摆脱他，而你不希望那么做。

约翰：我的印象（可能是不正确的）是你确实喜欢争吵……而克里斯［介入者］是正确的：在某种程度上我感到很生气。我退出，是因为那时我开始吼叫或者很生气，并且我没有任何收获。

比尔：我所能说的是，这不是我的形象……今后，如果你看到我与人争吵，请告诉我。

约翰：好的，我可以请你和其他人一起检验你的形象吗？

比尔：没问题，当然可以。

介入者：（向比尔保证，在那次与其他董事的会议上，约翰没有指责比尔。）比尔一直是持续改进过程中的领先者。几个月前，我看到他与办公室成员对话，他倾听并鼓励这种反馈。

比尔：（稍后）我认为，约翰不应像他以前做的那样结束我们的电话对话。

介入者：现在你在告诉他应该如何行事。我建议精心设计你们的对话，大致包含下面的信息："约翰，如果我们的对话结束后，你觉得我没明白（无论是什么问题），那么请告诉我。我将继续努力进行对话。"

约翰：如果重点在于谈清楚，那么你得帮助我，因为我认为你是更难谈清楚的人。

比尔：（介绍了他与约翰之间的若干问题。）

介入者：（对约翰说）如果他告诉你这些，你有何感想？

约翰：如果是我，我一定会很生气。

比尔：但是，约翰，这就造成了一种困境。如果我告诉你我的真实感受，并说想要开展诚恳的对话，你会认为我在拍马屁。如果我不说出我的积极感受和观点，你会认为我在消极回避。

介入者：（对约翰说）我认为，这让比尔陷入了一种双重困境。如果他闭口不言，你会生气。如果他对你说实话，你也会生气。

约翰：我对此表示同情。我没有好的答案。

（稍后）当我阅读他的备忘录时，我说："这家伙怎么能认为我会做这种事呢？"

介入者：而你没有对自己说："很好，他很诚实，现在我们可以解决这些问题了。"

约翰：我明白你的意思。我想，如果我觉得他在某些方面更容易被说服，就不会贸然得出这个结论了。

介入者：比尔，也许你在下次写这种备忘录时，可以提醒约翰，你意识到他可能会将其理解为伤害，但那不是你的意图。你的意图是检验对约翰的看法。

约翰：（稍后，要求比尔阅读备忘录中的某段话。）

比尔：（表示同意，并去阅读。）"约翰，首先我想说，一直以来我都认为你最关心他人、乐于助人。……鉴于你的动机良好，我觉得我对你的某些评价似乎不仅是不应该的，而且是忘恩负义的，甚至是恶意防卫的。"

约翰：（对介入者说）对于比尔刚刚阅读的内容，我的理解是，如果他先表示抱歉，那么我不会认为这是一个问题。

介入者：你不相信他吗？

比尔：他不相信我，也不信任我。

约翰：我读了这一段话，认为他在给我下套。

介入者：这很有帮助。因为我并没有这么想。我相信他的话。

比尔：我再说一次。这段话非常真诚。

约翰：我只是实话实说。

比尔：那我就真的左右为难了。我做的每件试图让你放心的事，对你而言实际上都成为我获得胜利的一种隐蔽方式。

约翰：完全正确。

比尔：（稍后，介绍了从其他董事那里听到的许多评论，即约翰一直在苛刻地批评比尔与他人的绩效。）我无法向你解释这种炮轰是多么令人难以置信，关于高级顾问绩效不佳的言论是多么令人反感。

约翰：我已告诉过你，我从未批评过那位高级顾问。告诉我，你想让我做什么？我是说，我不清楚该怎么做。

比尔：请不要再说这些了。

约翰：我可以提个建议吗？下次再发生这种事，你和我还有第三方为什么不面谈呢……我重申，我从未说过那位高级顾问的坏话。

（稍后）这是否意味着你会改变关于此事的观点？

比尔：当然，我已经改变观点。我现在认识到，你在董事会的言论没有我原先想象得那么有煽动性和侮辱性。

约翰：我想问你，起初你为什么相信呢？

介入者：或许是因为几年前你有"炸锅"的名声，说了一些事后感到抱歉的话，对吗？

约翰：对。毫无疑问，我有这种名声。我想，在过去三年里，我曾希望这种情况会有所改观。

（稍后）我要问你一个非常具体的问题。关于所谓的"炮轰"，你是否真的有大量相关资料？因为如果有的话，那么就有人行为不当。

比尔：不，没有炮轰。但我现在明白了，你是无辜的。

介入者：一开始，你就要求约翰为别人说约翰说过的话负责……

比尔：我改变想法了。你已经说服了我。

约翰：这正是我想知道的。

（稍后）同样，我同意你所经历的过程。我的情绪反应过激。我已经理解你为什么做那些事。我认为这种努力是正当的。

介入者：（稍后，对比尔说）我推断，你对约翰的不耐烦与你认为公司中对你主管地区的苛刻批评有关，对吗？

比尔：是的。

介入者：我建议你们两位在下次董事会议上提出这个问题。

比尔：好，如果我们要打造一家真正的全球性公司，这很重要。

约翰：没错。

概要

在这次讨论期间，我感到我是在和两位理解Ⅱ型要求的人交流，遵循这些要求可以开展有效的对话。这是一个基础，他们可以基于此解决某些非常棘手的问题。

我参加这次讨论会时非常乐观，认为会取得进展。我看到约翰对比尔感到如此生气，以至于他没看到比尔备忘录中的暗示，这些暗示表明比尔愿意检验自己的想法。用约翰的话来说，他觉得受到了伤害和虐待。在我看来，他参加会议有两个目标：第一，他想让比尔道歉，想表达很反感比尔和其他几位董事的苛刻批评，即针对他的话。第二，他想学习。比尔到达前我们在一起的短暂时间里，约翰告诉我，他很生气，很受伤，并要求我帮助他避免做出不正确的行动。他似乎认识到自己会生气，必然会发泄自己的情绪，并且会采取适得其反的方式发泄。

我认为，此次讨论会表明，个人可以使用我们的方法来表达感受，比如愤怒，而对于这种感受，Ⅰ型回应（发泄）是适得其反的。某一天，约翰可能会在类似情况下遵循Ⅱ型使用理论说道，他很生气，他认识到生气可能会妨碍倾听和开展对话，并且他要求别人保持一定的耐心。我观察到两位董事在两种不同的情况下运用这种策略，尽管他们都没有像约翰在此次讨论会中那样生气。在基于 II 型使用理论的讨论中，表达强烈的感受是被鼓励的；以妨碍解决问题的方式表达感受是可以理解的，但不能纵容。

此次讨论也展现了人们如何自动创造他们不喜欢的情况。例如，约翰认为比尔爱争论、不愿学习。约翰的行为方式也可以说是爱争论、不愿学习。当约翰谴责比尔诽谤和侮辱他，并且比尔要求提供资料来说明归因时，约翰最初的回应并没有用。然而，他似乎知道自己是在发泄，而这无助于问题的解决。例如，他两次告诉比尔，比尔正在坚持受两人重视的问题解决方式。在讨论时，约翰的意识帮助他承认自己的局限性，对比尔的行为予以夸奖，而且我认为，他也听了我的劝告。

我还相信，在察觉到约翰和比尔想说什么或希望他们能说什么，并替他们说出来方面，我发挥了有益的作用。这个策略之所以得以实施，是因为约翰和比尔确实有意尽可能地遵循 II 型。他们真诚地希望能够这么做，尽管每个人在为自己辩护时都会制造一些噪声。如果这不是他们的意图，约翰和比尔就会同我争论，并指责我偏袒某一方。相反，后来两人都表示，他们感到我尊重每个人，并且我会尽力维护讨论的过程。两人都觉得这让人很放心，因为他们都不希望我以牺牲整个过程为代价偏袒某一方。

这种对我的作用的反应表明，如果项目继续取得进展，我最终可能会被其他董事取代，其他董事可以作为第三方或介入者，并聚焦于几位或所有参与者激烈争论的任何对话或会议中的学习过程。

第 12 章
结论：变革与改进的模型

本书的结论涉及可行动知识的价值、来源与应用，具体分为下述五个方面：文献回顾、理论框架、介入活动的现状、案例研究、因果概念。

文献回顾

文献回顾（第 1 章）的主要结论是，组织习惯性防卫存在于私营组织和政府组织中，也存在于中小学和大学中。尽管组织习惯性防卫似乎无所不在，关于如何克服它的研究却很少。事实上，现有文献提供的建议要么回避习惯性防卫并掩盖这种回避，要么强化了习惯性防卫。

理论框架

在第 2 章中，我们构建了一个理论框架，解释习惯性防卫如何产生于个人的使用理论，个人早年学会这种理论是为了处理令人尴尬或有威胁性的问题，并回避解决这些问题的双环学习所需的行为变化。由于组织是由这些人组成的，所以不难发现，人们创造了严重限制双环学习的状况，并且它妨碍人们意识到这些状况，也使人们不为创造并维持这种状况而承担责任。

最后，该理论框架表明了使用理论与组织习惯性防卫如何结合起来教导并奖励运用防卫性推理的人。在一定程度上可以确定，遵循防卫性推理的人的日常互动将保持组织习惯性防卫。事实上，运用防卫性推理来抨击组织防卫是一个强化防卫的好方法。简言之，使用理论和组织防卫以一种自我维持、自我强化的模式共同发挥作用，这种模式是反学习的和难以纠正的。

许多有思想的、对此感兴趣的评论家想知道，如果这种组织行为观正确无误，那么可以改变习惯性防卫吗？如果可以，那么能否在不伤害个人或组织的情况下改变？我希望这项研究以及我以前发表的研究成果（Argyris & Schön, 1978；Argyris, 1982, 1985a, 1990c）能够表明，答案是肯定的。诚然，本研究观察的是那些聪明且致力于学习的人。但正如资料所示，这并不意味着变革过程没有压力。事实上，许多被研究的年轻顾问都表现出一定程度的脆弱，而在较低层次、受教育程度较低的雇员中没有发现这种脆弱。

此外，这些早期研究可以帮助我们构建一套知识体系，引导我们开发更有效的变革项目，以及在日益困难的情况下将会奏效的项目。

然而，就我个人而言，我不会寻求创造那种会强迫或操纵人们向其不希望的方向变革的知识。Ⅱ型和O–Ⅱ型就像"一杯茶"，作为一名社会科学家，我将努力使其变得越来越可口。但我也将努力创造知识，以帮助人们公开抵制Ⅱ型和O–Ⅱ型，如果他们希望如此的话。我的愿望是创造条件，使人们能够提供有效信息，做出明智选择，并检查其实施情况。

为满足人们在这方面的需求，我认为，现在流行的变革模型（最早由卢因在 1951 年提出）需要加以修改。该模型是一种新状态下的解冻、变革与冻结。我的研究表明，该模型需要注意两点：第一，在此处介绍的研究中，形成新状态并未消除 I 型行为。尽管 I 型的使用频率降低，但仍是处理常规的、非威胁性议题的有效模型。请回想一下那两位发飙时做出 I 型行为的董事。当我观察他们时，我看到他们并未丧失 I 型技能。事实上，他们带着感情并且充满活力地运用这些技能。但他们能够反思这些技能的不适特征，并改变自己的行动。他们一旦通过自由表达自己的感受来获得情感的宣泄，就仿佛能够理解对方的观点，并找到合适的对话途径，在对话中他们能够公开谈论各自行动的破坏性和建设性特征。

第二，新状态并未被冻结。在这项研究中，学习是以自我强化的方式进行的。事实上，在撰写这本书的时候，这种学习仍在继续。该组织已经启动了新政策和新实践，从而确保变革得以持续。这些政策与实践同推动这些实践的技术理念相结合，也同该公司关于自身治理和客户 – 顾问关系治理的政策相结合。

例如，持续改进项目从组织的高层开始实施。随着董事们开始根据 II 型价值观和行动策略开展工作，该项目逐步扩展至整个公司。随着各级顾问和工作人员接受再教育，他们也改变了彼此互动以及与客户互动时的价值观和行动。这使得形成新的治理模式成为可能，该模式鼓励人们为决策承担更多责任。新的咨询服务已经被开发出来，它把这个改进项目的技术方面和行为方面整合在一起。这反过来又孕育了新的内部教育项目。例如，关于 I 型与 II 型的教育正同提供给顾问和项目小组经理的技术教育整合起来。

介入活动的现状

在我研究的组织中，介入活动的轨迹可以描述为扩大、深化、持续。这并不意味着没人遵循 I 型行事，也不意味着看不到反学习活动。但这确实意味着，当这种活动发生时，它是可观察的、可中断的，并且如果参与者愿意，也是可纠正的。

人们的学习程度各不相同。有些人可以自由驾驭 II 型；有些人则不能。我相信，对公司中 I 型和 II 型活动的系统性研究会表明，最大的进展一直是且将继续是在高层取得的。这个结果与许多变革项目的结果不同，在那些项目中，高级管理者通常处于信奉变革而非实施变革的前列。

案例研究

在本书描述的介入项目中，我和同事们采取的第一步是准备一份行动示意图，揭示当时的组织防卫模式和组织学习能力状况。

我认为，本书第一部分和第二部分介绍的讨论录音和观察结果表明，一种使旧模式相形见绌的新模式正在形成。正如我提到的，我不认为旧模式正在被消除，因为我不认为学习了 II 型的人会丧失其 I 型使用理论和技能。这两种模式都是存在的。发生的变化在于，这项研究的参与者现在可以从两者中自由选择。他们可以选择反学习或促进学习的模式。到目前为止，资料表明参与者继续选择促进学习的模式，尤其围绕着那些令人尴尬或感到威胁的、困难棘手的决策，他们会做出这种选择。我认为，下面的说法是妥当的：当参与者与客户在一起时，他们感到选择 Ⅱ 型行动的自由更少，尽管他们选择以该方式行动的频率要远高于刚开始时的预测。

录音文稿还表明，下面两种行动的出现频次都下降了：参与者对彼此做出反学习的评价与归因；使评价与归因变得不可讨论、不可检验、不可改变。参与者现在不太可能因防卫模式的存在而责备他人。他们已经开始努力建立一个促进学习（包括双环学习和单环学习）的组织模式，特别是在最困难的情况下。他们已经减少了阻碍探究的、助长掩饰的、对坦诚做出矛盾反应的、两极分化的行动。对探究有了更多鼓励，对议题有了更诚实的正视，对矛盾有了最诚实的态度，因此这些是可讨论和可改变的。

董事们提高了对彼此的信心，也提高了对该群体有效性的信心。董事会议和董事们的报告显示，他们明显减少了拐弯抹角的行为、两极分化的观点与痛苦的情绪。困难的话题不仅得到了讨论，而且讨论它们是为了达成决策，使内部承诺变得相对较多。例如，在这项研究期间，董事们制定了所有权问题的解决方案，当我开始与董事们合作时，这个问题已经威胁到该机构的生存。他们尝试了任命新董事的方法，以及评估自身绩效的方法。这家公司的组织结构已经从所有董事管理公司业务转变为由一个指定的附属委员会管理日常但关键的事务。这不是一项微不足道的举措，因为正是这个附属委员会决定了增长还是停滞、发放奖金还是停发奖金。

董事们表示，讨价还价、秘密划分势力范围、拉帮结派、苛刻评价等行为明显减少了。他们还表示，这并不意味着他们再不会遇到令人尴尬或感到有威胁性的问题，而是意味着，他们更有信心通过公开讨论来解决这些问题，从而加强董事群体的凝聚力。

首席执行官的领导模式也发生了变化。他表示，与其他董事会成员之间的钩心斗角减少了。他们与首席执行官之间的钩心斗角也减少了。通过喊叫客户难以得到优质服务来获取资源的模式同样大幅减少。

在本书中，我聚焦于表明，有可能创造可行动的知识以改变组织习惯性防卫。我想表明，能够以一种可持续的方式创造这些罕见的变化。对研究人员而言，下一步自然是开展研究，聚焦于产生定量结果。我已经说明了如何检测 I 型行动策略（不举例说明，也不鼓励探究或检验评价与归因）和 II 型行动策略（举例说明并且鼓励探究或检验评价与归因）的讨论会录音文稿。我还说明了如何绘制组织行动示意图，从而用于比较研究。

因果概念

在附录中，我将检查定量结果与因果概念的关系。例如，如果我们的因果概念是基于差异（穆勒的差异法），那么定量结果可以引出 $Y = f(X)$ 形式的概括，这对因果解释是有价值的。但我想说的是，这些概括在可行动性方面潜力有限。我称之为设计因果的因果概念可能会产生更具可行动性且更易验证的知识。基于这个概念的研究设计也可能产生较少定量结果，而为人们用来设计和贯彻其行动的主程序提供更多规范。无论如何，这种因果概念可能让我们既能创造用于行动的知识，又能对组织理论做出有效贡献。这两者都是需要的，而且应该把它们联系在一起，而非分离。

设计因果：解释、采取行动、整合不同的视角

我们有可能创造在现实中有效的、可行动的知识，实务者和研究者的日常运用是对这些知识的有效检验。检验结果反过来应该加深我们对组织和组织学习的理解，特别是加深我们对改变现状的方法的理解。

行动理论

创造这种知识的本质要求是要有一种行动理论，该理论可用于诊断和理解个人、群体、群际、组织的行为。这种理论告诉运用它的人或群体如何有效地行动，如何设计和贯彻行动，从而使行动可以实现且持续地实现预期结果，并且不降低行动者当前的有效性水平。

行动理论是治理理论，解释了个人或群体如何拥抱现实从而有效地管理。因此，行动理论是规范理论，而不是声称有某种客观真理的理论。行动理论明确指出了所需的行动策略及随之而来的结果，以及其所满足的基本主导价值观。

　　行动理论是人的能力、自尊与自我效能的核心。个人通过自认为和他人认为有效的方式行事来获得信心。个人通过创造那种鼓励学习（尤其是双环学习）的组织模式来保证这些有效行动得以持续。

　　尽管行动理论不是关于某种客观真理的理论，但它确实提出了关于如何有效行动（事实上，对特定个人或群体而言什么是有效的）的主张。这些主张必须接受现有最严格的检验，不仅因为这是严谨的科学，还因为作为研究人员的我们对下面两种人负有责任：可能使用我们所创知识的实务者、这些实务者的服务对象。所有人都应该得到某些保证，我们会努力把实践与检验、行动与学习联系起来。

　　为了让行动理论在现实中得到检验，必须从中找出实现有效性所要求的实际行为。换言之，行动理论必须产生可行动的知识。行为规范越明确，知识与行动的鸿沟就越窄。因此，一种行动理论必须满足三项要求。这种理论应该可以用来描述和理解现实；提出解决问题的新方法；指出要采取什么行动、如何落实以及如何评价实施的有效性。

　　因此，创造可行动知识的理论既是描述性理论，又是规范性理论，还是规定性理论。本书中介绍的研究项目旨在体现这三个特征。例如，通过运用 I 型使用理论和 O－I 型有限学习系统的概念，我和同事们描述了客户公司高层（以及后来的较低层级）的现状。我们指出，使用 I 型和 O－I 型产生了董事—所有者不想要（因为这种防卫模式和组织政治是反学习的，是对现状的过度保护）的组织防卫模式和组织政治。

　　然后，我们引入了 II 型使用理论和 O－II 型学习系统的规范性概念，以减少功能失调的组织政治和有限学习的活动。最后，II 型和O－Ⅱ型被用来规定那些要创造期望的变革所需的行动。例如，董事们必须学会明确自己的立场，以鼓励探究和检验的方式做出评价或归因。我们设计了研讨会来帮助董事们把Ⅱ型行动作为其个人使用理论的组成部分。为了持续地实践与学习，我们在所有后续的业务导向会议中使用了相同的概念。

每次研讨会和会议都是检验这个理论特征的机会。例如，我们预测，即使在董事们同意其理论是Ⅰ型的、我们绘制的模式是有效的、他们想要改变使用理论和组织防卫模式之后，董事们也无法改变这两者。我们通过分析反馈讨论会和业务会议的录音来检验我们的预测，看看是否能够找到Ⅱ型行动，结果是找不到。

我们还预测了讨论会结束后会发生什么。我们预测每个人开始改变自身行为的可能性，该预测基于此人在反馈讨论会或研讨会期间的学习模式，以及他利用重要的业务讨论会来练习并发展自身技能的承诺。我们通过检查Ⅰ型和Ⅱ型的会议录音来预测群体行为。

当董事和顾问开始使用其Ⅱ型知识与客户打交道时，就有可能评估我们用来理解该咨询公司的概念在多大程度上对其客户也是有效的。例如，研究表明，客户也遵循Ⅰ型使用理论，并创造了反学习的组织防卫模式。因此，用于理解个案的理论与理解其他案例的理论是相关的。

当然，我们的"个案"本身由许多案例组成。这个行动理论被用来理解每位董事和董事群体。后来，它被用来理解其他顾问和该公司内部的各种群际关系。再后来，它还帮助我们理解该公司的客户和顾问—客户关系。我们进行了数百次观察，并且可以轻易对每个单位进行无数次检测。其中每个都能成为正当研究的基础。简言之，我们的行动理论可以用来研究许多不同规模的单位，并且可以用来概括和检验对许多其他情况（当前情况外）的预测。

我们也创造了许多机会来观察介入对组织内各层级的学习造成的影响。例如，在为期两天的案例研讨会之后举行的每次会议，通常都是为了解决以前不可讨论和不可纠正的问题，例如：某些董事的绩效、某些董事的诚实、对首席执行官绩效的公开评价、建设性对抗顾问的脆弱性、把责任归咎于他人的倾向等。

由于我们要从事科学研究，而参与者要接受教育，所以对这些讨论会都进行了录音。我们能够检测录音以确定参与者的使用理论，同时参与者会时常听录音以反思自己的表现。有人要求得到录音文稿，以便他们能够更集中精力进行反思。

此外，这种录音可以很容易地被研究人员用来开展他们想要的任何类型观察者的信度和效度检验。（这在很大程度上取决于他们认为哪种信息可以有效地检验信度和效度。）因此，敬业的实证主义者和解释主义者都可以使用这种资料库。

录音的另一个可能用途是研究介入者在某场讨论会期间的行动。它可以解答的问题包括：介入者的行为在多大程度上符合 II 型和 O－II 型？这在多大程度上导致了该理论预测的结果？如果介入者的行动与理论不一致，为什么？其后果是什么？

对一个用来改变现状的理论的最终要求是，应该为研究者提供质疑其准确性的策略，并为使用者提供退一步反思理论本身的手段。用研究人员的行话来说，他们必须有能力对理论进行"元化"（go meta）。我们的理论提供了这种可能性，因为它旨在创造双环学习，这种学习会对价值观提出质疑。这个要求对于那些既可行动又受实务者控制的知识尤为重要，这些知识不仅要包含不断检验理论的方法，而且要包含对理论本身提出质疑的方法。

我们的理论中最薄弱的部分是如何从Ⅰ型转变为Ⅱ型。我们相信，在帮助人们从Ⅰ型转变为Ⅱ型的经验层面上，该理论非常强。在预先说明介入与变革过程中会发生的事情方面，该理论不太强。例如，我们可以非常可靠地预测，运用Ⅰ型使用理论的人将创造出妨碍双环学习的组织防卫模式。找到一个非这种情况的重要实例，就会证伪该理论。最终，我们希望做出预测并进行可靠的检验，明确指出从Ⅰ型转变为Ⅱ型的过程中会发生的事情。

实证研究方法

在研究中，我们使用简单但强有力的实证方法。相比基于复杂得多的定量技术提出的命题，我们使用该方法提出的命题同样可靠，甚至更可靠。这个方法之所以强有力，是因为足够简单，实务者可以在现实中使用。

我们使用的研究方法论符合第2章介绍的推论阶梯。如果这个阶梯准确地描述了人们如何为行动归因或找理由，并评价行动的有效性以安排其生活，那么我们应该运用相同的推论阶梯来设计自己的研究，因为这将使研究创造的知识与其可行动性之间的差距最小化。

在若干介绍性访谈结束后，我们要做的第一步是尽可能收集可直接观察的资料。最初我们采用自然主义方法和民族志方法。为获得包含硬资料的对话，我们利用了录音并辅以人为观察。

硬资料是指个人和群体实际说了什么、做了什么。对话就是硬资料。具有不同观点和价值观的人能够围绕所说内容达成一致，从这个意义上讲，它们是硬资料。法院会设法提供这样的资料。请回想一下，尼克松总统曾发现，录音包含硬资料。[○]

一旦收集到资料，就可以对其加以分析了。我们运用Ⅰ型和Ⅱ型、O－Ⅰ型和O－Ⅱ型来整理资料。我们检测了董事们的会议、反馈讨论会、案例研讨会以及许多其他会议，从而归类本书所涉五年研究期间参与者的行为。一旦整理好资料，我们就可以进行预测了。

我们做出的预测非常可靠，例如，即使董事们已认识到组织防卫模式的效度，他们也不能在反馈讨论会结束之后创造或鼓励双环学习。我们说过，尽管董事们渴望变得更有能力，并且知晓那些让他们陷入困境的行动策略（例如，不加探究地坚信自己的想法，做出不可检验的归因，否认自己正在这么做，并且在对质时指责他人），但他们仍会做出符合Ⅰ型的行动。如果一位董事在反馈讨论会之后、案例研讨会之前的几个月里转而做出Ⅱ型行动，那么这种行动就会证伪Ⅰ型特征。

我们绘制了一份行动示意图，描述了导致反学习和过度保护行为（尤其围绕着令人尴尬或有威胁性的问题）的组织防卫模式。我们有可能根据该示意图做出进一步的可靠预测。例如，即使董事们证实并想要改变这种模式，他们也无能为力。实际上，值得称道的是，他们认识到从Ⅰ型到Ⅱ型，从O－Ⅰ到O－Ⅱ不容易，并且需要大量实践，因此，该过程需要很长时间。他们这种务实的愿望不仅

有助于成功应对自己的脆弱，而且也为组织的其他成员创造了适当时间和空间来做同样的事情。如果有人声称，参加了最初的研讨会后就学会了运用Ⅱ型，那么人们就会产生怀疑。

最终，我们主张，实证结果可以推广至该组织之外，这一点是可以检验的。董事和顾问们经常发现，由于客户的习惯性防卫，他们无法帮助客户如愿以偿地检验提出的建议。董事和顾问们观察到的一般行动策略、人际动力、群体动力、组织后果同他们自己的组织示意图中描述的类似。实际上，几位高级和初级顾问使用该示意图绘制了客户的示意图。因此，Ⅰ型和防卫模式在整个组织和全部时间内都是可以推广的。

我认为，同样的概念也可以推广至其他组织。可以肯定的是，在组织的各个部分会有一些差异。但在我们的行动示意图中出现的一般行动策略和导致反学习后果的一级至五级后果，将会应用于所有组织，无论其规模、年龄或技术水平如何。关键的条件是，参与者运用Ⅰ型使用理论来应对尴尬或威胁，这意味着他们将创造本书中介绍的O－Ⅰ型有限学习系统和防卫模式。未来的研究可以检验这些主张。事实上，目前的介入提高了该咨询公司的客户希望开展类似变革项目的可能性。因此，这个项目增加了可用于研究的组织样本。

研究者的人际技能

我们的研究结合了自然主义观察与介入，从而改变现状，这种研究需要人际技能。在感到尴尬或有威胁性（轻度到高度）的情况下，研究者和介入者必须能够使用Ⅱ型技能。某些Ⅱ型技能与现有文献中介绍的人际技能类似，如待人热情、建立信任、赢得认可、保持开放、处事灵活等（Berg & Smith，1985；Lowman，1985）。还有一些必要的技能，但现有文献很少提及如何培养它们。例如，研究者将对现状提出质疑，并且决不能把客户认为理所当然之事视为理所当然。因此，研究者将示范如何在不感到软弱的情况下展示自己脆弱的一面，因为客户可能觉得所示范的行为有危险，并且可能引起一堆麻烦。客户在很多时候会怀疑和生气，质疑行动的有用性，或者表示不相信。正如我们已经看到的，该公司的董事们和专业人员都是如此。斯潘塞和卡伦（Spencer & Cullen，1978）指出，介入者要有勇气。

有两种方法可以培养这种勇气。第一种方法是成为实践明智的、可行动的理论的专家。这样就可能勇敢地介入，并自发地这么做，因为理论会告诉我们该用什么设计、该说什么话。第二种方法是在一个鼓励学习的环境中实践这些技能。这两种方法都很有用。介入者越是善于运用理论，就越有信心在困难情况下采取行动。他们实践得越多，就越有可能采取 II 型行动。

我认为，研究生阶段的社科研究项目并未充分重视向学生教授这些技能。在这种情况下，教育很大程度上是经验性的，基本上缺乏帮助学生学会对理论加以检验的合理内容。总之，这些教育趋势使研究生比以前更不可能具备必要的能力。事实上，我的经验表明，这些趋势让聪明、勇敢的学生疏离，因为他们感到对检验和实践的勇气与兴趣会让自己给老师和同学带来麻烦。我们已经发表了这种教育的一个模型（Argyris，Putnam，& Smith，1985）。需要做的事情还有很多。

因果概念

正如我在第 2 章指出的，在现实中，推理的功能是为观点、信念、态度、感受或行动提供基础。人们正是通过推理来解释或说明事实，并从拥有一套想法和行动转换到拥有一套新的想法和行动。

唐纳德（Donald，1991）在关于现代心智起源的研究中指出，因果推理在人类心智发展的过程中是一个后来者。外部记忆（在行动者的记忆之外，帮助提供所需信息之物，如书籍、备忘录或其他人等）的发展对它有巨大帮助。毫不奇怪，社会科学家已经发现，因果推理指导行动，而行动的目的是创造并维持对环境因果结构的掌控（Heider，1958；Kelley，1967；Weiner，1986）。因果推理影响大量人类行动（Einhorn，1986；Forsterling，1988；Weiner，1991）。

在研究领域占主导地位的因果理论起源于约翰·穆勒的著作（John Stuart Mill，1843，1949）。其思想核心是严格、客观地研究变量之间的差异。然而，当研究旨在创造可行动的知识时，运用穆勒的因果概念就会遇到困境。我曾经说过，用来创造（经由研究）可行动知识的因果概念，应该与人们在现实中利用知识时可能运用的因果概念一致。唐纳德·舍恩与我都认为，穆勒的变量定义（对以差异为基础的因果而言，这是关键）导致了一种相互疏远，并且要求智力具备一定程度的严密性，而当客户在贯彻我们教导的这些概念（以便他们能够在现实中创造双环学习）时，这种要求是不切实际的（Argyris & Schön，1990）。

西蒙（Simon，1969）；比西蒙更关注可应用知识的坎贝尔和斯

坦利（Campbell & Stanley，1963）；詹姆斯、穆莱克与布雷特
（James，Mulaik，& Brett，1982）三组学者的理论典型地体现了穆勒
的因果观。

这种因果观的核心是对"变量"观点的一种特殊诠释方式。例
如，在西蒙、坎贝尔和斯坦利，詹姆斯、穆莱克与布雷特的著作中，
因果被理解为变量间的一种特殊关系。他们认为，变量本身被理解
为从观察到的复杂现象中提炼的命名属性（named attributes），并且
无论它们在什么局部环境下出现，本质上都是相同的。例如，詹姆
斯、穆莱克与布雷特用"角色过载可能导致状态焦虑"的命题来说
明他们的因果概念（p. 28）。遵循施皮尔贝格尔（Spielberger，1977）
的定义，他们把状态焦虑定义为"主观有意识感知到的矛盾感、忧
虑感和紧张感，与自主神经系统的激活相关或相伴随"（p. 110）。
他们进一步指出，角色过载可能直接或间接地由预期工作质量或数
量的变化（如产品需求的增长）引起，而状态焦虑可能是"其他心
理现象，如表现和退缩行为"的原因。

角色过载、状态焦虑、退缩等变量被认为在它们出现的每个局
部环境中都有相同的意思。正是这种假设恒定，使得科学家能够谈
论局部值的变化与变量间的关系。否则，每当一个变量有不同的值，
或者与其他变量有不同的关系时，科学家就不得不将其作为一个不
同的变量。简言之，这种因果观取决于一种本体论，根据这种本体
论，观察到的复杂现象转化为一组简单变量（在不同局部环境中保
持恒定的特性）的集合。

西蒙用另一种方式表达了该观点，他说，自变量 X 和因变量 Y
的每个值定义了一类事件，因此，每个变量都"包含一系列类别的

事件"（引自 James，Mulaik，& Brett，p. 15）。在此基础上，可以说同一个变量 X 或 Y 在不同环境下可能有相同或不同的值，这是发现变量间一般因果关系的必要条件。

根据西蒙的观点（詹姆斯、穆莱克与布雷特采用了该观点），因果关系是"一个因变量 Y 对一个或多个自变量 X 的函数"，其形式为 $Y = f(X)$。这样的函数是自足的，也就是说，"有且只有一个 Y 值……与每个 X 值……相关联，"或者说，"Y 值完全由 X 值决定"（James，Mulaik，& Brett，p. 170）。自足意味着独立于环境。采用这种因果观的研究者寻找证据表明，在给定 X 值和已知 X 已经发生的情况下，就可以确定 Y 值，而不受 X 和 Y 所处环境的任何其他特征影响。

在这个理论中，由于涉及多个变量，因果函数很复杂。因为"不可能颠倒因果关系的方向并仍然保持独特的决定性"，所以这是非对称函数（p. 18）。该函数必须用数量来表示，否则就无法确定有且只有一个 Y 值与每个 X 值相关联。

由于因变量 Y 的变化可能是由其他自变量 X 引起，而不是给定函数方程 $Y = f(X)$ 表达的自变量，所以因果推论通常表述为概率函数方程。如果"概率函数方程中明确包含的已确定自变量值决定了因变量的条件概率分布，"那么在该方程中就会保持自包含性（self – containment）。这些限定条件的要点是把局部环境对假定存在因果联系的变量的临时性、独特性影响视为噪声。

根据这种因果观，在实证研究的两种主要方法中，采用任何一种方法获得的资料都可以做出因果推论。在第一种主要方法（人为实验）中，研究者创造了一种独立于实践环境的研究环境（例如，一种组织模拟环境），并构建实验组和控制组，从而应用穆勒的因果推论法。研究者寻求检验 Y 是否有规律地随 X 的变化而变化（契合法）；在没有 X 的情况下，Y 是否不会出现（差异法）；Y 值的变化是否伴随着 X 值的相应变化（共变法）。通过这种方式，研究者试图确定因变量的值是否仅取决于自变量的值。

尽管研究的结论可以应用于实践，但在人为实验中，研究环境不受实践环境的限制，两者也不会混淆。

第二种主要方法是自然实验，即坎贝尔和斯坦利说的"准实验法"。根据这种方法，研究者应观察大量实践环境，确定并测量每种情况下相关变量的值。观察结果分布在许多局部环境中，因此研究者可以避免被任何特定环境的特性误导。正如在人为实验中，研究者分析结果资料，以检验因变量的值是否仅取决于自变量的值。

我和同事们很难在研究中落实上述要求。若要落实，我们将不得不同董事们及其他人保持一定的研究距离，以免被其偏见所影响，失去作为中立、客观观察者的立场。这会导致要么是不介入，要么是性质非常不同的介入。

这并不是说我们不担心受董事们的偏见影响。我们的策略是与董事们保持足够密切的联系，这样我们的任何不客观看法就都是可讨论的和可影响的。事实上，董事们不希望我们像他们那样思考和行动。那不符合他们打造一个学习型组织的目标。此外，他们不希望我们受其影响，因为那样的话，我们就可能不会预见到因介入而产生的困难。更糟糕的是，我们可能会认为他们应该对这些困难负责。

我们还必须定义我们的变量，使其明确地相互独立、不重叠。

我们会面临下述问题：董事们和其他人通过定义各个变量的方式进行管理，而这些变量往往是重叠的。他们对变量进行分组以便确定因果，也就是说，尽量确保他们希望发生的事情会发生。如果穆勒的方法代表了精确性，那么我们研究中的参与者似乎恰恰已经学会了如何草率——这是一个与穆勒观点相悖的严谨概念。

关于流行的科学因果概念的一个局限性是当我们试图应用研究结果时会发生什么。第一个困难是，严谨的实证研究概念类似于Ⅰ型概念，而落实这种研究所提出的命题需要具备Ⅰ型条件。第二个困难是，严格落实这些结果需要大量时间和其他资源，而在现实中这些资源很少用于此。

为了说明这些困难，我选择两个受到学术界（包括我自己）推崇的社会心理学实验作为例子：巴克、登博与卢因关于挫折与退缩的研究（Barker, Dembo, & Lewin, 1941）；麦克利兰关于动机的研究（McClelland, 1985）。我们先概述一下巴克、登博与卢因的实验。

研究者把孩子们带到一个实验环境中，但没有向其介绍实验情况。他们遵循良好的惯例行事，对实验操纵（即挫折）进行保密。孩子们也没有在知情的情况下做出是否参与的决策（尽管我怀疑，如果有孩子不想参与，是否会受到强迫）。

研究者创造了一个明确的挫折局面：让孩子们玩耍，并喜欢上某些玩具。然后，在孩子们与这些玩具之间设置障碍物，从而"造成"挫折。

研究者在单向透视玻璃后面安排了几名观察员检测孩子们的行为。他们使用的是预先检验过的工具，把障碍物放置足够长时间，以收集可用于严格检验其假设的观察结果。研究者控制了实验的时间维度。

实验结论是：轻微的挫折可能会激发创造性行为。但超过这一程度，孩子们就会退缩。退缩会引发更本能的行为，包括攻击。

现在，我们转向这些知识在现实中的运用。我认为，这些知识显然是可应用的。例如，可以教导管理者，如果他们让员工感到沮丧，那么这些人就会退缩，而退缩可能导致的一个后果就是愤怒和攻击。但管理者如何把这些可应用的知识转化为可行动的知识呢？例如，管理者参加某场会议是为了分配稀缺的财务资源。他想要公平地分配，从而符合整个组织的目标，而不是顺应各位下属的狭隘观点。他还想让下属们对最终的分配结果做出内部承诺，从而提高实施的有效性。他知道，他必须小心翼翼地减少挫折。

关于自己造成的影响，他是如何发现的呢？一种方法是询问下属，但这样做可能会得到有偏见的回答，因为下属可能会谨慎回应。另一种方法是让下属填写文书，但这样做可能会让他们更沮丧，尤其是那些认为自己"赢了"的人。管理者可能会使用研究人员使用的手段，让某位观察者在场，但这位观察者如何给出反馈资料呢？会不会只反馈给管理者呢？会反馈给下属吗？这些反馈会不会加剧某些人的挫败感？如果是这样，那么管理者如何发现呢？

管理者如何创造减少产生挫败感的明确条件？即使管理者希望避免人们产生挫败感，但哪些行为仍可能带来这种感受？例如，管理者不得不拒绝某些要求，但这种拒绝必须明确到什么程度？如果管理者带着怒气拒绝，那么可能会让下属觉得他冷酷无情，而且倾向于单方控制。这种看法会不会对挫败感产生影响呢？例如，若下属在心里说："好吧，既然你对自己这么有把握，那么就要为后果负

责。"然后下属从心理上退缩，并对此加以掩盖，那该怎么办？这种
退缩可以减轻任何挫败感。在现实中设置一种明确的障碍而不造成
超出一般情况的后果（与挫折相关），这是不容易的。

相比管理者，研究者很容易做到这一点。他们有能力设置一个
实验环境，召集一群儿童作为实验对象，对实验目的加以保密，掩
盖这种保密行为，并反复观察，直到确信掌握了形成有效命题（关
于挫折带来的影响）所需的全部资料。

换句话说，尽管上述命题可能准确描述了挫折对人造成的影响，
但它们很少说明管理者在现实中如何运用这些命题。这些命题不是
可行动知识的实例。

关于该困难的第二个例子是麦克利兰有关动机的期望—价值模
型（McClelland，1985）。其根本主张是，做出某种行为的决定是潜
在动机、成败预期、诱因、所需回应的可用性的乘性函数。让我们
回到那位在会议上试图就如何行动做出决定的管理者。在努力领导
他人的过程中，这位管理者将如何收集和处理自己头脑中关于动机、
期望等方面的所有信息？如何发现和处理其他人头脑中的信息，这
些信息可能会影响管理者的成败预期、行动诱因以及回应的可用性
吗？此外，即使这位管理者能够收集所有信息，他将如何在现实情
况下形成乘性函数？

从创造可行动的知识角度看，这些实验还存在另一个令人不安
的问题。该问题是研究者对研究对象以及开展研究所需的可得时间
拥有巨大的单方权力。

掌握并行使单方权力来创造一个环境，并让人们置身其中，这
不是一种中立或良性的行动。该行动能够影响成年人行动、学习，

或做出承诺的方式（Argyris, 1980）。拥有所需的全部时间，并能够重复实验，直到获得正确结果，这是行动者在现实中很难做到的。

对于开展严格控制的实验的研究者而言，他们理应拥有巨大的单方权力和不受限的时间。如果实务者要重现或减少这些实验中出现的结果，那么就必须拥有与研究者相同的条件和工具。简言之，管理者（如果他们要再创造而不仅仅是理解实验结果）将要求对下属拥有类似的单方权力。上述两个实验（以及其他许多实验）的使用理论是 I 型的。在现实中严格遵循这些主张的任何尝试，都要求管理者创造出 I 型条件。

模式因果与组件因果

有三个因果概念与我们的研究相关。其中的两个，即模式因果与组件因果，与我前面描述的流行科学概念一致。第三个因果概念是设计因果，它有不同的基础，我们将在下一部分阐述。

我们可以利用第 4 章介绍的组织防卫模式来说明模式因果。组织防卫模式展示了一种防卫性的有限学习系统，身处其中的人运用防卫性推理。这种因果主张，该模式造成了功能失调的组织政治。

这种解释基于描述性研究，其逻辑是，组织政治之所以存在于被研究的组织中，是因为人们创造了一个社会系统，该系统要求他们形成组织政治。

用穆勒的方法来研究某种模式中固有的因果是很困难的。正如丘奇曼（Churchman, 1971）所言："系统的差异化特征在于可以被分成若干部分，而这些部分为了整体而共同运作。"（p.49）因此，在一种模式中，差异可能被变量之间紧密的依存关系所限制，这种依存关系是为整体服务的。

　　某些差异的主要变化会超出特定整体的范围，要研究这些差异，研究者就必须研究不同整体、不同系统或模式的样本。一旦某种模式成为对差异进行观察的单位，那么如果不对适当的模式样本加以比较，就很难严谨使用与穆勒方法相关的因果概念。此外，这些模式必须以下述方式来定义：它们可以被证明是完全独立的，但又相互产生因果影响。

　　组件因果与模式因果相关，因为它聚焦于模式中两个或多个变量之间的实证关系。由于几个原因，我没有过多关注组件因果。我们暂且假设，构成组织防卫模式的各个组件可以相互独立，并且它们在实证方面的相互依赖可以有很大的变化，因此，我们可以运用基于差异分析的方法来进行研究。

　　这样做面临的第一个难点是，行动示意图中揭示的组织防卫模式由32个多层次共存的变量组成。为了用自变量进行实证研究，我们必须把这种模式分解为多个不同的亚单元。即使有先进计算机技术的帮助，我们也难以系统地改变变量以按照穆勒方法所要求的模型来建立因果关系。此外，这样的分析结果难道不是一套准确说明两个或多个变量之间实证关系的复杂命题吗？这样的示意图在现实中如何使用呢？由于我们寻求的是创造新现状（Ⅱ型与O-Ⅱ型得到常规性使用）的知识，所以还会面临一个更深刻的难题。

　　为了说明，我们假设着手研究高频率与低频率归因或评价（未经检验的）的实证关系。可以预测，如果我们的组织模式是有效的，那么无论各个组织之间的差异多大，反学习的后果和组织政治都会存在。之所以出现这种情况，是因为低频率评价或归因（未经检验的）同Ⅰ型和组织防卫模式是一致的。未经检验的评价或归因出现的频率较低，是因为它们经常被审查；用我们的专业术语来说，它们被置于左栏中。频率低相当于"旁敲侧击"或Ⅰ型的反面。正如我们的理论所预测的，旁敲侧击也会造成有限学习系统。相比对质，旁敲侧击呈现出较少的控制特征，但会让人们感受到高度的控制。这种非指示性的行为服务于Ⅰ型主导价值观，因此也导致了防卫的后果（Argyris，1982）。

换言之，未经检验的评价或归因的频率低，并不等于经过检验的评价或归因的频率低。对这些行动的相关个案加以比较，并不会形成描述我们最感兴趣的变化的直接相互关系。从未经检验到经过检验的评价或归因，是一个阶跃函数变化。无论经过检验的评价或归因的频率是高还是低，都要求人们把Ⅱ型作为一种使用理论，并创造促进学习的社会系统。董事们及该公司中的其他人花了数年时间来学习Ⅱ型，并创造了一个学习导向的模式。

模式中各组件之间的差异受到模式的限制。即使我们把董事们从这个组织中抽出，将其置于一个实验环境中，这种差异也会受到限制。在实验室中，我们仍必须教导"实验对象"按照Ⅱ型的做法行事，并且我们必须创造一个可以产生双环学习的实验环境。这意味着实验对象必须了解实验操作并且能够质疑它，这样一来，接受再教育以应用Ⅱ型的实验对象就可以与未接受再教育的实验对象进行比较。为了更全面地理解这么做的原因，我们必须转向设计因果的概念。

设计因果

相比模式因果或组件因果，设计因果处于更根本的位置。第一，设计因果解释了这种模式及其各组件最初是如何产生的；第二，设计因果解释了为什么模式或其组件内的变化不可能导致持续的双环学习；第三，通过引入另一种行动理论（Ⅱ型和 O－Ⅱ型），设计因果提出了改变模式本身及其组件的方法。

还有另一位研究者介绍了一种假定设计因果的方法。朗克尔提出了"标本法"（Runkel，1990），试图据此定义不变量——就像我对Ⅰ型和组织习惯性防卫等概念所做的那样。然而，郎克尔似乎渴望构建更接近"真实事物"的模型。例如，他构建的一个标本模型是铁路或飞机的模型。这种模型据称非常接近真实事物本身，以至于没必要检验基于统计的推断。

回顾我们的前提并与董事们一起反思研究—介入活动，这是阐明我与同事们如何得出设计因果概念的一个方法。

正如第 2 章指出的，我们假定，人类是有计划的生物。这个前提来自于：卢因（生活空间）和西蒙（设计）等学者的研究；以人类努力实现预期结果为前提的临床—个性—认知研究。人们通过这些努力获得的成功越多，其效能感、胜任感与自尊就越强。这些临床—个性—认知文献蕴含着一种观念：人类的行为是有原因的（有意的或无意的），这些原因同掌控与自我调控有关（Locke，1991）。检验这些原因可以提供一个基础，从中能推断出个人为了检验这些原因而创造的设计。

因此，本研究中董事们和其他参与者的行动或设计，被假设为基于有意或无意的原因，这些原因同掌控与自我调控有关。董事们认为，他们正开始造成组织政治，这与他们想要建立的学习型组织完全相反。我们绘制的行动示意图（见第 4 章）证实了这种想法。

董事们创造了一个自己意想不到的模式，造成这种状况的原因是什么？这种模式或许是他们继承的，但可能性不大，因为他们在我到来之前 1 年左右才创建这家公司。或许是某人或群体拥有更大的权力，迫使他们遵守这种模式，但这个案例中，没人或群体高过他们，而且他们是这家公司的所有者。

或许是客户的压力造成了这种模式。我相信，客户的压力确实加剧并强化了这种模式，但一开始并未产生这种模式。董事们会遇到向其施压的客户，也会遇到不向其施压的客户。然而，防卫始终存在。有些董事能够更有效地管控压力，然而他们也参与了创造这种防卫模式。此外，在我举办的早期工作坊中，在远离办公室和客户压力的情况下，董事们也创造了这种模式。而且，本书第 4 章和第 5 章中介绍的录音文稿包含最初访谈和反馈讨论会的对话，表明董事们经常做出某种行动创造施加在自己身上的压力，进而把这种情况部分归咎于客户。

最后，这种模式的功能失调特征已经被扭转，并且这种扭转似乎已经持续了 5 年；然而，客户（实际上是该公司自己的顾问）对董事们的压力却增加了。我们的分析表明，董事们从一开始就应该承担因果责任。董事们表示同意，于是邀请我们提供帮助，原因在于他们自认为负有重大责任。

　　这个关于设计责任的例子导致了另一个谜题。如果真像我们主张的那样，个人设计自己的行动，其行动旨在实现想要的结果，并且防卫模式正是他们设计的行动导致的一个结果，那么就可能推断出，他们想要形成这种模式。但董事们对此予以否认，并坚称自己的意图恰恰相反。

　　为解开这个谜题，我们引入了两个概念："信奉意图"和"使用理论的固有意图"。董事们的信奉意图是形成富有成效的结果，但其使用理论的固有意图是形成防卫策略，这种策略会导致适得其反的后果。我们推断，如果要求董事们这么做的力量没有超出其控制范围，那么就一定在他们的控制范围内。我们假设，董事们通过Ⅰ型行动创造了组织防卫模式。随着这些行动或设计的常规化，它们导致了这种组织防卫模式。随着这种模式的演进，它反过来强化了Ⅰ型使用理论。这些自我强化和自我封闭的条件一旦出现，就会造成组织政治和其他反学习后果。

　　组织防卫模式确实由个人、人际、群体、群际和组织变量构成。但由于没有证据表明这种模式是强加给董事们的，所以我们得出结论，这种因果始于Ⅰ型使用理论。董事们（以及后来的其他顾问）把这些使用理论带到了这家新成立的公司中。

　　模式因果和组件因果概念也可以用来解释是什么因素导致了董事们做出适得其反的行动。然而，我不认为这些概念能够解释董事们如何创造了受其谴责的模式。我们不仅用设计因果概念解释这种模式的存在，还用它改变这种模式，并在此过程中改变其组件。因此，模式因果和组件因果被一个基于设计因果的变革项目改变。

　　读者可能会问，为什么人们选择Ⅰ型和O-Ⅰ型？我们有一个系统的答案。迄今为止的研究表明，要回答这个问题，我们需要对作为设计系统的人进行更完整的纵向分析，也需要关于设计过程的更全面知识。根据我们现在掌握的知识，最多只能说，Ⅰ型和O－Ⅰ型是可以改变的，并且能够证明，这个例子中的改变已经持续了5年，而且可以扩展和深化。在另一个例子中，这种结果已经持续了15年（Argyris，1982）。

　　总而言之，当目标是创造旨在改变现状的可行动知识时，运用严谨的研究方法（该方法符合与差异有关的因果概念）可能导致以下困难，见表附－1。

表附－1　可行动知识的要求

流行的科学因果概念给出的建议	旨在改变现状的可行动知识要求
被定义为自主且尽可能相互分离的变量	差异化的变量，但其差异是在某个模式中与其他变量关联的变量的函数
一致的和可以推广的意思，该意思与具体的和特定的意思无关	一致的和可以推广的意思，该意思与具体的和特定的意思直接相关
通过运用分析－定量技术（依赖差异）来表达的因果关系	通过参照模式因果和设计因果来表达的因果关系
描述现状的概括	以可能导致改变现状的方式描述现状的概括
Ⅰ型条件下形成的概括	Ⅱ型双环学习条件下形成的概括

实证原则与我们的研究视角

　　表附－1左栏中描述的特征通常与实证主义有关。关于运用这五个特征的必要性，尽管我的观点与实证观点不同，但关于检验假设和解释的效度，我的观点与实证主义的根本概念没有区别。例如，我支持对因果推理的下述四项检查，李（1989a，1989b，1991）将其置于关于因果的实证思考的核心。第一项检查是，以下述方式来精心设计推理和行动，即推理可以通过观察推理者和其他人的行动来证伪；第二项检查是，表明因果推理在逻辑上是一致的，并且包含最少数量未识别的差距；第三项检查是，精心设计具有相对较强解释性的、最少概念与前提的因果推理；第四项检查是，创造出能够经得起证伪的、并可以同竞争性推理加以比较的推理。

我希望，本书中的实证材料和本附录中的分析能够表明我对自己假设的行动理论的承诺，以及我对使其接受持续、可靠检验的坚定承诺。

本书中的研究表明，可靠的检验具有下列三个特征：第一，具体说明什么将会发生、什么将不会发生。其意图是使预测既得到证实，又得到证伪。例如，我们预测，Ⅰ型主导价值观和行动策略会支持反双环学习的系统，而不是支持双环学习的系统。

第二，预测该假设成立的条件，并预测这种特定的因果关系将始终如此。例如，我们预测，董事们的Ⅰ型使用理论会引发组织防卫模式，这反过来又会强化Ⅰ型使用理论。只要董事们的使用理论和防卫模式不变，那么这个预测就成立。在第一次反馈讨论会与为期两天的案例研讨会之间有六个月左右的间隔，这让我们能够检验这项预测。在此期间，尽管董事们已经承诺要改变组织防卫模式，但无法真正做到。他们需要接受关于使用理论的再教育，具体形式是研讨会及相关的后续实验。

最近，我遇到一位高级管理者，十年前他在另一个组织中领导了一场成功的斗争，没有加入我此处介绍的这种介入式变革项目。

他认为，改变使用理论和组织习惯性防卫太危险。然而现在他告诉我悔不当初。现在他是公司的首席执行官，已经耗费了无数时间来处理那些以回避和掩盖这种回避为特征的组织防卫。

第三，不受"测不准原理"的影响。例如，尽管董事们想要改变自己的使用理论，但就算他们了解介入措施和用于评估变革项目的措施，也不会引发这种改变。

让理论接受可靠的检验，这符合我们的愿望，即提出表明确定性因果而非概率性因果的命题。因此，我们在第 2 章看到，利伯森（Lieberson，1991）把确定性因果命题界定为下述形式：如果 A，那么 B；把概率性因果命题界定为下述形式：如果 A，那么有某个概率出现 B。例如，确定性因果出现在我们的预测中，即鉴于 I 型主导价值观，那么 I 型行动策略（被提前指出）将引发防卫性后果，这种后果会妨碍双环学习（也被提前指出）。我们预测的不是一种概率，而是一种确定的结果，即某些主导价值观和行动策略会引发特定的结果。没有事先介绍具体的行为后果，因为在刚才指出的条件下，我们预测人们将发现所有行为都是防卫性的和反双环学习的。相反，人们不会做出引发双环学习的行为。

实证主义方法和人文—诠释方法

人文—诠释研究者认为（我认为是正确的），实证主义者努力做到客观。在此期间，他们往往忽略了作为研究对象的人所代表的意义，因为考虑这些意义需要对人的意识有一种直觉的、主观的、移情的把握（Giddens，1976）。他们也往往忽略其研究对象建构其现实的过程（Rosen，1991）。

这导致实证主义研究者与其研究对象保持距离。根据万·马宁的说法，人文—诠释研究者接近其研究对象，因为他们身处研究对象中间。在一定程度上，我赞同这个结论。这个程度可以通过询问下述问题来确定：有多接近？

万·马宁当然与其研究对象关系密切。看看他记录的丰富对话就知道了，包括一些警察对逮捕公民这种行为做出的坦率评论。我认为这种说法是妥当的：万·马宁的记录表明，警察对他们服务的公民表示了大量敌意和偏见。他还记录了这种敌意如何被人们内化（例如，表现为不断咒骂），并成为警察文化的基础，而这种文化可以保护个人的防卫。

据我所知，对于这些个人和文化的防卫，万·马宁没有进行更深入的研究以探索其原因。例如，为了揭露并减少这种防卫，可以开发一个介入项目。我相信，万·马宁不会拒绝这种可能性，但他会坚持认为，改变人们视为理所当然的行为不在他的研究范围内。我想说的不是他必须改变，而是他和其他民族志学者应该明确指出自己创造的距离，就像他们明确指出实证主义者创造的距离一样。

万·马宁尊重警察与其服务的公民之间保持一定的距离，以此对他的民族志研究做出限定。如果他能够帮助警察探讨产生这种距离的原因，那么就能帮助他们更了解自己。事实上，民族志学者也可以探讨自身与研究对象距离之间关联的意义，并从中受益。有人可能会说，某些人文—诠释研究者或自然主义研究者足够接近研究对象，可以了解什么时候变得过近。

因此，罗森（Rosen，1991）的主张（即自然主义研究者解构了自身与研究对象之间的壁垒）需要更详细地加以说明。他下面这个主张，即由于自然主义研究者解构了壁垒，其工具必须灵活，不像实证主义者使用的工具那么死板，也是如此。同样，这在很大程度上取决于死板的意思。例如，如果死板的意思是不能改变工具的使用说明，那么我们要求客户完成的案例就是死板的。我们不允许出现偏离。事实上，任何偏离都可能被视为个人或组织的防卫性反应。

罗森使用的问卷是一种工具，我认为这个工具更大的问题不在于死板，而在于使用它收集的资料难以推断研究对象的意思（Argyris，1976）。问卷通常由问题组成，这些问题会引出位于推论阶梯第三级（给可观察的资料赋予人们自己的意思）的答案，以及通过运用第四级阶梯（使用理论）得到的答案。但这种工具从两者中都没有取样。最近，艾肯、弗里克、桑顿（Axenn，Fricke，& Thornton，1991）和伦奇（Rentsch，1990）试图纠正这个问题。如果我没理解错的话，他们尚未涉及行动。但这种局限性能够通过进一步研究加以纠正。

注重自然观察的田野研究者经常采取的另一个立场是，这种研究比那些为了客观而设计的远距离研究更深刻。同样，这个立场似乎合理。然而，戴尔和威尔金斯（Dyer & Wilkins，1991）批判了艾森哈特关于如何从事研究的立场（Eisenhardt，1989），指出该立场存在欠缺和不一致。

戴尔和威尔金斯赞同使用故事来形成理论。他们认为，单个案例故事可以提供深刻见解，而从比较案例研究中得出的见解很可能是"浅薄的"。问题在于，他们精心设计自己的立场，以便它不能被证伪；实际上，它不是可设计的。例如，一个故事的属性是什么？

"浅薄"见解的属性是什么？戴尔和威尔金斯指出："虽然难以确定研究者必须深入到什么程度才能提出好理论，但相比于艾森哈特所倡导的，经典的案例研究者肯定会更深入研究单个案例。"（p. 616）但这两位作者并未定义什么是适当深度。在此之前，我们如何判断艾森哈特的立场存在缺陷呢？

有人可能会说，只有持续几个小时的经历才能够形成深刻的见解。例如，卢因和巴克非常善于观察儿童玩耍的情形，并将其与场力、生活空间、把关人、挫折、退缩等概念联系起来。他们善于观察行动并将其与理论联系起来（Wheelan, Pepitone, & Abt, 1990）。他们也可以从长期的经历中学习，就像作为在德国的一名犹太人，卢因了解了民主与歧视。

戴尔和威尔金斯主张，在多案例研究中，研究者聚焦于构建而忽略了背景。我赞成聚焦于背景，本书的研究也说明了这一点。但我认为，我们这些支持背景研究的人，有责任以一种非自我指涉的方式定义背景，而自我指涉导致难以检验背景的特征。戴尔和威尔金斯赞许地引用了几个经典案例研究，这些案例都讲述了一个故事（例如，Whyte, 1991）。然而，正如艾森哈特在回应中指出的，那些研究的某些特征与其关于背景的观点一致，这种一致甚至超过戴尔和威尔金斯关于背景的观点。我可以亲自证明，怀特花了几年时间试图找到更严谨的方法来检验其理论的特征。他让艾略特·查普尔（Elliot Chapple）测试我的行动，并询问我能否随身携带一个小型互动式计时器。计时器是一个极好的小工具，可以客观地计算互动；它代表了典型的实证主义。

罗森（Rosen, 1991）强调，民族志学者通常收集定性而非定量资料。然而，在本书介绍的研究中，定性资料可以很容易地转化为定量资料。例如，我们可以计算人们以鼓励探究和检验的方式来倡导、评价与归因的频率。我们还可以计算自我封闭的非学习事件的数量，比如包含哈克曼（Hackman，1989）及其同事们描述的自我推动过程的事件。我认为，解释和内部效度的标准可以通过上述简单的定量程序得到满足，原因在于：我们的理论可以做出可靠的预测，可以在改变现状的过程中进行检验，并且改变现状是如此罕见的事件，如果确实改变了，那么你不需要复杂的定量程序加以记录。例如，首席执行官与董事们的对话，董事们对首席执行官绩效的评价是罕见事件。在发生这些事件的三年前，这些参与者毫不犹豫地预测，这种活动不可能发生；正如某位董事所言：" '不可能发生'的意思是永远不可能。"

　　最后，罗森（Rosen，1991）还认为，民族志学者不允许由任何理论上的先入之见来决定某些事实是否比其他事实更重要。对此我表示同意，合格的民族志学者聚焦于相对直接的可观察资料。例如，我们运用了录音和观察。这两者，尤其是录音，可以被任何持有明显不同理论的研究者用来检验我们的概括或者开展他们自己的检验。

　　然而，难以达成一致的是，民族志学者不允许由任何理论上的先入之见来决定某些事实是否比其他事实更重要。民族志学者避免因介入而改变其描述的构建世界，但在我看来，他们忽略了或不允许出现那些若有人试图改变该世界就会出现的信息。他们可能不会让自己的先入之见决定哪些事实重要，哪些事实不重要。但他们会允许自己的先入之见创造出某些条件，在这些条件下，关键事实永远不会出现。

罗森（Rosen，p. 21）引用孔达（Kunda）的话说："民族志是社会科学中唯一的人类活动……没有脱离我所认为的人类经验模型。"孔达认为，民族志涉及作为人的意义，对此我不怀疑，但根据我的判断，这个主张的效度值得怀疑。孔达的研究，在我看来是民族志的一个绝佳例子，但根据他的标准，其研究忽略了作为人的核心意义。作为人，意味着要行动，要构建一个世界，要以理解行动者的方式理解这个世界。

孔达观察"作为人"的人类，但在其研究对象作为人的斗争中，他从未采取行动予以帮助，从这个意义上讲，他从未成为人。通过制定介入措施，孔达有可能成为与其研究对象一样的人。介入是人类的实验，其目的是构建不同于现实的虚拟世界。

多元化的局限性

在文献中，另一个趋势也可能妨碍人们创造可行动的知识。这种趋势就是倡导多元化理论方法（Bolman & Deal，1991；Burrell & Morgan，1979；Gill & Johnson，1991；McGrath，Martin，& Kukla，1982；Morgan，1983；Schein，1987a；Scott，1981；Van Maanen，1982）。这个建议似乎是合理的，尤其对新兴的社会科学而言。当人们把建议的多元化方法与我们研究（旨在创造可行动的知识）中阐述的方法进行比较时，困难就会浮现出来。

例如，摩根和斯密瑞奇（Morgan & Smircich，1980）描述了两种研究范式：诠释主义和功能主义。他们介绍了每种范式关于本体论、人性论、认识论、隐喻、研究方法的假设。诠释主义范式和功能主义范式位于一个主观主义范式（前者）到客观主义范式（后者）的连续统一体中。他们据此制作了一个包含 30 个方框的表格，这份表格描述了不同程度主观主义与客观主义的不同假设。

乍一看，这份表格很有道理。确实有一些范式主要是主观主义的，另一些主要是客观主义的。然而，进一步思考就会发现，该表格不能准确描述本书的理论和研究中蕴含的关于本体论、人性论、认识论、隐喻、研究方法的假设。问题不在于表格中某些类别是相关的，而在于几乎所有类别都是相关的。本书第一部分和第二部分介绍的研究既包含表格中描述的主观主义的一些特性，又包含表格中描述的客观主义的一些特性。

例如，董事群体的习惯性防卫模式代表了一种社会构想的现实。该模式是在一个象征性话语的领域中得以实现的，是信息的一个背景。这些过程和结构"在那里"存在，从这个意义上讲，该模式是具体过程和结构的一种表征。该模式强制各位董事以类似的方式行事。

如该表格所示，我们的研究蕴含的人性假设也从主观主义一极到客观主义一极。例如，本书研究项目的参与者是符号创造者、符号运用者和运用符号的行动者。我们的研究非常依赖把参与者理解为对复杂环境的处理能力有限的信息处理者。我们提到了许多例子，例子中的人在介入前后主要是适应者和反应者。

最后，我们的研究方法从探讨纯粹的主观性，到脚本和符号分析、背景分析、对董事群体的历史分析，一直到许多实验的设计与实施。此外，整个研究项目在公开发表前已经持续了五年，而且还在继续。随着介入措施的累积，历史变得越来越重要，但检验与实

验也是如此。这些检验与实验用于评估新模式在多大程度上包含
"强制"行动的过程与结构，而这些强制行动服务于学习并减少所有
习惯性防卫。

介入措施是活动的一个组成部分，并且介入措施涉及双环学习，
在这种条件下研究个人、群体、群际或组织时，我认为主观主义和
客观主义的假设始终相关。只有在理论应用中，它们才能被视为相
互对立。例如，我们必须帮助董事们意识到自己是如何建构现实的
（主观主义）。然后我们帮助其看到，这些建构如何引出一种"在那
里"的模式，因为董事们已经通过妨碍行动将其放在那里。反过来，
这要求我们绘制背景示意图，并研究前述系统和过程。最后，这让
我们帮助董事们看到，他们如何创造了一个实证主义立场既必要又
适得其反的世界。

当我们帮助董事们开发一种新模式时，必须帮助他们学习新隐
喻，并把戏剧与文化的隐喻、控制论与有机体的隐喻并列起来。我
们也帮助他们设计与实施许多实验，以便随着时间的推移创造出一
种"在那里"的、"强制"做出Ⅱ型行为的新模式。此外，通过分
析录音文稿，我们可以按照自己的意愿予以量化，以便评估新行动
和董事们正在建立的新模式产生的影响。旧现实和新现实都产生了
由具体过程和结构构成的背景。然而，新模式包含了检查和质疑上
述过程和结构的过程和结构。

我相信，我们对组织政治的实证观察之所以符合关于该主题的
已发表的主要观点，是因为我们的研究以创造可行动知识的意图为
指南。例如，董事们对组织政治的定义是：为实现组织不认可的目
的而影响他人的活动；通过组织不认可的影响他人的手段来得到认

可的活动。董事们的行为往往是自利的（Sander，1990）、与正式组织对立的；其意图是为了获得稀缺资源和赢得权力。冲突和不确定性经常出现，也经常有这类报道。所有特征都符合卓瑞与罗姆（Drory & Romm，1990）对组织政治的定义。董事们确实在讨价还价、谈判、不择手段攫取优势，尤其是围绕稀缺资源的分配而做出这些行为。尽管他们认为彼此在价值观、信念、对现实的看法等方面没有持久的差异，但其使用理论使这些差异产生了。这导致在董事群体内部形成了派系，后来在董事群体成员与若干更低层级群体成员之间也形成了派系。博尔曼与迪尔（Bolman & Deal，1991）、达夫特（Daft，1983）、艾森哈特和布尔古瓦（Eisenhardt & Bourgois，1988）、库马尔和哈迪力（Kumar & Ghadially，1989）等人定义的组织政治也具有这些特征。

因为我们的目标是创造可行动的知识，所以我们的策略不同于多元化策略，后者采用几个相互独立的不同视角。例如，哈萨德（Hassard，1991）介绍了一项研究，运用四种不同的范式（功能主义、诠释主义、激进结构主义、激进人文主义）来研究组织的特征。每项多元化研究都是按照每种视角的假设（关于本体论、认识论、人性论、方法论）进行的。每项研究都对组织的不同特征进行不同的描述。

此外，没人表示试图创造与改变现状相关的可行动知识。多元化策略满足了想看看采用不同视角会产生什么结果的研究者的需要，并且研究对象的兴趣服从于研究者的兴趣。艾利森（Allison，1971）对古巴导弹危机的分析同样如此。

在与研究对象的关系中，研究人员也通过设计而造成了习惯性防卫。他们隐瞒了自己对采用四种不同范式进行研究的兴趣，因为他们担心如果完全透露自己的意图，就可能无法接近研究对象。在我们看来，他们回避了尴尬和威胁，并且掩盖了这种回避行为。

唐纳森（Donaldson，1985）认为，允许结合使用不同范式的整合研究是必要的，因为整合能够逐渐提出全面的理论，这是科学希望实现的结果。多元化阵营中的人对此表示不同意。他们声称，这种方法实际上是对主流范式（如功能—实证主义）的屈服。杰克逊和卡特（Jackson & Carter，1991）为范式的不可通约性辩护，因为这样做会"极大地扩展组织研究的范围、所代表的兴趣以及那些有权发言者"（p. 111）。我支持这种扩展。我的论点是，在多元主义指导下，它走得不够远也不够深。要走得更远更深，一个方法是聚焦于创造可行动的知识，尤其是引发双环学习的多种知识。创造这种知识的研究必然要遵循介入主义，并且必须把人们的再教育同所属社会组织的变革结合起来。范式的不可通约性妨碍了可行动知识的产生。因此，对不可通约性的诉求，旨在避免受某一种方法或几种方法的组合支配，但这可能产生意想不到的后果，即成为对另一种科学权威主义的诉求。

基础研究与应用研究：一种新型的咨询角色

长期以来，研究者区分了基础（或学术）研究与应用研究。例如，克龙巴赫与苏普思（Cronbach & Suppes，1969）区分了"结论导向的研究"（基础研究）与"决策导向的研究"（应用研究）。科尔曼（Coleman，1972）延续并扩展了这种区分，他把前者称为"学科研究", 把后者称为"政策研究"。许多学者接受了这种区分。斯特林格的著作（Stringer，1982）妥善整理了上述学者的观点。基础研究旨在检验理论、做出概括、接受学界的审查，并非一开始就有意提供帮助或创造可实施的知识（Coleman，1972）。

行动研究或应用研究旨在解决客户的问题，提出可行的解决方案，这些方案通常不是抽象的（以便与具体的实践问题相关），很少受到学界审查，且旨在实施。有人甚至会说，对这些研究者来说，关心真理可能没有必要，也没有用。事实上，这些研究者可能发现，要给客户提供帮助，需要忽略真理（Ellis，1982）。

麦格拉思和布林伯格（McGrath & Brinberg，1984）构建了一个模型，试图说明为什么基础研究与应用研究的许多差异可能体现了研究者的防卫。通过利用效度网络架构，他们能够表明，基础研究和应用研究可能有不同的路径，但两者都重点关注命题的效度和普遍适用性。他们认为，两个阵营都对对方的偏见表现出兴趣，但他们往往将其作为最后要处理的事项。我相信，麦格拉思和布林伯格的观点很有智慧。他们主张，从事基础研究的人主要关注概念领域，从事应用研究的人主要关注实质领域，然而我对此表示怀疑。我希望本书已经表明，他们的结论（即这些不同的关注点引发了不同且矛盾的研究实践路径）不一定成立。

彼得斯和鲁滨孙（Peters & Robinson，1984）与我的观点更接近。他们区分了强应用研究和弱应用研究。我们的研究适合强应用研究领域，在这个领域中，应用研究成为真正的行动研究，并且意图在于把行动研究与社会科学理论（实际上是检验这些理论）联系起来。

彼得斯和鲁滨孙得出结论，这两种应用研究都支持参与变革过程和自然研究过程，两种过程都受到研究者与研究对象之间合作的强烈影响。他们还得出结论，倡导强应用研究的人往往更注重建构主义/互动主义认识论，强调我们对世界的理解既是社会性的又是构成性的；社会行动者创造他们自己的历史，并且能够在行动中反思，以改变世界的现状。他们得出结论，强应用研究是有助于解放的。

我认为，引发弱行动研究（也就是说，偏离了卢因最初的重点）的过程源于这样一种观点，即科学知识不能从旨在解决实际问题的社会科学研究中产生，因为实务者对研究者施加了限制和应用的压力，这妨碍了有效理解和可证伪性。我认为这种情况确实存在，但它不一定发生。

例如，在从事以帮助客户和创造可行动知识为目标的研究时，研究者往往会受到来自时间、实务者、组织政治的压力。然而，我相信这些都是可以解决的，研究者不一定屈服于这些压力。的确，如果不屈服，研究者会面临被要求离开的风险，但研究者也确实可以掌握某些行动策略以减少被拒绝的可能性（Argyris，Putnam，& Smith，1985）。

在我介绍的这类研究中，如果研究者留下来或接受邀请就得在关于合理研究的要求方面做出重大妥协，那么我建议他们离开，或者一开始就不要接受邀请。我的同事们（其中许多人比我年轻得多）发现，必要时他们能够改变实务者设定的截止期限；他们还能够表明，作为基础研究标志的简明和优雅是如何为实务者带来增加值的。

我也相信，研究者可能把实际问题与基础理论联系起来。例如，卢因（1948）指出，母亲如何让孩子吃健康食品、如何销售国防债券、如何培养更高效的领导者等实际研究可以受到"把关人"理论性概念的指导。我甚至愿意指出，如果某个实际问题不能与基本的学科概念联系起来，那么研究者最好不要进行研究。迄今为止，我还没有面临过这样的选择。

我进而认为，旨在创造可行动知识的研究能够且应该有自我纠正程序。也许就像科尔曼（1972）的建议，目前政策研究中的许多自我纠正活动最好由独立研究来开展。我建议，研究项目应该设立自我纠正程序，因为这些程序保护了作为实验对象的人，也有助于创造有效的基础知识。

罗思柴尔德（Rothschild，1971）建议，当研究者与实务者合作时，前者不应对目标的制定有重大影响，不应决定实现目标所需的研究，不应决定应该进行的研究，不应中途改变研究目标。

如果这被解释为，研究者不应单方采取这些行动，那么我同意。然而，对于我前面介绍的研究而言，我认为研究者应该对所有决定有重大影响。我希望本书已经表明，我确实对许多这样的决定产生了实质性影响。我希望本书也已经表明，我的影响最终符合客户的利益。的确，他们不会让我采取其他行动。在所有研究关系中，我确实使用了一种 50 秒/4 小时合同。任何一方都可以在 50 秒内终止这段关系。双方承诺，最多用 4 小时讨论终止决定，其目的是了解实情，而不是改变决定。迄今为止，我的客户都没有行使该选择权。我已经在两项研究中这么做了。在一项研究中，我发现客户正做出不道德行为。在另一项研究中，客户不希望进行严谨的研究，而我们认为，为了客户的利益，也为了创造知识，有必要进行严谨的研究。我认为，聚焦于创造可行动的知识以服务于可改进性，有助于咨询与学术研究更紧密地联系在一起。随着社会科学各学科的知识变得更成熟，我们希望其变得更加可行动且更易推广。随着知识变得更易推广，要求其严谨的压力可能会增加。因此我预测，有一天学术研究与易推广的知识之间的区别会消失，这种情况正在生物学领域发生，也将在社会科学领域发生。这将需要更严谨的咨询实践，因为我相信，顾问将承担起大学与公众之间的中间人角色。顾问促使组织进行健康的活动，就像医务人员做促使身体健康的活动一样。这使得为咨询实践制定最高标准成为当务之急。当医务人员开始与大学建立密切关系时，医学专业的标准开始提高。由于这种相互依赖关系，医学院与文理学院在基础学科领域开展合作。许多医学院开展自己的研究活动，这些活动创造了优质的知识。

我赞同西肖尔的观点（Seashore，1985），在创造可用知识方面，顾问就像一种丰富的自然资源。我想更进一步，为从事基础研究的行动研究者创造一个利基。我也同意西蒙的观点（Simon，1976），咨询可以成为一个重要的知识来源。然而，我不同意咨询与研究应该分离。我理解这种立场产生的依据。当想到咨询时，人们想到的是以不直接有助于理论的方式来解决实际问题。在当前的咨询实践中，这是主流。但是，不一定一直如此。本书的目标是介绍有助于实践同时也有助于学术理论的研究活动。

我希望看到咨询公司与大学发展合作关系。如果合作以最高水平开展，那么参与的每个人都会受益。但这不外乎意味着，两种机构从事研究的标准应该相同。基础研究与应用研究的区别应该通过说明后者如何能够为前者做出贡献而重新定义。

追求真理与可改进性

我的观点的基本假设是，在服务于可改进性的过程中追求真理是科学和实践的一个崇高目的。追求真理是一项持续的活动——永远不会完全实现，只能不断接近。它向来被认为是研究者所追求的终极目的。在追求真理（表示为小写"t"）方面，检验我们做得如何的主要标准是把真理表述为假设，然后努力证伪，而不是简单地证实（Popper，1959）。之所以应该努力证伪而不是简单地证实，是因为人们往往依赖证实。他们寻找这样的实例，在这些例子中，假设的属性是已知的或符合预期的，而非相反（Klayman & Ha，1987）。他们倾向于寻找证实假设的例子，而不是与假设不一致的例子（Kunda，1990）。

我想强调的是，要把追求真理与追求可改进性这两种活动结合起来。为什么？因为我们正在研究的领域是由人创造的。它是一个人构建的虚拟世界，人们在其要求下生活。我们创造的世界是完美的或接近完美的，这种可能性很低。这个世界更可能是不完美的，我们唯有通过生活在这个世界中并努力使其变得更好来慢慢弥补这些不足。大多数国家的宪法就是活生生的例子。在美国，两百多年来人们一直在努力改进宪法及其实施。我们还有很长的路要走，对此很少有人会怀疑。

参考文献

Abt, W. , Magidson, P. , & Magidson, J. (1980). *Reforming schools: Problems in program implementation and evaluation.* Newbury Park, CA: Sage.

Adelson, J. (1985). Four surprises, or Why schools may not improve at all. In J. Bunzel (Ed.), *Challenge to American schools: The case for standards and values* (pp. 17 – 28). New York: Oxford University Press.

Alderfer, C. (1977). Improving organization communication through long-term intergroup intervention. *Journal of Applied Behavioral Science*, 13, 193 – 210.

Alderfer, C. P. (1992). Changing race relationships embedded in organizations: Report on a long term project with the XYZ Corporation. In S. Jackson (Ed.), *Working with diversity* (pp. 136 – 166). New York: Guilford Press.

Alderfer, C. , & Brown, L. D. (1975). *Learning from changing.* Newbury Park, CA: Sage.

Alderfer, C. , Tucker, R. , Alderfer, C. J. , & Tucker, L. M. (1988). The race relations advisory group: An intergroup intervention. In *Research in organizational change and development* (Vol. 2, pp. 269 – 321). Greenwich, CT: JAI Press.

Allison, G. (1971). *Essence of decision—Explaining the Cuban missile crisis.* Boston: Little, Brown.

Allport, F. H. (1967). *Theories of perception and the concept of structure.* New York: Wiley.

Allport, G. (1969). *The person in psychology.* Boston: Beacon Press.

Arendt, H. (1958). *The human condition.* Chicago: University of Chicago Press.

Arendt, H. (1963). *On revolution.* New York: Viking Penguin.

Argyris, C. (1957). *Personality and organizations*. New York: HarperCollins.

Argyris, C. (1964). *Integrating the individual and the organization*. New York: Wiley.

Argyris, C. (1970). *Intervention theory and method*. Reading, MA: Addison-Wesley.

Argyris, C. (1976). Problems and new directions for industrial psychology. In M. D. Dunnette (Ed.), *Handbook of industrial and organizational psychology*. Skokie, IL: Rand McNally.

Argyris, C. (1978a). Is capitalism the culprit? *Organizational Dynamics*, pp. 21 – 37.

Argyris, C. (1978b). *Organizational learning*. Reading, MA: Addison-Wesley.

Argyris, C. (1980). *Inner contradictions of rigorous research*. San Diego, CA: Academic Press.

Argyris, C. (1982). *Reasoning, learning and action: Individual and organizational*. San Francisco: Jossey-Bass.

Argyris, C. (1985a). Making knowledge more relevant to practice: Maps for action. In E. E. Lawler III, A. M. Mohrman, Jr., S. A. Mohrman, G. E. Ledford, Jr., T. G. Cummings, & Associates, *Doing research that is useful for theory and practice* (PP. 79 – 106). San Francisco: Jossey-Bass.

Argyris, C. (1985b). *Strategy, change and defensive routines*. New York: Harper Business.

Argyris, C. (1986). Skilled incompetence. *Harvard Business Review*, 64(5), 74 – 79.

Argyris, C. (1987). Reasoning, action strategies, and defensive routines: The case of OD practitioners. In R. W. Woodman & W. A. Pasmore (Eds.), *Research in organizational change and development* (Vol. 1, pp. 89 – 128). Greenwich, CN: JAI Press.

Argyris, C. (1990a). The dilemma of implementing controls: The case of managerial accounting. *Accounting, Organizations, and Society*, 15(6), 503 – 511.

Argyris, C. (1990b). Inappropriate defenses against the monitoring of organization development practices. *Journal of Applied Behavioral Science*, 26(3), 299 – 812.

Argyris, C. (1990c). *Overcoming organizational defenses: Facilitating organizational learning*. Needham, MA: Allyn & Bacon.

Argyris, C. (1991). Teaching smart people how to learn. *Harvard Business Review*, 69(3), pp. 99 – 109.

Argyris, C., Putnam, R., & Smith, D. (1985). *Action science: Concepts, methods, and skills for research and intervention*. San Francisco: Jossey-Bass.

Argyris, C., & Schön, D. A. (1974). *Theory in practice*. San Francisco: Jossey-Bass.

Argyris, C., & Schön, D. A. (1978). *Organizational learning*. Reading, MA: Addison-Wesley.

Argyris, C., & Schön, D. A. (1990). Two conceptions of causality: The case of organizational theory and behavior. Working paper, Harvard Business School and Department of Urban Planning, MIT, Cambridge, MA.

Argyris, C., & Schön, D. A. (in press). Conceptions of causality in social theory and research: Normal science and action science compared.

Axenn, W. G., Fricke, T. E., & Thornton, A. (1991). The microdemographic community-study approach. *Sociological Methods and Research*, 20(2), 187 – 217.

Bailey, F. G. (1988). *Humbuggery and manipulation*. Ithaca, NY: Cornell University Press.

Bandura, A. (1989). Organizational application of social cognitive theory. *Australian Journal of Management*, 13(2), 275 – 301.

Barber, J. D. (1977). *The presidential character*. Englewood Cliffs, NJ: Prentice-Hall.

Bardach, E., & Kagan, R. A. (1982). *Going by the book*. Philadel. phia: Temple University Press.

Barker, R. G., Dembo, T., & Lewin, K. (1941). *Frustration and regression* (University of Iowa Studies in Child Welfare 1, pp. 1 – 43). Ames: University of Iowa Press.

Berg, D. N., & Smith, K. K. (1985). *Exploring clinical methods for social research*. Newbury Park, CA: Sage.

Blake, R. R, & Mouton, J. S. (1961). *Group dynamics—Key to decision making*.

Houston, TX: Gulf Publishing.

Blumberg, A. (1989). *School administration as a craft.* Needham Heights, MA: Allyn & Bacon.

Bolman, L. G. , & Deal, T. E. (1991). *Reframing organizations: Artistry, choice, and leadership.* San Francisco: Jossey-Bass.

Bourdieu, P. (1990). *The logic of practice.* Stanford, CA: Stanford University Press.

Boyer, E. L. (1985). *High school.* New York: HarperCollins.

Brodsky, N. A. (1989). *Professional excellence in action: Process and barriers.* Unpublished doctoral dissertation. Graduate School of Education, Harvard University, Cambridge, MA.

Broudy, H. S. (1972). *The real world of public schools.* Orlando, FL: Harcourt Brace Jovanovich.

Brown, R. H. (1978). Bureaucracy as praxis: Toward a political phenomenology of formal organizations. *Administrative Science Quarterly*, 23, 365 – 882.

Brunsson, N. (1989). *The organization of hypocrisy.* New York: Wiley.

Bunzel, J. H. (1985). Introduction. In J. Bunzel (Ed.), *Challenge to American schools: The case for standards and values* (pp. 3 – 13). New York: Oxford University Press.

Burns, J. M. (1978). *Leadership.* New York: HarperCollins.

Burrell, G. , & Morgan, G. (1979). *Sociological paradigms and organizational analyses.* London: Heinemann.

Campbell, D. T. , & Stanley, J. C. (1963). *Experimental and quasiexperimental design for research.* Skokie, IL: Rand McNally.

Cartwright, D. (Ed.). (1951). *Field theory and social science.* New York: HarperCollins.

Chance, W. B. (1986). *The best of educations.* Chicago: John D. & Catherine T. MacArthur Foundation.

Churchman, C. W. (1971). *The design in inquiring systems: Basic concepts of systems and organizations.* New York: Basic Books.

Coleman, J. S. (1972). *Policy research in the social sciences.* Morristown, NJ:

General Learning Press.

Cronbach, L. J. , & Suppes, P. (Eds.). (1969). *Research for tomorrow's schools.* London: Macmillan.

Daft, R. L. (1983). *Organization theory and design.* St. Paul, MN: West.

De Charms, R. (1973). Intervention is impossible: A model for change from within. In W. L. Claiborn & R. Cohen (Eds.), *School intervention* (pp. 243 – 258). New York: Behavioral Publications.

Deci, E. L. , & Ryan, R. M. (1991). A motivational approach to self: Integration in personality. In R. Dienstbier (Ed.), *Nebraska symposium on motivation: Vol.* 38. *Perspectives on motivation* (pp. 237 – 289). Lincoln: University of Nebraska Press.

Donald, M. (1991). *Origins of the modern mind.* Cambridge, England: Cambridge University Press.

Donaldson, L. (1985). *In defence of organization theory.* Cambridge, England: Cambridge University Press.

Drory, A. , & Romm, T. (1990). The detinition of organizational politics: A review. *Human Relations,* 43(11), 1133 – 1154.

Dyer, G. W. , Jr. , & Wilkins, A. L. (1991). Better stories, not better constructs, to generate better theory: A rejoinder to Eisenhardt. *Academy of Management Review,* 16(3), 613 – 619.

Eccles, R. C. , & Nohria, N. , with Berkeley, J. D. (1992). *Beyond the hype: Rediscovering the essence of management.* Boston: Harvard Business School Press.

Edelman, M. (1988). *Constructing the political spectacle.* Chicago: University of Chicago Press.

Einhorn, H. J. (1986). Accepting error to make less error. *Journal of Personality Assessment,* 50(3), 387 – 395.

Einhorn, H. J. , & Hogarth, R. M. (1987). Decision making: Going forward in reverse. *Harvard Business Review,* 65(1), 66 – 70.

Eisenhardt, K. M. (1989). Building theories from case study research. *Academy of Management Review,* 14(4), 532 – 550.

Eisenhardt, K. M. (1991). Better stories and better constructs: The case for rigor and comparative logic. *Acadermy of Management Review*, 16(3), 620 – 627.

Eisenhardt, K. M., & Bourgois, L. J., Ⅱ. (1988). Politics of strategic decision making in high-velocity environments: Toward a midrange theory. *Academy of Management Journal*, 4(31), 737 – 770.

Ellis, P. (1982). The phenomenology of defensible space. In P. Stringer (Ed.), *Confronting social Issues* (pp. 123 – 144). San Diego, CA: Academic Press.

Etheredge, L. S. (1985). *Can governments learn?* Elmsford, NY: Pergamon Press.

Fantini, M. D. (1986). *Regaining excellence in education*. Columbus, OH: Merrill.

Forsterling, F. (1988). *Attribution theory in clinical psychology*. New York: Wiley.

Frase, L., & Hetzel, R. (1990). *School management by wandering around*. Lancaster, PA: Technomic Publishing Co.

Frontline: *The disillusionment of David Stockman*. (1986. April). Transcript from PBS station WRBH, Boston.

Gabbard, G. O. (1991). Do we need theory? *Bulletin of the Menninger Clinic*, 55, 22 – 29.

Gardner, J. W. (1990). *On leadership*. New York: Free Press.

George, A. (1972). The case of multiple advocacy in making "foreign policy." *American Political Science Review*, 67, 751 – 785.

Giddens, A. (1976). *New rules of sociological method*. London: Hutchinson.

Gill, J., & Johnson, P. (1991). *Research methods for managers*. London: Chapman.

Golding, D. (1991). Some everyday rituals in management control. *Journal of Management Studies*, 28(6), 569 – 584.

Golembiewski, R. T., & Corrigan, S. B. (1970). The persistence of laboratory-induced changes in organizational styles. *Administrative Science Quarterly*, 15, 330 – 340.

Golembiewski, R. T., Hilles, R., & Daly, R. (1987). Impacting burnout and worksite features: Some effects of multiple OD interventions. Paper presented at the annual meeting of the Society for Public Administration, March, Boston.

Goodlad, J. I. (1975). *Dynamics of educational change*. New York: McGraw-Hill.

Goodlad, J. I. (1984). *A place called school*. New York: McGraw-Hill.

Grant, G. (1988). *The world we created at Hamilton High*. Cambridge, MA: Harvard University Press.

Greenberg, J., & Folger, R. (1988). *Controversial issues in social research methods*. New York: Springer-Verlag.

Hackman, J. R. (1987). The design of work teams. In J. W. Lorsch (Ed.), *Handbook of organizational behavior* (pp. 815 – 842). Englewood Cliffs, NJ: Prentice-Hall.

Hackman, J. R. (Ed.). (1989). *Groups that work (and those that don't): Creating conditions for effective teamwork*. San Francisco: Jossey-Bass.

Hackman, J. R., & Walton, R. (1986). Leading groups in organizations. In P. S. Goodman & Associates, *Designing effective work groups* (pp. 72 – 119). San Francisco: Jossey-Bass.

Halperin, M. H. (1974). *Bureaucratic politics and foreign policy*. Washington, DC: Brookings Institution.

Hassard, J. (1991). Multiple paradigms and organizational analysis: A case study. *Organization Studies*, 12(2), 275 – 299.

Hawley, K. E., & Nichols, M. L. (1982). A contextual approach to modeling the decision to participate in a "political" decision. *Administrative Science Quarterly*, 27, 105 – 119.

Heath, D. H. (1971). *Humanizing schools*. New York: Hayden Book Co.

Heider, F. (1958). *The psychology of interpersonal relationships*. New York: Wiley.

Hirschhorn, L. (1988). *The workplace within*. Cambridge, MA: MIT Press.

Hirschhorn, L. (1991). *Leaders and followers in a post-industrial Age: A psychodynamic view*. Philadelphia: Wharton Center for Applied Research.

Hirschhorn, L., & Young, D. (1991). Dealing with the anxiety of working: Social defenses as coping strategy. In M. F. R. Kets de Vries & *Associates, Organizations on the couch* (pp. 215 – 240). San Francisco: Jossey-Bass.

Hong, B. (1986). *Last chance for our children*. Reading, MA: Addison-Wesley.

Hopwood A. G. (1990). Ambiguity, knowledge and territorial claims: Some observations on the doctrine of substance over form: A review essay. *British Accounting Review*, 22, 79 – 87.

Hoyle, E. (1988). Micropolitics of educational organizations. In A. Westoby (Ed.), *Culture and power in educational organizations*(pp. 255 – 269). New York: Open University Press.

Jackson, N., & Carter, P. (1991). In defence of paradigm incommen. surability. *Organization Studies*, 12(1), 109 – 127.

Jackson, P. W. (1968). *Life in classrooms*. Troy, MO: Holt, Rine. hart & Winston.

James, L. R., Mulaik, S. A., & Brett, J. M. (1982). *Causal analyses: Assumptions, models, and data*. Newbury Park, CA: Sage.

Janis, I. L. (1972). *Victims of group think*. Boston: Houghton Mifflin.

Janis, I. L. (1989). *Crucial decisions: Leadership in policymaking and crisis management*. New York: Free Press.

Janis, I. L., & Mann, I. (1977). *Decision making: A psychological analysis of conflict, choice, and commitment*. New York: Free Press.

Jaques, E. (1951). *The changing culture of a factory*. London: Tavistock.

Jaques, E. (1976). *A general theory of bureaucracy*. London: Heinemann.

Jones, S. (1987). Choosing action research: A rationale. In I. L. Mangham (Ed.), *Organization analysis and development* (pp. 23 – 46). New York: Wiley.

Kahn, R. L., Wolfe, D. M., Quinn, R. P., Snoek, J. D., & Rosenthal, R. A. (1964). *Organizational stress: Studies in role conflict and ambiguity*. New York: Wiley.

Katz, D., & Kahn, R. L. (1966). *The social psychology of organizations*. New York: Wiley.

Kaufman, H. (1977). *Red tape*. Washington, DC: Brookings Institution.

Kaufman, H. (1981). *The administrative behavior of bureau chiefs*. Washington, DC: Brookings institution.

Keggunder, M. N., Jorgensen, J. J., & Hafsi, T. (1983). Administrative theory and practice in developing countries: A synthesis. *Administrative Science Quarterly*, 25, 66 – 84.

Kellerman, B. (Ed.). (1984). *Leadership: Multidisciplinary perspectives.* Englewood Cliffs, NJ: Prentice-Hall.

Kelley, H. H. (1967). Attribution theory in social psychology. In D. Levine (Ed.), *Nebraska symposium on motivation*, 15 (pp. 192 – 238). Lincoln: University of Nebraska Press.

Kelman, H. C, & Hamilton, V. L. (1989). *Crimes of obedience: Toward a social psychology of authority and responsibility.* New Haven, CN: Yale University Press.

Klayman, J. , & Ha, Y. W. (1987). Confirmation, disconfirmation & information in hypothesis testing. *Psychological Review*, 94, 211 – 218.

Kukla, A. (1989). Nonempirical issues of psychology. *American Psychologist*, 44 (5), 795 – 802.

Kumar, P. , & Ghadially, R. (1989). Organizational politics and its effects on members of organizations. *Human Relations*, 4(42), 305 – 314.

Kunda, Z. (1990). The case for motivated reasoning. *Psychological Bulletin*, 108 (3), 480 – 498.

Latour, B. (1987). *Science in action.* New York: Open University Press.

Lawler, E. E. , III, Mohrman, A. M. , Jr. , Mohrman, S. A. , Ledford, G. E. , Jr. , Cummings, T. G. , & Associates (1985). *Doing research that is useful for theory and practice.* San Francisco: Jossey-Bass.

Lawrence, P. R. , & Lorsch, J. W. (1967). *Organization and environment: Managing differentiation and integration.* Boston: Harvard Business School Press.

Lawrence, P. R. , & Lorsch, J. W. (1969). *Developing organizations: Diagnosis and action.* Reading, MA: Addison-Wesley.

Lee, A. S. (1989a). Case studies as natural experiments. *Human Relations*, 42(2), 117 – 137.

Lee, A. S. (1989b). A scientific methodology for M. I. S. case studies. *M. I. S. Quarterly*, Mar. , 33 – 50.

Lee, A. S. (1991). Integrating positivist and interpretive approaches to organizational research. *Organizational Science*, 2(4), 342 – 365.

Levine, C. H., Ruben, I. S., & Wolohagran, G. G. (1981). *The politics of entrenchment*. Newbury Park, CA: Sage.

Lewin, K. (1935). *A dynamic theory of personality*. New York: McGraw-Hill.

Lewin, K. (1948). *Resolving social conflicts* (G. W. Lewin, Ed.). New York: HarperCollins.

Lewin, K. (1951). *Field theory in social science* (D. Cartwright, Ed.). New York: HarperCollins.

Lewin, K., Lippett, R., & White, R. K. (1939). Patterns of aggressive behavior in experimentally created social climates. *Journal of Social Psychology*, 10, 271 – 301.

Lieberson, S. (1991). Small N's and big conclusions: An examination of the reasoning in comparative studies based on a small number of cases. *Social Forces*, 70(2), 307 – 320.

Lightfoot, S. L. (1983). *The good high school*. New York: Basic Books.

Likert, R. (1961). *New patterns of management*. New York: McGraw-Hill.

Lindon, J. A. (1991). Does technique require theory? *Bulletin of the Menninger Clinic*, 55, 1 – 21, 30 – 37.

Locke, E. A. (1986). *Generalizing from laboratory to field study*. Lexington, MA: Heath.

Locke, E. A. (Ed.). (1991). Theories of cognitive self-regulation. *Organizational Behavior and Human Decision Processes*, 50(2), 151 – 410.

Lowman, R. L. (1985). What is clinical method? In D. N. Berg & K. Smith (Eds.), *Exploring clinical methods for social research* (pp. 173 – 188). Newbury Park, CA: Sage.

Luthans, F., & Krectner, R. (1975). *Organizational behavior modification*. Glenview, IL: Scott, Foresman.

Luthans, F., & Martinko, M. (1987). Behavioral approaches to organizations. In C. L. Cooper and I. T. Robertson (Eds.), *International review of industrial and organizational psychology*(pp. 35 – 60). New York: Wiley.

Luthans, F. , Paul, R. , & Baker, D. (1981). An experimental analysis of the impact of contingent reinforcement on salespersons' performance behavior. *Journal of Applied Psychology*, 66(1), 314 – 323.

Lynn, L. E. , & Whitman, D. deF. (1981). *The president as policy maker: Jimmy Carter and welfare reform*. Philadelphia: Temple University Press.

McClelland, D. (1985). *Human motivation*. Glenview, IL: Scott, Foresman.

McFarland, A. S. (1969). *Power and leadership in pluralistic systerms*. Stanford, CA: Stanford University Press.

McGrath, J. E. , & Brinberg, D. (1984). Alternative paths for research. *Applied Social Psychology Annual*, 5, 109 – 129.

McGrath, J. E. , Martin, J. , & Kukla, R. A. (1982). *Judgment calls in research*. Newbury Park, CA: Sage.

Malave, J. (1991). Organizing as event structuring: Some elements for a process oriented approach to organization theory. Unpublished manuscript, Instituto de Estudios Superiores de Administración, Caracas, Venezuela.

Mangham, I. L. (1987). *Organization analysis and development*. New York: Wiley.

Manz, C. C. , & Sims, H. P. (1986). Beyond imitation: Complex behavioral and affective linkages resulting from exposure to leadership training models. *Journal of Applied Psychology*, 71(4), 571 – 578.

Manz, C. C. , & Sims, H. P. (1989). *Super-leadership*. Englewood Cliffs, NJ: Prentice-Hall.

Mayes B. T. , Allen R. W. (1983). Toward a definition of organizational politics. In R. W. Allen & L. W. Porter(Eds.), *Organizational influence processes* (pp. 361 – 368). Glenview, IL: Scott, Foresman.

Mill, J. S. (1949). *A system of logic*. London: Longmans, Green. (Original work published 1843.)

Mohr, L. B. (1982). *Explaining organizational behavior*. San Francisco: Jossey-Bass.

Morgan, G. (1983). *Beyond method*. Newbury Park, CA: Sage.

Morgan, G. , & Smircich, L. (1980). The case for qualitative research. *Academy of Management Review*, 5(4), 491 – 500.

Nagel, J. H. (1991). Psychological obstacles to administrative responsibility: Lessons of the M. O. V. E. disaster. *Journal of Policy Analysis and Management*, 10(1), 1 – 23.

NAPA. (1983). *Revitalizing federal management: Managers and their overburdened systems*. Washington, DC: Author.

National Board for Professional Teaching Standards. (1989). *Towards high and rigorous standards for the teaching profession*. Washington, DC: Author.

Neustadt, R. , & Fineberg, H. V. (1978). *The swine flu affair*. Washington, DC: Department of Education.

Neustadt, R. E. , & May, E. R. (1986). *Thinking in time*. New York: Free Press.

Olafson, T. A. (1967). *Principles and persons: An ethical interpretation of existentialism*. Baltimore: Johns Hopkins University Press.

Paige, G. D. (1977). *The scientific study of political leadership*. New York: Free Press.

Perrow, C. (1984). *Normal accidents: Living with high risk technologies*. New York: Basic Books.

Peters, M. , & Robinson, V. (1984). The origins and status of action research. *Journal of Applied Behavioral Science*, 20(2), 113 – 124.

Pfeffer, J. (1992). *Managing with power: Politics and influence in organizations*. Boston: Harvard Business School Press.

Popper, K. (1959). *The logic of scientific discovery*. New York: Basic Books.

Presidential Commission. (1986). *On the space shuttle challenger accident*. Washington, DC: U. S. Government Printing Office.

Pressman, J. L. , & Wildavsky, A. B. (1973). *Implementation*. Berkeley: University of California Press.

Quine, W. V. (1992). Methological reflections on current linguistic theory. In D. Harman and G. Davidson (Eds.), *Semantics of natural language* (pp. 442 – 454).

Dordrecht, Netherlands: D. Reidel.

Rentsch, J. R. (1990). Climate and culture: Interaction and qualitative differences in organizational meanings. *Journal of Applied Psychology*, 75(6), 668 – 681.

Reynolds, D. (1985). *Studying school effectiveness*. London: Falmer Press.

Rosen, M. (1991). Coming to terms with the field: Understanding and doing organizational ethnography. *Journal of Management Studies*, 28(1), 1 – 24.

Rothschild, Lord. (1971). A report by Lord Rothschild. In *The framework for government research and development: Memorandum by the government*. Command paper 4814. London: Her Majesty's Stationery Office.

Runkel, P. J. (1990). *Casting nets and testing specimens*. New York: Praeger.

Sander, K. (1990). Organizational development as a political process. In F. Massarek (Ed.), *Advances in organizational development* (Vol. 1). Norwood, NJ: Ablex.

Sayles, L. R. (1989). *Leadership*. New York: McGraw-Hill.

Schein, E. H. (1985). *Organizational culture and leadership: A dynamic view*. San Francisco: Jossey-Bass.

Schein, E. H. (1987a). *The clinical perspective in fieldwork*. Newbury Park, CA: Sage.

Schein, E. H. (1987b). *Process consultation* (Vol. 2). Reading, MA: Addison-Wesley.

Schick, F. (1991). *Understanding action: An essay on reasons*. Cambridge, England: Cambridge University Press.

Schön, D. (1979). Generative metaphor. In A. Ortany (Ed.), *Metaphor and thought* (pp. 254 – 283). Cambridge, England: Cambridge University Press.

Schön, D. (1983). *The reflective practitioner: How professionals think in action*. New York: Basic Books.

Schön, D. (1987). *Educating the reflective practitioner: Toward a new design for teaching and learning in the professions*. San Francisco: Jossey-Bass.

Scott, W. R. (1981). *Organizations: Rational, natural and open systems*. Englewood Cliffs, NJ: Prentice-Hall.

Scribner, H. B., & Stevens, L. B. (1975). *Make your schools work*. New York:

Simon & Schuster.

Seashore, S. E. (1985). Institutional and organizational issues in doing useful research. In E. E. Lawler III, A. M. Mohrman, Jr., S. A. Mohrman, G. E. Ledford, Jr., T. G. Cummings, & Associates (Eds.), *Doing research that is useful for theory and practice*(pp. 45 – 59). San Francisco: Jossey-Bass.

Shoham, Y. (1990). Nonmonotonic reasoning and causation. *Cognitive Science*, 14, 213 – 302.

Simon, H. A. (1969). *The science of the artificial*. Cambridge, MA: MIT Press.

Simon, H. A. (1976). The business school: A problem in organizational design. In H. A. Simon (Ed.), *Administrative behavior: A study of decision-making processes in administrative organization* (pp. 335 – 357). New York: Free Press.

Simon, H. A. (1990). Invariants of human behavior. *Annual Review of Psychology*, 41, 1 – 20.

Sizer, T. R. (1984). *Horace's compromise: The dilemma of the American high school*. Boston: Houghton Mifflin.

Spencer, L. M., & Cullen, B. J. (1978). *A taxonomy of organizational development research*. Boston: McBer.

Spielberger, C. D. (1977). State-tract anxiety and interactional psychology. In D. Magnusson & N. S. Endler (Eds.), *Personality at the crossroads: Current issues in interactional psychology*. Hillsdale, NJ: Erlbaum.

Stockman, D. H. (1986). *The triumph of politics: How the Reagan revolution failed*. New York: HarperCollins.

Stringer, P. (Ed.). (1982). *Confronting social issues* (Vol. 2). San Diego, CA: Academic Press.

Torbert, W. (1976). *Creating a community of inquiry: Conflict, collaboration and transformation*. New York: Wiley.

Torbert, W. (1983). Initiating collaborative inquiry. In G. Morgan (Ed.), *Beyond method*. Newbury Park, CA: Sage.

Van Maanen, J. (1982). Introduction. In J. Van Maanen, J. M. Dabbs, Jr., & R. R. Faulkner (Eds.), *Varieties of qualitative research* (pp. 11 – 30). Newbury

Park, CA: Sage.

Von Hayek, F. A. (1967). *Studies in philosophy, politics, and economics*. Chicago: University of Chicago Press.

Vroom, V. H. , & Jago, A. G. (1988). *The new leadership: Managing participation in organizations*. Englewwod Cliffs, NJ: Prentice-Hall.

Vroom, V. H. , & Yetton, P. W. (1973). *Leadership and decisionmaking*. Pittsburgh: University of Pittsburgh Press.

Weick, K. E. (1969). *The social psychology of organizing*. Reading, MA: Addison-Wesley.

Weiner, B. (1986). *An attributional theory of motivation and emotion*. New York: Springer – Verlag.

Weiner, B. (1991). Metaphors in motivation and attribution. *American Psychologist*, 46(9), 921 –930.

Westoby, A. (Ed.). (1988). *Culture and power in educational organizations*. New York: Open University Press.

Wheelan, S. A. , Pepitone, E. A. , & Abt, V. (1990). *Advances in field theory*. Newbury Park, CA: Sage.

Whyte, W. F. (1991). *Social theory for action: How individuals and organizations learn to change*. Newbury Park, CA: Sage.

Wilson, J. Z. (1989). *Bureaucracy*. New York: Basic Books.

Wood, R. , & Bandura, A. (1989). Social cognitive theory of organizational management. *Academy of Management Review*, 14(3), 361 –384.

Woods, P. (1979). *The divided school*. London: Routledge & Kegan Paul.